BEST
シグマベスト

最高水準
問題集

中学 古文・漢文

入試問題研究調査会国語科　編著

文英堂

本書のねらい

▼みなさんは、〝定期テストでよい成績をとりたい〟とか、〝希望する高校に合格したい〟と考えて毎日勉強していることでしょう。そのためには、**どんな問題でも解ける最高レベルの実力**を身につける必要があります。では、どうしたらそのような実力がつくのでしょうか。それには、よい問題に数多くあたって、自分の力で解くことが大切です。

▼この問題集は、最高レベルの実力をつけたいという中学生のみなさんの願いに応えられるように、次の三つのことをねらいにしてつくりました。

1 教科書の内容を確実に理解しているかどうかを確かめられるようにする。

2 おさえておかなければならない内容をきめ細かく分析し、問題を一問一問練りあげる。

3 最高レベルの良問を数多く収録し、より広い見方や深い考え方の訓練ができるようにする。

▼この問題集を大いに活用して、どんな問題にぶつかっても対応できる最高レベルの実力を身につけてください。

本書の特色と使用法

1 すべての章を「標準問題」→「最高水準問題」で構成し、段階的に無理なく問題を解いていくことができる。

▼本書は「標準」と「最高水準」の二段階の問題を解いていくことで、各章の学習内容を確実に理解し、無理なく最高レベルの実力を身につけることができるようにしてあります。

▼本書での「標準問題」と「最高水準問題」それぞれの問題数は次のとおりです。

標準問題……18題　最高水準問題……37題

豊富な問題を解いて、最高レベルの実力を身につけましょう。

▼さらに、学習内容の理解度をはかるために、より広いまとまりごとに「**実力テスト**」を設けてあります。ここで学習の成果と自分の実力を診断しましょう。

2 「標準問題」で、各章の学習内容を確実におさえているかが確認できる。

▼「標準問題」は、各章の学習内容のポイントを一つ一つおさえられるようにしてある問題です。一問一問確実に解いていきましょう。

各問題には「タイトル」がつけてあり、どんな内容をおさえるための問題かが一目でわかるようにしてあります。

▼どんな難問を解く力も、基礎学力を着実に積み重ねていくことによって身についてくるものです。まず、「標準問題」を順を追って解いていき、基礎を固めましょう。

▼その章の学習内容に直接かかわる問題に重要のマークをつけています。じっくり取り組んで、解答の導き方を確実に理解しましょう。

3 「最高水準問題」は各章の最高レベルの問題で、最高レベルの実力が身につく。

▼「最高水準問題」は、総合的で、幅広い見方や、より深い考え方が身につくように、難問・奇問ではなく、各章で勉強する基礎的な事項を応用・発展させた質の高い問題を集めました。

▼特に難しい問題には、難のマークをつけて、解答でくわしく解説しました。

▼問題文は、実際に出題された分量を、できるだけ削らずに掲載しています。難関校入試をまずは体験してみるのにも適しています。

4 「標準問題」にある〈ガイド〉や、「最高水準問題」にある〈解答の方針〉で、基礎知識をおさえたり適切な解き方を確認したりすることができる。

▼「標準問題」にはガイドをつけ、学習内容の要点や理解のしかたを示しました。高校入試での出題傾向やその対策などもアドバイスしています。

▼「最高水準問題」の末尾には、解答の方針をつけ、問題を解く糸口を示しました。ここで、解法の正しい道筋を確認してください。

5 くわしい〈解説〉つきの別冊解答。どんな難しい問題でも解き方が必ずわかる。

▼別冊の「解答と解説」には、くわしい解説があります。答えだけでなく、解説もじっくり読みましょう。

▼解説には↗得点アップを設け、知っているとためになる知識や、高校入試でよく問われることがら、差のつくポイントなどの情報を満載しました。

もくじ

1 古文の読解

2 漢文の読解

1

古文の読解

1 古文の基礎

標準問題

解答 別冊 p. 2

01 【仮名遣い・動作主・内容吟味】

次の文章を読んで、あとの問いに答えなさい。

雲門大師《うんもんだいし》、門前の川にて大根の茎を洗ひけるに、誤つてその一葉《ひとは》を流したり。大師流れに随《したが》ひて之《これ》を追ひかけ、漸《やうや》く之を拾ひ上げけるに、傍《かたは》らに立ち止まりて①眺めゐたる庄屋《しやうや》は②之を奇とし、「天下の名僧とも云《い》はるる大師が、何故にかかる吝嗇《りんしよく》の振る舞ひをなさるるや。」とA詰《なじ》りけり。大師は不審なる顔をなしつつ、拾ひ上げたる一葉をB指さして、「一茎《ひとくき》の大なるも一葉の微なるも、均《ひと》しく天より人間をC養ひくだされんとて生育したまはる賜物《たまもの》なり。然《しか》るに一葉何の用をかなすとて、之を流し之を捨てて意とせざるは、③これ天恩を忘れて人道に背くものなり。」と拾ひ上げたる一葉を捧《ささ》げて恭《うやうや》しく天を拝す。顧みて庄屋に向かひ、「いかに足下《そこもと》はこの感あらざるや。」とD問はれしに、庄屋は返す言葉もなく、心中深くその知識達徳に感服し、その後は④大師の教訓を受けけるとぞ。

（山田三川《やまださんせん》『想古録《そうころく》』）

雲門大師　中国の禅僧
庄屋は之を　村の長はこれを
奇とし、　不思議に思い
詰りけり　責めた
吝嗇な　けちな
一茎の大なるも　大根の大きい一茎もわずか
一葉の微なるも　かな一葉も
何の用をかなすとて　何の役にも立たないと考えて
意とせざるは　気にとめないのは
いかに足下はこの感あらざるや　「どうしてあなたはこのように思わないのか。」
知識達徳　尊い考え

ガイド

● 歴史的仮名遣《かなづか》い

古文では現代文とは違う「歴史的仮名遣い」という仮名遣いが用いられている。現代仮名遣いとの変換はだいたい次のルールに従えばよい。

①「ゐ・ゑ・を」は「い・え・お」と読む。
[例]「ゐど(井戸)」→「いど」、「ゑむ(笑む)」→「えむ」、「をかし」→「おかし」
ただし、目的語となる助詞の「を」は変換しない。

②語頭以外の「は・ひ・ふ・へ・ほ」は「わ・い・う・え・お」と読む。
[例]「かは(川)」→「かわ」、「まへ(前)」→「まえ」
ただし、助詞の「は」は変換しない。

③一般的に「ぢ・づ」は「じ・ず」に直す。
[例]「ぢもく(除目)」→「じもく」、「みづ(水)」→「みず」
ただし、単語としてそのままの語もまれにある。

その他の仮名遣いについては解答解説にも掲載してあるので参照してほしい。

問一 ——線①「ゐたる」を現代仮名《かな》遣《づか》いに直し、すべて平仮名で書きなさい。 〔　　　〕

問二 重要 〰〰線A～Dから、主語が「雲門大師」であるものをすべて選び、記号で答えなさい。 〔　　〕

問三 ——線②「之」の指す内容として適当なものを、次のア～エから一つ選び、記号で答えなさい。 〔　　〕

ア 雲門大師が、川で洗った大根の一葉を流してしまったこと。

イ 雲門大師が、川で大根を洗っている庄屋を眺めていたこと。

ウ 雲門大師が、川に流した大根の一葉を追いかけて拾ったこと。

エ 雲門大師が、川に大根が流れていく様子を不思議がったこと。

問四 ——線③について、「雲門大師」がこのように言ったのは、「大根の一葉」を、どのようなものだと考えているからか。本文より二十四字で抜き出し、その最初の五字を答えなさい。

□□□□□

問五 ——線④について、「庄屋」が「雲門大師」の教えを受けるようになった理由を、次のような形で説明したとき、□に入る適当な言葉を、現代語で十五字以内で答えなさい。

わずかな一葉であっても天に感謝するという行為の根底にある雲門大師の□から。

□□□□□□□□□□□□□□□

● 登場人物の把握

古文・漢文では**登場人物の省略**が非常に多い。まずは人物名が出てきたら**印をつけておく**習慣をつけよう。また、文章を読みつつ、「誰が(誰は)・誰を(誰に)」を補うことに努めよう。

● 内容説明などの読解のコツ

内容説明などの読解において試してみてほしいコツを二点挙げたい。

それは、「**設問箇所を一旦通過してヒントを得てからさかのぼる**」方法と、「**同じ言葉、同じものを指す語、同意の表現をマークしていく**」方法である。

この文章では「一葉」という語が繰り返し出てくるのでストーリー上のいわゆるキーアイテム(キーワード)が「一葉」であることがわかる。この「一葉」をめぐって登場人物の「雲門大師」と「庄屋」がやり取りをしているお話ということになる。

02 〔文脈把握・内容吟味〕

雄一さんは、「自分の選んだ古典を紹介しよう」という国語の授業で、自作の四コマ漫画を使ってグループの友達に紹介し、そのあとで質問や感想をもらった。次の【Ⅰ】～【Ⅲ】について、あとの問いに答えなさい。

【Ⅰ】雄一さんが選んだ古典

聟《むこ》あり。舅《しうと》(妻の父親)のかたへみまふとて(あいさつしようとして)、ある町をとほりしが、新しき鴈《がん》を棚に出し置《おき》たり。二百にて買い、矢をとほしもたせ行《ゆく》。舅出あひ鴈をみて、「是《これ》は」ととふに、「我等《ら》の道にて仕《つかまつり》たる(仕とめました)」とあれば、大《おほい》に悦喜《えつき》し、一族皆よせて披露し、振舞《ふるまい》わめきけり。聟かつにのり(調子に乗り)、「今一度もたせまゐらせん」と家の子(家来)に示《しめし》合《あわせ》、「われはさきへゆかん。跡より調《ととのへ》来《きた》れ」といひすて、先《まづ》舅にあふと同じく、「いな仕合《しあわせ》にて(いやおどろいたことにわたしはしあわせもので)、又鴈を仕て候《さうらふ》」といふ。舅いさみほこれり。彼内《かのうち》の者、塩《しほ》鯛《たい》に矢をつらぬき持《もち》たれり。「して今の矢はあたらなんだか」。「されば、鴈にははづれて、塩鯛にあたりまゐらせた(当たりました)」と。

(安楽庵策伝《あんらくあんさくでん》『醒睡笑《せいすいしょう》』)

【Ⅱ】雄一さんが【Ⅰ】の古典を紹介する際に作った四コマ漫画

ガイド

● 新傾向の設問

① **絵や図表**

絵や図表が設問に出てきた場合は、その絵や図表に出てきた物や言葉に注意して、本文中に**同じ物や言葉が出てくる箇所**を探してみよう。まずは絵や図表に描かれた特徴を見抜けるかがポイントとなる。この問題のように複数の絵が並んでいるならば、それらの絵の**相違点に着目**すると出題者の意図が読み取りやすくなるだろう。

② **会話**

本文以外に生徒どうし、生徒と先生など会話のシーンがついてくる場合も基本的には同じ方法で、会話文中に出てくる**物や言葉を手掛かり**に本文中のどの部分を参照すればよいのかを判断してゆけばよい。

【Ⅲ】雄一さんが選んだ古典について、グループで出された質問や感想の一部

大地「聟が鴈《がん》に矢を刺したのはなぜですか。」
雪菜「だまされているとも知らずに大喜びする舅の行動が印象的ですね。」
月子「私は、□が気に入りました。」

問一 **重要** **【Ⅱ】**の四コマ目に入る適当な絵を、次の**ア**～**エ**から一つ選び、記号で答えなさい。［　　］

ア

イ

ウ

エ

問二 **【Ⅲ】**の大地さんの質問に対する答えとして適当なものを、次の**ア**～**エ**から一つ選び、記号で答えなさい。［　　］

ア 店で買った鴈を運びやすくするため。
イ 縁起のよい物だという印にするため。
ウ 借りていた矢を鴈と一緒に返すため。
エ 鴈を仕とめたように見せかけるため。

問三 **【Ⅲ】**の雪菜さんの感想の――線「だまされているとも知らずに大喜びする舅の行動」について、その行動を具体的に表している部分を、**【Ⅰ】**から十五字以上二十字以内で抜き出して答えなさい。句読点も字数に含めること。

□□□□□□□□□□□□□□□□□□□□

問四 **【Ⅲ】**の月子さんの感想の□に入る内容として適当なものを、次の**ア**～**エ**から一つ選び、記号で答えなさい。［　　］

ア 家の子がとった予想外の行動から、うそをついていた聟が慌てふためく表情の描写
イ 結末で舅がどう反応《はんのう》したのかを描かないことで、後の展開を読者に想像させる手法
ウ 聟を誇りに思っていた舅のだまされやすい性格が、感動的な結末を導く意外な展開
エ 鴈を何としてでも手に入れようとする家の子の誠実さと、読者の予想を裏切る行動

---

③今後の新傾向問題

本文の結果に対しての**賛否と理由**を含めて述べさせる設問、いくつかの絵から本文の内容に**合致している構図**のものを選ばせる設問、ある程度できあがった絵に最後の**書き足し**をさせる設問、**地図上の位置**を示させる設問などは、すでに大学入試で採用例のある形式の新傾向問題である。今後は高校入試でもこれらの出題が増えていくだろう。**文字情報を視覚化**することや**因果関係**を各自が判断し意見を述べることなどが求められても、ベースにあるのは「本文の読み取り」であり、**文字情報の把握**が前提になるということを認識しておこう。

最高水準問題

解答　別冊 p.4

03　次の文章を読んで、あとの問いに答えなさい。

（愛媛県 改）

昔、*1芭蕉《ばせう》の弟子宝井其角《たからいきかく》、ある*2諸侯《しょこう》の御前に召されて俳諧しける時、侯これ見よとて一*3画幅を出して、其角に見せたまひけるを、さらさらと開きて見るに、何某《なにがし》の画工の、萩《はぎ》に月を最もをかしげにゑがきたるに、芭蕉の*4讃《さん》あり、

しら露《つゆ》をこぼさぬ萩のうねり哉《かな》

と読み下して、其角ことさらに感じ入りたる体《てい》にて、小首かたぶけてしばし沈吟しけるが、何思ひけむ、側《そば》の硯《すずり》なる筆押し取り、しら露をの*5五《いつ》文字を*6抹却して、月影をと書き改めけり。侯殊の外に御*7不興に見えさせたまへば、*8近習《きんじゅ》の人々もその失礼を怒れども、其角自若として、少しも屈する色なかりしかば、今は*9せんすべなくて、彼は性質ものぐるほしければなどと言《い》ひこしらへる者の有りて、御前を*10まかでぬ。さて、後に芭蕉を召されて、右の話を語らせたまへば、芭蕉常よりも心よげに、画幅を開きうちほほゑみながら、筆をそめて月影をといへる傍《そば》に、この五文字其角が妙案と書きそへてければ、侯も御気色《けしき》なほらせたまひしとぞ。この一幅、今に芭蕉其角の*11反古《ほご》の画幅とて、かの御家の重宝の一つなりとかや。

（日尾瑜《ひおゆ》『燕居雑話《えんきょざつわ》』）

*1　芭蕉《ばせう》＝松尾芭蕉。
*2　諸侯《しょこう》＝大名。「侯」も同じ。
*3　画幅＝掛け軸にしてある絵。
*4　讃《さん》＝絵に添え書きする言葉。
*5　五《いつ》文字＝和歌や俳句の最初の五音。初句。
*6　抹却＝消すこと。
*7　不興＝機嫌を損ねること。
*8　近習《きんじゅ》＝主君の近くに仕える者。
*9　せんすべなくて＝どうしようもなくて。
*10　まかでぬ＝退出した。
*11　反古《ほご》＝書き損じ。

問一　〰〰線「言《い》ひこしらへる」を現代仮名遣《かなづか》いに直し、すべて平仮名で書きなさい。

［　　　　］

問二　══線「彼」とあるが、ここでは誰のことか。最も適当なものを、次のア～エから一つ選び、記号で答えなさい。

ア　芭蕉　　イ　其角　　ウ　諸侯　　エ　近習の人々

［　　］

問三　──線「其角に見せたまひけるを」とあるが、諸侯が見せた画幅の中の芭蕉の俳句について、深く考え込んでいる其角の様子が具体的な動作とともに記された部分を、本文より十五字でそのまま抜き出して答えなさい。

問四　難　次の会話は、この文章を読んだ哲也《てつや》さんと明子《あきこ》さんが、先生と一緒に、其角と芭蕉の行動について話し合った内容の一部である。会話の中の［a］～［c］に入る適当な語句を、それぞれ答えなさい。［a］は、「初句」という言葉を使って、十五字以上二十五字以内の現代語で書くこと。また、［b］、［c］は二字で、最も適当な言葉をそれぞれ本文よりそのまま抜き出して書くこと。

哲也さん「其角の行動が、諸侯や周りの人々を怒らせていましたが、芭蕉のおかげで無事に解決しましたね。」

明子さん「そうですね。其角が、画幅に書かれた芭蕉の俳句に対し、［a］という行為をして、諸侯や周りの人々を怒らせているのに、本人は全く動じていない様子がおもしろかったです。」

先生「師である芭蕉は、其角を責めたりせず、その話をうれしそうに聞いた上で、其角が示した考えを［b］と評価して、褒めていましたね。」

哲也さん「そうしたことで、諸侯は、機嫌を直したのでしょうね。」

明子さん「本来なら、書き損じで不用となるはずの画幅が、芭蕉と其角のやりとりを記したものになって、諸侯が満足していることは、その画幅を［c］として大切にしていることからも、十分にわかりますね。」

a

b

c

解答の方針

問二　問四の哲也さんの発言内容もヒントにしてみよう。

問三　芭蕉の「しら露を……」の句のあとの、其角の行動に注目しよう。

---

04 次の文章を読んで、あとの問いに答えなさい。（島根県）

ある時、僧の弟子どもにいはく、①「世間の人は愚《おろ》かにて思ひもよらぬ事を、思ひはからひたり《（私は）思いついた。》。杵《きね》一つにて、うす二つをつく様あるべし《方法があるぞ。》。一つのうすをば常のごとく《うすをいつものように》置き、一つのうすをば下へ向けて吊《つ》るすべし《吊るすのがよい。》。さて《そうして》杵を上げ下ろさむに《上げたり下ろしたりしたら、》、二つのうすをつくべし《つくことができる》」といふ。弟子のいはく、「上のうすに物がたまり候《さうら》ふべくはこそ《もし、つく物をためることができるのでしたら、》、つき候はめ《（私が）つきましょう》」といへば、②「この難こそありけれ」とて、詰まりけり《「その欠点があったな」と言って、（言葉に）詰まってしまった。》。

（無住道暁《むじゅうどうぎょう》『沙石集《しゃせきしゅう》』）

問一　――線①「世間の人は～思ひはからひたり」とあるが、ここで思いついた内容を簡潔に図示したものとして適当なものを、次のア～エから一つ選び、記号で答えなさい。［　　］

ア

イ

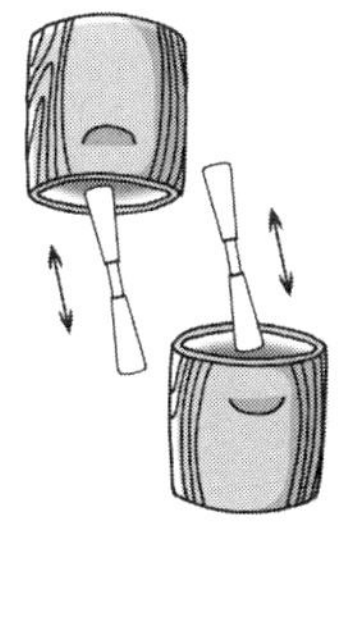

ウ

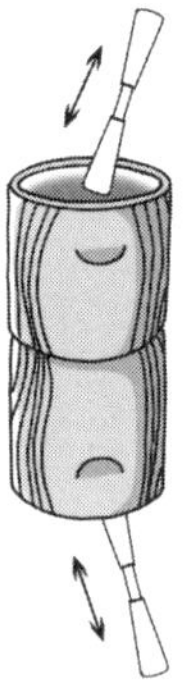

エ

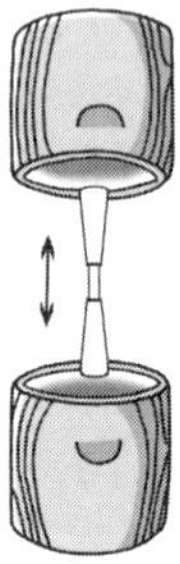

問二 難 ――線②「『この難こそありけれ』とて、詰まりけり」とあるが、

(1) 「詰まりけり」について、言葉に詰まってしまったのは誰か。本文の言葉で答えなさい。
［　　　　］

(2) 「この難」とはどのような欠点か。「〜という欠点。」につながるように、十字以上二十字以内で答えなさい。

□□□□□□□□□□□□□□□□□□□□という欠点。

問三 この文章の内容に合うことわざとして適当なものを、次のア〜エから一つ選び、記号で答えなさい。［　　］

ア 釈迦《しゃか》に説法《せっぽう》
意味 知り尽くしている人に対して、その事を教えたりさとしたりする愚かさのたとえ

イ 机上《きじょう》の空論
意味 頭の中で考えただけの、実際には役に立たない案や意見

ウ 捕らぬ狸《たぬき》の皮算用
意味 手に入るかどうかわからないものをあてにして、あれこれ計画を立てること

エ 餅《もち》は餅屋
意味 物事には専門家がいて、専門でない人は専門家には及ばないということ

解答の方針

問一 図を選ぶ問題では「何の図か」ということに注意したい。「杵一つとうす二つ」であることに注意して、本文中から「杵一つ」「うす二つ」について書かれている部分を探そう。

問二 (1) 「この難こそありけれ」の前の「上のうすに〜つき候はめ」が誰の誰に対する言葉かを読み取ろう。

05 次の文章を読んで、あとの問いに答えなさい。（愛知県）

もろこし《中国》に*1道林禅師《だうりんぜんじ》といへる人は、この世のあまりにはかなきことに堪へわびて《耐えられなくなって》、木の末にのみ住み侍《はべ》りしを、*2白楽天《はくらくてん》見侍りて、①鳥の巣の禅師などと名付けて、「*3和尚《くわしやう》の栖《すみか》《住んでいる所》あまりに危ふく見えて侍る物かな」と云《い》へば、和尚答ふ、「汝《なむち》《お前》がこの世を忘れて交はり暮らすこそ猶《なほ》《もっと》危ふけれ」と云へり。また、楽天問ふ、「いかなるかこれ仏法」と。和尚答ふ、「諸悪莫作《しよあくまくさ》《もろもろの悪を行うな》諸善奉行《しよぜんぶぎやう》《もろもろの善を行え》」。楽天云ふ、「このことわり《道理》は、三歳の嬰児《えいじ》《幼い子》も知れり」。和尚云はく、「知れることは、三歳の嬰児も知れり。行ずることは、八旬《八十歳》の老翁もまどへり」と云へれば、②白楽天三礼して去れり。

（上島鬼貫《うえじまおにつら》『独《ひとり》ごと』）

＊1 道林禅師《だうりんぜんじ》＝唐代の僧。
＊2 白楽天《はくらくてん》＝唐代の詩人・官吏。
＊3 和尚《くわしやう》＝修行を積んだ僧。

問一 ――線①「鳥の巣の禅師」とあるが、白楽天《はくらくてん》がこのように名付けた理由として適当なものを、次のア〜エから一つ選び、記号で答えなさい。［　　］

ア 山寺にこもっていたから。
イ 樹上を居場所にしていたから。
ウ 世間を見下していたから。
エ 森の中で修行をしていたから。

問二 難 ――線②「白楽天三礼して去れり」とあるが、その理由として適当なものを、次のア〜エから一つ選び、記号で答えなさい。［　　］

ア 奇抜な行動をする道林禅師《だうりんぜんじ》が、実は優れた見識をもっていることがわかったから。
イ 優れた詩人でもある道林禅師が、それとなく詩作の極意を伝授してくれたことに気付いたから。
ウ 道林禅師が自分と同じ考えをもっていることを知り、仲間意識が芽生えたから。
エ 道林禅師の発言は仏教を軽んじているが、その裏に自分自身への厳しさが感じられたから。

問三 本文の内容と合致するものを、次のア〜エから一つ選び、記号で答えなさい。［　　］

ア 悔いのない人生を送るためには、善行を積み重ねる必要がある。
イ 危険を冒して修行を積めば、他者を救う力を身につけられる。
ウ 徳を積んだ僧に対しては、どんなときも敬意を忘れてはならない。
エ 仏の教えは誰でも知っているが、簡単に実行できるものではない。

2 物語

標準問題

06 **[仮名遣い・内容吟味]**

解答 別冊 p.6

次の文章を読んで、あとの問いに答えなさい。

ある者、座敷をたてて絵を描かする（座敷を作ってふすまに絵を描かせた）。白鷺《しらさぎ》の*1一色《いっしき》を望む（注文した）。絵描き、「心得たり」とて*2焼筆《やきふで》を（焼き筆で）あつる（下絵を描いた）。亭主のいはく、「いづれも①良ささうなれども、此《この》白鷺の飛びあがりたる、②羽づかひがかやうでは、飛ばれまい」といふ。絵描きのいはく、「いやいや此飛びやうが*3第一の出来物ぢや」といふうちに、本《ほん》の白鷺が四五羽うちつれて飛ぶ。亭主これを見て、「あれ見給へ。あのやうに描きたいものぢや」といへば、③絵描きこれを見て、「いやいやあの羽づかひではあつてこそ、それがしが描いたやうには、得《え》飛ぶまい」といふ。

（浅井了意《あさいりょうい》『浮世物語《うきよ》』）

*1 一色《いっしき》＝他のものを交えないこと。ここは白鷺だけを描いた絵、の意。
*2 焼筆《やきふで》＝柳などの細長い木の端を焼きこがして作った筆。絵師が下絵を描くのに用いる。
*3 第一の出来物＝もっとも優れたところ。

ガイド

●物語の読解

①登場人物の把握

物語や説話は現在の小説のようなものである。まずは登場人物をしっかりと把握して、現代語訳が追い付かなくてもその**登場人物がどんな行動をしたのかを追いかけて**みよう。

②会話に注目

誰が話しているのかがつかめたら、会話（かぎかっこ）の中に目を向けてみよう。ここでの**最重要部分は「疑問」と「命令」**である。「疑問」は質問をしているのだから普通はそのあとでその質問に対する答えが返ってくるはずである。また「命令」は強い依頼で普通はその依頼に対するイエスかノーかの返答があるはずである。文章が長い場合や会話の意味がわからない場合は、返答からさかのぼってどんなことを言っていたのか推測することもできる。

③心情は行動や表情から

見えない心情を読み取るのは難しく思われるかもしれないが、**「気持ちは態度に現れる」が原則**である。心情が問われたときはその登場人物の行動に注目しよう。

問一 ――線①「良ささう」を現代仮名遣いに直し、すべて平仮名で書きなさい。

［　　　　］

問二 ――線②「羽づかひがかやうでは、飛ばれまい」とは、どういうことを表しているか。適当なものを、次の**ア**～**エ**から一つ選び、記号で答えなさい。［　］

ア 本物の白鷺は、羽にけがをしているので、絵のように大空に飛び立つことはできないだろうということ。

イ 本物の白鷺の数はとても少ないので、絵のように多くの白鷺が飛び交うことはできないだろうということ。

ウ 絵に描かれている白鷺のような不自然な羽の使い方では、飛ぶことはできないだろうということ。

エ 絵に描かれているように白鷺が密集していては、羽がつかえて飛ぶのに支障がありそうだということ。

問三 ――線③「絵描きこれを見て」の「これ」の説明として適当なものを、次の**ア**～**エ**から一つ選び、記号で答えなさい。［　］

ア 亭主が話している様子。　**イ** 本物の白鷺が飛ぶ様子。

ウ 亭主が描いた白鷺の絵。　**エ** 他の絵師が描いた白鷺の絵。

問四 重要 この話で筆者が批判しているのはどのようなことか。次の**ア**～**エ**から一つ選び、記号で答えなさい。［　］

ア 絵描きが、亭主の意見を聞き入れず、へ理屈をこねて絵の欠点を認めないこと。

イ 絵描きが、自分より上手に白鷺を描いた亭主の絵のうまさを素直に認めないこと。

ウ 亭主が、絵について注文をつけすぎて、絵描きの持つ力を発揮させてやれていないこと。

エ 亭主が、自分自身は何もしないのにもかかわらず、絵描きの批判ばかりしていること。

● **「どういうこと」「説明として」**

内容の説明を求められたとき、まずは設問になっている傍線部の部分をできる限り現代語訳してみよう。選択問題では、選択肢に明らかなうそがあればそれを取り除いていけばよい。

● **「本文の内容に合致するもの」**

本文全体の内容を踏まえるとなると全文の解釈が必要になると思われがちだが、先に説明した、登場人物とその行動、行動から導かれる心情、これらを拾うことができればおおむね解答できるはずである。必ずあるわけではないが、**ストーリーや会話に「違和感」があればそれがカギになること**もある。

07 【文法・動作主・内容吟味】

次の文章を読んで、あとの問いに答えなさい。

*1鵯《ひよどり》、小鳥どもをあつめて謂《い》って云《い》はく、「汝《なんぢ》ら畑の作物につき、または庭の菓《このみ》を喰《く》らふに、いらざる高ごゑをして《大声で》、友を呼びさわぐによりて、人その来たり集まるを知りて、網をはり、*2黐《もち》を置くなり。我冬になり、山に食物なき時は、人家《じんか》に来たりて、縁先にある南天の実を【a喰らふ】ども、亭主知る事なし。①あまりのをかしさに、立ちざま《飛び立つ瞬間に》大きなる声をして、礼をいひてかへるなり。万一黐にかかりても、少しもさわがず、身を【bすくむ】て、そつとあをのけ《仰向け》になりて、ぶらさがり居れば、*3はごは上に残り、身ばかり下に落つる時、こそこそと飛んでゆくなり。汝らは、黐にかかりたる時、あわてさわぎ、ばためく《ばたばたする》故に、惣身に《体全体に》黐をぬり付けて、動くこともならずして、Xとらへらるる、②不調法の至りなり」と、i才智がましく語る。

末座より*4鷦鷯《みそさざい》といふ小鳥、笑って云はく、「人は鳥よりもかしこくて、一たびこの手にあひたる者は、下にも細きはごを置き、例のごとくぶらさがりて、下へ落つれば、下なるはごを、Yせなかに付け、おもひよらぬ事なれば、さすがの鵯殿も、あわてさわぎ給《たま》ふ故に、惣身に黐をぬりてとらへらるる事は同じ事なり。世間小智の人、皆鵯のごとし。おのれ才覚を用ひて、一旦しあふせたる《成し遂げた》事あれば、自満して《自分で満足して》、いつもかくのごとくとおもへり。*5天下の人豈《あに》皆愚かなら

ガイド

●古文の文法

①接続

　下に付く語によって文字と音が変わることを「活用」といい、どんな語が下につくかによってどのように変わるのかはルール化されている。すべてを覚えるのは非効率なので、ひとまずつなげて読んでみよう。一番自然な言い方になればそれでよい。

②動詞の活用

　基本的には現代語と同じようなものと思ってよい。ただし仮名遣いには気をつけたい。現代語と同じく活用は原則として「同じ行」で変化するので、たとえば「言ふ」の未然形の表記は「言は＋ない（正確には「言は＋ず」）」となる。また、**現代語の五段活用は古文では四段活用になる**。また、古文では仮定形の代わりに「ど・ども」に接続する已《い》然形がある。

んや。人はその巧《たくみ》を知りて、重手[*6]をうつにより、今までの才覚の巧、皆iiいたづらになり、③かえつて仇《あだ》となりて、禍をまねく事をしらず」。

（佚斎樗山《いっさいちょざん》『田舎荘子《いなかそうし》』）

＊1 鵯《ひよどり》＝全長は27㎝前後で、鳴き声は「ひぃよひぃよ」とやかましい。
＊2 黏《もち》＝「鳥もち」のこと。粘着性の物質で鳥や昆虫を捕まえるのに使う。
＊3 はご＝木片や竹・縄などに鳥もちを塗りつけた、鳥を捕る道具。
＊4 鷦鷯《みそさざい》＝日本の野鳥でも最小種の一つで、全長は11㎝前後。
＊5 天下の人豈《あに》皆愚かならんや＝天下の人はどうして皆愚かであろうか、いや、そうではあるまい。
＊6 重手＝念のための二重の計略。

問一 a【喰らふ】・b【すくむ】を、それぞれ本文に合うように適当な形に直しなさい。

a［　　　］　b［　　　］

問二 ＝＝線X「とらへらるる」・Y「せなかに付け」の主語として適当なものを、それぞれ次のア～オから一つ選び、記号で答えなさい。

ア 鵯　イ 小鳥ども　ウ 鷦鷯　エ 世間小智の人　オ 天下の人

X［　　］　Y［　　］

問三 〰〰線i「才智がましく」・ii「いたづらに」の意味として適当なものを、それぞれ次のア～オから一つ選び、記号で答えなさい。

i「才智がましく」
ア 胸を張って　イ ずる賢く　ウ 思慮深く　エ 出しゃばって　オ 利口ぶって ［　　］

ii「いたづらに」
ア 悪ふざけに　イ 不必要に　ウ むだに　エ いい加減に　オ 現実に ［　　］

●古文単語

覚えないよりは覚えたほうがよいのは言うまでもないが、この問題集などの問題演習を通して「出てきた単語を覚えていく」という方法もある。解答冊子の現代語訳も参考にして「この単語（表現）はこんな訳になるのだ」と経験的に身につけていくのである。現代文の漢字や語の意味と同じく単語の意味を問われたときは、見覚えのない、どうしてもわからないものに遭遇することがあるかもしれないが、そのときは前後の表現からできる限り推測してみよう。重要な注意点は、設問になる単語が「**現代語と異なる意味になる場合がある**」ということである。たとえば、古文の「うつくし」は現代語と同じ「美しい」ではなく「かわいらしい」という意味になる。

問四　――線①「あまりのをかしさに」とあるが、なぜか。その理由として適当なものを、次の**ア**～**オ**から一つ選び、記号で答えなさい。　［　　　］

ア　亭主は大騒ぎをする小鳥がいることには気がつくのに、遠慮して静かにしている鴨を捕まえることは忘れていたから。

イ　亭主は冬になって作物の収穫が終わったので、わざわざ南天の実を食べに来る鴨のことなどは相手にしないから。

ウ　亭主は畑で作物を食べる小鳥のことを用心していても、縁先で南天の実を食べる鴨のことは気に留めていないから。

エ　亭主は小鳥に作物を食べられまいと工夫するが、下手に騒ぐことなく南天の実を食べる鴨には気がついていないから。

オ　亭主は挨拶をせずに作物を食べる小鳥は捕まえ、食べたあとに礼を言う鴨は見ていないふりをして許してくれるから。

問五　――線②「不調法の至りなり」とあるが、どういうことを指して言っているのか、説明しなさい。

［　　　　　　　　　　　　　　　］

問六　重要　――線③「かえつて仇《あだ》となりて、禍をまねく」とあるが、「鴨」の場合には、どうなると言っているのか。何が「仇」となるのかも含めて説明しなさい。

［　　　　　　　　　　　　　　　］

●単語や表現の推測

設問の部分そのものやその前後の語や表現に、わかる限りで構わないので、**よいイメージのものか悪いイメージのものかの印をつけてみよう**。わかる限りとしたのは、古文単語の中にはよい悪い両方のイメージをともにもつ語もあるからである。一般的に「をかし」はよいイメージとすればよいが「あはれ」はよし悪し両方のイメージを持っているなど、気をつける必要があるものもあるので、前後の語や表現とのバランスを取ることが求められる。この問題では**問五**の「不調法」は明らかに悪いイメージの語であり、**問六**の「仇」や「禍」も悪いイメージの語なので解答も悪いイメージを表すものになる。

最高水準問題

解答 別冊 p. 8

08 次の文章を読んで、あとの問いに答えなさい。 （兵庫・関西学院高等部）

*1筑紫《つくし》にありける*2檜垣《ひがき》の御《ご》と言ひけるは、いとらうあり、をかしくて世を経たる者になむありける。①年月かくてありわたりけるを、*3純友《すみとも》が騒ぎにあひて、家も焼けほろび、物の具もみな取られ果てて、②いみじうなりにけり。かかりとも知らで、*4野大弐《やだいに》、討手の使に下りたまひて、それが家のありしわたりをaたづねて、「檜垣の御と言ひけむ人に、*5いかであはむ。いづくにか住むらむ」とbのたまへば、「このわたりになむ住みはべりし」など、供なる人も言ひけり。「あはれ、かかる騒ぎに、いかになりにけむ。*6たづねてしがな」とのたまひけるほどに、かしら白き嫗《おうな》の、水汲《く》めるなむ、前よりあやしきやうなる家にc入りける。ある人ありて、「これなむ檜垣の御」と言ひけり。いみじうあはれがりたまひて、d呼ばすれど、恥ぢて来《こ》で、かくなむ言へりける。

　むばたまのわが□髪は白川の水は汲むまでなりにけるかな

と詠みたりければ、あはれがりて、③着たりける衵《あこめ》ひとかさね脱ぎてなむやりける。

（『大和《やまと》物語』）

*1 筑紫《つくし》＝九州地方の旧国名。
*2 檜垣《ひがき》の御《ご》＝宿場などで歌舞をなした遊女の名。
*3 純友《すみとも》が騒ぎ＝藤原純友が朝廷に反逆した平安時代の争乱。
*4 野大弐《やだいに》＝大戦の職に就いていた小野好古《おののよしふる》。朝廷から純友討伐を任命された兵を挙げた。
*5 いかであはむ＝どうにかして会いたい。
*6 たづねてしがな＝ぜひ訪れたいものだな。

問一 ――線①「かくてありわたりける」とあるが、「檜垣《ひがき》の御《ご》」はもともとどのような生活を送っていたのか。その説明として適当なものを、次のア～エから一つ選び、記号で答えなさい。 ［　　］

ア 多くの苦労を乗り越えて、人とは違う暮らしをしていた。
イ 様々なことに経験を積み、風流な暮らしをしていた。
ウ 功績をあげてほうびをもらい、豊かな暮らしをしていた。
エ 芸の鍛錬が実を結ばず、衣食に困る暮らしをしていた。

問二 ――線②「いみじうなりにけり」とあるが、「檜垣の御」は、純友《すみとも》の騒ぎのあと、どのような生活を送ることになったのか。その説明として最も適当なものを、次のア～エから一つ選び、記号で答えなさい。

ア 騒乱に巻き込まれ、住まいや調度品、衣服などすべてを失ってしまい貧しい暮らしとなった。 ［　　］
イ 騒乱に出兵したが、敵兵によって一家もまるごと滅ぼされ、家財を持たないみすぼらしい暮らしとなった。
ウ 騒乱に出くわし、家屋も炎に包まれて失い、火消しの道具も使い切られ、不安な暮らしとなった。
エ 騒乱に感情移入することなく、身辺整理をして芸の道を極めようと努め倹約する暮らしとなった。

問三 〰〰線a～dの中で、主語となる人物が異なるものを一つ選び、記号で答えなさい。 ［　　］

問四 □にあてはまる語を考えて漢字一字で答えなさい。 □

問五 難 ――線③「着たりける衵《あこめ》ひとかさね脱ぎてなむやりける」について、「衵」とは貴族の装束のことであるが、「野大弐《やだいに》」が「檜垣の御」にこのようにしたのはなぜか、説明しなさい。

［　　　　　　　　　　］

09　次の文章を読んで、あとの問いに答えなさい。

（千葉県）

平清盛《たいらのきよもり》らの勢力に敗れた源義朝《みなもとのよしとも》には妻子がいたが、妻の常《とき》葉《わ》は、清盛が義朝の子どもらを捕らえようとしていると知った。次は、常葉が三人の息子を連れて、風雪の中を追《おっ》手《て》から逃れている場面である。

ある小屋に立ち寄りて、「宿申さん《宿をお借りしたい。》」といへば、主《あるじ》の男出でて見て、「ただ今夜ふけて《今時、夜がふけてから》、幼い人々引き具《ぐ》して迷はせたまふは、謀叛《むほん》*1の人の妻子にてぞましますらん。叶《かな》ふまじ」とて、①男内へ入《い》りにけり。落《お》つる涙も降る雪も、左右《さう》のたもと*2に所せく《左右のそでをぐっしょりぬらし》、柴《しば》の編戸《あみど》*3に顔をあて、②しぼりかねてぞ立ちたりける。③主の女出でて見ていひけるは、「我等《われら》かひがひしき《頼りになるような》身ならねば、謀叛の人に同意したりとて、とがめなどはよもあらじ《味方したからといって、責められることはまさかないだろう》。④高きもいやしきも女はひとつ身なり。入らせたまへ《同じ女どうしです。お入りください。》」とて、常葉を内へ入れて、さまざまにもてなしければ、人心地《ひとごこち》にぞなりにける。

（『平治《へいじ》物語』）

*1　謀叛《むほん》＝国家や君主に背いて臣下が兵を挙げること。
*2　たもと＝和服の袖の下の、袋状になった部分。
*3　柴《しば》の編戸《あみど》＝雑木の小枝を編んで作った戸。

問一　――線①「男内へ入《い》りにけり」とあるが、男の行動を説明したものとして適当なものを、次のア～エから一つ選び、記号で答えなさい。　［　　］

ア　道に迷い宿を見つけられずに頼ってきた母子を哀れに思い、内に招き入れた。
イ　妻子といえども、逃亡は謀叛と同じく罪深いことだと教え諭して追い返した。
ウ　夜中に親子連れで訪ねてくるとはただ者でないと察し、かくまうことにした。
エ　深夜に幼い子を連れてさまよう女の身の上を怪しんで、泊めることを断った。

問二　難

(1)　――線②「しぼりかねてぞ立ちたりける」とあるが、この表現の特徴として適当なものを、次のア～エから一つ選び、記号で答えなさい。　［　　］

ア　対句によって文にリズムが生まれている。
イ　係りの助詞がその前の語を強調している。
ウ　文末を体言にして文に余韻を与えている。
エ　倒置法のために文の語順が変化している。

(2)　「かねる」は、「見るに見かねて手伝う。」「その意見には賛成しかねる。」のように動詞の連用形に付いて意味を加える語である。ここでの「しぼりかねる」という表現について、

a　誰の心情であるかを、次のア～エから一つ選び、記号で答えなさい。　［　　］

ア　常葉　　イ　主の女　　ウ　謀叛の人　　エ　主の男

b　どのような心情を表しているかを、「雪と涙にぬれた袖を」に続けて、「……くらいの……」という形を使って、十字以上、二十字

以内で答えなさい。

雪と涙にぬれた袖を

問三 ——線③「主の女」は夫とは異なる対応をするが、その理由として適当なものを、次のア～エから一つ選び、記号で答えなさい。［　］

ア 戦に巻き込まれたくないので、罰せられない保証があれば助けてもよいと判断したから。

イ 謀叛人の妻と子が現れたことに驚き、素直に届け出ることで罪をまぬかれたかったから。

ウ 頼る者のない常葉の心細さを思い、自分にできるせめてもの世話をしようと思ったから。

エ 常葉らの運命に同情はしたものの、支援を申し出れば世間から非難されると考えたから。

問四 ——線④「高きもいやしきも」が指し示すものとして適当なものを、次のア～エから一つ選び、記号で答えなさい。［　］

ア 評判　イ 身分　ウ 行為　エ 品性

解答の方針

問二 「～かねる」は設問から「～できない」の意味であることを推測する。また、古文で「袖を絞《しぼ》る」とあればそれは「泣く（涙を流す）」ことを意味する。

問四 「いやしき」で考えついたかもしれないが、古文の時代は血筋や生まれによる階級社会だった。「上下」だけでも同じ意味となる。

---

10 次の文章を読んで、あとの問いに答えなさい。（京都・東山高 改）

〔九郎御曹司《おんぞうし》（源　義経《みなもとのよしつね》）を大将とする源氏の軍は、生田森《いくたのもり》（今の兵庫県）に陣を構える平家の軍を攻めようとしていた。以下はそれに続く場面である。なお、本文中に出てくる「一の谷」、「鵯《ひよどり》越《ごえ》」は、生田森付近の地名である。〕

源氏は1あそこに陣とつて馬やすめ、ここに陣とつて馬かひ（馬にえさをやること）なんどしけるほどに、いそがず。平家の方には今や寄する、今や寄すると、①やすい心もなかりけり。

六日のあけぼのに、九郎御曹司、2一万余騎を二手にわかつて、まづ土肥次郎実平《とひのじらうさねひら》（源氏方の武将）をば七千余騎で一の谷の西の手へさしつかはす。我身は三千余騎で一の谷の後ろ、鵯越をおとさんと、丹波路《たんばぢ》より3搦手《からめて》（敵の背面）にこそまはられけれ。兵者《つはもの》ども、「これは聞こゆるa悪所であんなり。敵にあうてこそ死にたけれ、悪所におちては死にたからず。あつぱれ（ああ）この山の案内者やあるらん」と、4面々に申しければ、武蔵国《むさしのくに》住人平山武者所《ひらやまのむしやどころ》（源氏方の武将、平山季重）すすみ出《い》でて申しけるは、「季重《すゑしげ》こそ案内は知つて候《さうら》へ」。御曹司、「わ殿は東国育ちの者の、今日はじめてみる西国の山の案内者、大きにbまことしからず」とのたまへば、平山かさねて申しけるは、「御諚《ごぢやう》（おことば）ともおぼえ候はぬものかな。X吉野《よしの》、泊瀬《はつせ》の花をば歌人が知り、敵のこもつたる城の後ろの案内をば、剛《かう》の者が知る候ふ」と申しければ、是《これ》また②傍若無人にぞ聞こえける。

また、武蔵国住人別府小《べつぷのこ》太郎《たろう》とて、生年《しやうねん》十八歳になる小冠《せうかん》（若者）すすみ出でて申しけるは、「父で候ひし義重《よししげ》法師が教へ候ひしは、『敵にもおそはれよ（敵に襲われたにせよ）、山ごえの狩をもせよ、深山にまよひたらん時は、老馬に手《た》綱《づな》をうちかけて、先に追つ立ててゆけ。かならず道へいづるぞ』とこそ教へ候ひしか」。御曹司、c「やさしうも申したるものかな。『雪は野原をうづめども、老いたる馬ぞ道は知る』といふためしあり」とて、白葦毛《あしげ》（馬の毛の色）なる老馬に鏡鞍《かがみぐら》（鞍の一種）置き、白轡《しろぐつわ》はげ（轡という馬具を着けて）、手綱むすんでうちかけ、先に追つ立てて、③いまだ知らぬ深山へこそ入り給へ。比《ころ》は❶きさらぎはじめの事なれば、峰の雪むらぎえて、花かと見ゆる所もあり。谷の鶯《うぐいす》おとづれて、霞《かすみ》に迷ふ所もあり。

（『平家《へいけ》物語』）

問一　――線❶「きさらぎ」は何月のことか。適当なものを、次のア〜エから一つ選び、記号で答えなさい。［　　］

ア　二月　　イ　四月　　ウ　六月　　エ　八月

問二　═線1〜4のうち、係り結びの法則が用いられているものを一つ選び、記号で答えなさい。［　　］

問三　〰線a〜cの意味として適当なものを、それぞれ次のア〜エから一つ選び、記号で答えなさい。

a「悪所」［　　］

ア　道の険しい所　　イ　山賊などの多い所

ウ　戦うのに不利な所　　エ　生活に不便な所

b「まことしからず」［　　］

ア　真心がこもっていない　　イ　真心から知りたい

ウ　本当に立派である　　エ　本当とは思えない

c「やさしうも」［　　］

ア　親孝行にも　　イ　あさはかにも

ウ　けなげにも　　エ　皮肉にも

問四　――線①「やすい心もなかりけり」とはどういうことか。「〜ということ。」に続くように、十字以内で答えなさい。

□□□□□□□□□□ということ。

問五　――線②「傍若無人にぞ聞こえける」とあるが、これは平山武者所のどのような態度についていったものか。その説明として適当なものを、次のア〜エから一つ選び、記号で答えなさい。［　　］

ア　自分は幼い頃から西国に縁があるので、敵の城の背後の様子は十分わかっているとおごり高ぶって言った態度。
イ　自分は武勇にすぐれているため、なじみのない場所であっても敵の城の背後の様子はわかると無遠慮に言った態度。
ウ　西国の武士より東国の武士の方が勇敢なので、敵の城の背後の様子がわからなくても恐れる必要はないと頼もしく言った態度。
エ　敵の城の背後の様子を知っている者は必ず見つかるはずだと、九郎御曹司や周りの兵士達を励まし元気づけた態度。

問六　難　――線③「いまだ知らぬ深山へこそ入り給へ」とあるが、九郎御曹司は深山に入る上でどのような対策をとったのか。二十五字以上、三十五字以内で答えなさい。

問七　本文中における平山武者所、別府小太郎の二人に共通してうかがえるのはどのような様子か。適当なものを、次のア～エから一つ選び、記号で答えなさい。［　　］
ア　大将の恩義に報いるために命令を忠実におこなう様子。
イ　無益な戦いを避けようとして知恵をしぼっている様子。
ウ　周りからあなどられないように勇敢さを誇示する様子。
エ　困難に挑む自軍に何とか貢献しようと力を尽くす様子。

問八　――線X「吉野《よしの》、泊瀬《はつせ》の花をば歌人が知り」とあるが、次のAさんとBさんの会話は、この部分についてなされたものである。会話を踏まえて、あとの(1)～(3)の問いに答えなさい。

Aさん「吉野も泊瀬も今の奈良県の地名だけれど、平山武者所のこの表現は、［Ⅰ］ということを前提としているね。」
Bさん「吉野といえば、『平家物語』を見ていたら、別の場面で成《しげ》範卿《のりきょう》という人について次のような記述を見つけたよ。」

そもそもこの成範卿を、桜町の中納言と申しける事は、すぐれて心すき給へる人にて、常は吉野山を恋ひ、町に桜を植ゑならべ、その内に屋を立てて、住み給ひしかば、来る年の春ごとに、見る人、桜町とぞ申しける。桜は咲いて七か日に散るを、なごりを惜しみ、天照御神《あまてるおほんかみ》に祈り申されければ、三七日《さんしち》までなごりありけり。君《天皇》も賢王にてましませば、神も神徳を耀《かがやか》し、花も心ありければ、廿日《はつか》の齢《よはひ》をたもちけり。

Aさん「Y『平家物語』の舞台となった平安時代末期は戦乱の時代ではあるけれども、その中で成範卿などのように風流を愛した人々もいたのだね。」

(1) [Ⅰ] に入る語句として適当なものを、次のア～エから一つ選び、記号で答えなさい。［　　］

ア　吉野や泊瀬の花は、武人だけでなく歌人にもなじみ深い
イ　吉野や泊瀬の花は、歌人であれば誰でもよく知っている
ウ　吉野や泊瀬の花は、歌人以外の人にも広く知られている
エ　吉野や泊瀬の花は、歌人が歌に詠むことで有名になった

(2) 「成範卿」の記述について述べたものとして、正しいものには○、誤っているものには×をつけなさい。

a　成範卿は桜を見るため何度も吉野に足を運び、ついには吉野に住むようになった。［　　］
b　成範卿が桜を植えて住んだ場所は、人々から桜町と呼ばれるようになった。［　　］
c　成範卿は桜の寿命が短いのを惜しみ、せめて七日咲き続けるようにと神に祈った。［　　］
d　成範卿の願いを聞いた天皇は、自らも神に祈り桜の寿命を延ばしてもらった。［　　］

(3) ――線Y「『平家物語』の舞台となった平安時代末期」は次の [ア] ～ [エ] のうちのどの時期にあてはまるか。適当なものを次のア～エから一つ選び、記号で答えなさい。［　　］

[ア] →『万葉集』が成立した。→ [イ]
→『古今和歌集』が成立した。→ [ウ]
→『新古今和歌集』が成立した。→ [エ]

解答の方針

問一　旧暦（月の異名）と十二支は一通り覚えておくのがよい。
問七　二人の発言によって源氏の軍の行動が決まったということを読み取りたい。

11　次の文章を読んで、あとの問いに答えなさい。

（東京・國學院高）

〔次の文章は『竹取《たけとり》物語』の一節である。かぐや姫の姿を一目見たい帝（天皇）は、狩りにでかけるふりをしてかぐや姫に会うことを計画する。かぐや姫の住まいの敷地に入ることに成功し、満ちあふれる光の中に座る美しい姫を見つける。〕

これならむと思《おぼ》して（これがあのかぐや姫であろうとお思いになって、）、逃げて入《い》る袖《そで》をとらへたまへば（輿へ入る（かぐや姫の）袖をとらえなさると、）、①面をふたぎてさぶらへど（袖でかくしておそばに控えているけれども、）、初めよく御覧じつれば（ご覧になっていたので、）、②類《たぐひ》なくめでたくおぼえさせたまひて（すばらしいとお思いになって、）、「ゆるさじとす」とて（「逃がさないぞ」とおっしゃって、）、率《ゐ》ておはしまさむとするに（連れていらっしゃろうとすると、）、かぐや姫答へて奏す[*1]。「おのが身は（「私の身は、）、この国に生《うま》れてはべらばこそ、使[*2]ひたまはめ（宮仕えさせることもおできになるでしょうが、）、③いと率ておはしましがたくやはべらむ」と奏す（連れていらっしゃるのはとても難しくございましょう」と奏上する。）。帝、「などかさあらむ（「どうしてそのようなことがあろう。）。なほ率ておはしまさむ」とて（やはり連れておいでになろう」とおっしゃって、）、御輿《おほんこし》[*3]を寄せたまふに、このかぐや姫、きと（急に）影になりぬ。

はかなく口惜《くちを》しと思して（お思いになって、）、④げにただ人《びと》にはあらざりけり（ほんとうにふつうの人ではなかったよ）と思して、「さらば（それならば、）、御供《とも》には率て行かじ。元の御かたちとなりたまひね（お姿になってください。）。それを見てだに帰りなむ」（せめてそれを見てから帰ろう）と仰せらるれば（とおっしゃると、）、かぐや姫、元のかたちになりぬ。

（『竹取物語』）

＊1 奏す＝奏上する。天皇に申し上げる。
＊2 使ひ＝宮仕えさせ。宮中（天皇の居所）に仕えさせ。
＊3 御輿《おほんこし》＝天皇や貴人の乗る輿。輿とは乗り物の名で、人を乗せて数人が担いで運ぶ。

問一 ——線①「面」の意味に相当する熟語として適当なものを、次の**ア**～**オ**から一つ選び、記号で答えなさい。［　　］

ア 表面　**イ** 図面　**ウ** 工面　**エ** 路面　**オ** 顔面

問二 ——線②「類《たぐひ》なく」の意味として適当なものを次の**ア**～**オ**から一つ選び、記号で答えなさい。［　　］

ア 関係なく　**イ** 不思議と　**ウ** 抜群に
エ 所在なく　**オ** 思いのほか

問三 主語がかぐや姫であるものを、次の**ア**～**オ**から一つ選び、記号で答えなさい。［　　］

ア 面をふたぎてさぶらへど（*1*～*2*行目）
イ 類《たぐひ》なくめでたくおぼえさせたまひて（*2*～*3*行目）
ウ 率《ゐ》ておはしまさむとするに（*3*行目）
エ 御輿《おほんこし》を寄せたまふに（*6*行目）
オ 口惜《くちを》しと思して（*8*行目）

問四 難 本文中で、現代語訳として「そうではございませんので」と補うことができる箇所はどこか。次の**ア**～**オ**から一つ選び、記号で答えなさい。［　　］

ア「面をふたぎてさぶらへど」（*1*～*2*行目）の後
イ「率ておはしまさむとするに」（*3*行目）の後
ウ「この国に生れてはべらばこそ、使ひたまはめ」（*4*～*5*行目）の後
エ「御輿を寄せたまふに」（*6*行目）の後
オ「げにただ人にはあらざりけりと思して」（*8*行目）の後

問五 ——線③「いと率ておはしましがたくやはべらむ」とあるが、かぐや姫がそのように言うのはなぜか。その理由として適当なものを、次の**ア**～**オ**から一つ選び、記号で答えなさい。［　　］

ア かぐや姫はこの国に生まれたが、帝に仕えることは容易ではないから。
イ かぐや姫はこの国に生まれたのに、帝に仕えたいとは思わないから。
ウ 強引《ごういん》に自分に接近してきた帝に、かぐや姫はついて行きたいと思えないから。
エ かぐや姫はこの国に生まれた者ではなく、帝に仕えることができないから。
オ 強引に自分と結婚しようとする帝に、かぐや姫は抵抗を感じているから。

問六 ——線④「げにただ人《びと》にはあらざりけり」とあるが、誰がどうしたことに対してこのように思ったのか。その説明として適当なものを、次の**ア**～**オ**から一つ選び、記号で答えなさい。［　　］

ア かぐや姫が、違う世界から来たことを隠そうとしていたこと。
イ かぐや姫が、急に姿を消してしまったこと。
ウ 帝が、かぐや姫の屋敷に大胆に入り込んだこと。
エ かぐや姫が、突然訪問してきた帝を丁重にもてなしたこと。
オ 帝が、狩りを装ってまでかぐや姫を見ようとしたこと。

問七　本文の内容と合致するものを、次のア～オから一つ選び、記号で答えなさい。［　　］

ア　帝はかぐや姫との対面を果たせたことに興奮するあまり、姫に声をかけることができなかった。

イ　帝はかぐや姫の姿に夢中になり、姫の気持ちを確かめることもなく、自分のもとに連れておこうと考えた。

ウ　帝が予告もなく自分の前に現れたことでかぐや姫はひどく困惑し、無礼な態度をとって帝を怒らせてしまった。

エ　かぐや姫は帝の誘《さそ》いに乗ることはなく、屋敷にあった御輿で逃げてしまったので、帝はあきらめるしかなかった。

オ　かぐや姫は、望みがかなわない悔しさのあまり影と化してしまった帝をあわれに思い、本当の姿を見せることにした。

解答の方針

問六　「ただ人にはあらざり」なので、普通の人にはできない、起こりえないことが起こったことになるが、それは誰に何が起こったのか。

問七　登場人物の言動を人物ごとに整理してみよう。ア・イ・ウは帝について、エ・オはかぐや姫についてである。「奏す」は「帝に申し上げる」の意味の語で、天皇を対象にした専用の語である。

12　次の文章を読んで、あとの問いに答えなさい。

（東京・日大鶴ヶ丘高 改）

〔次の文章は、村上天皇の時代の宣耀殿《せんようでん》の女御《にょうご》藤原芳子《ふじわらのほうし》に対する帝《みかど》の寵愛《ちょうあい》ぶりや、それに対する周囲の様子などが語られているものである。〕

御女《むすめ》、村上の御時の宣耀殿の女御*1、[a]かたちをかしげにうつくしうおはしけり。[b]内《うち》へまゐりたまふとて、御車に奉《たてまつ》りたまひければ、わが御身は乗りたまひけれど、御髪のすそは、*2母屋《もや》の柱のもとにぞおはしける。一筋を*3陸奥紙《みちのくにがみ》に置きたるに、いかにもすき見えずとぞ申し伝へ①ためる。御目のしりの少しさがりたまへるが、いとどらうたくおはするを、帝、*4いとかしこくときめかさせたまひて、②かく仰せられけるとか。

X　生きての世死にての後《のち》の後の世も羽*5をかはせる鳥となりなむ

[c]御返し、女御、

Y　あきになることの葉だにも変はらずは我もかはせる枝となりなむ

③*6「古今《こきん》うかべたまへり」と聞かせたまひて、帝、こころみに本をかくして、女御には見せさせたまはで、「やまとうたは」とあるをはじめにて、まづの句のことばを仰せられつつ、問はせたまひけるに、[d]言ひたがへたまふこと、詞《ことば》にても歌にてもなかりけり。④かかることなむと、父大臣《おとど》は聞きたまひて、御装束して、手洗ひなどして、所々に誦《ず》経《きょう》などし、念じ入りてぞおはしける。

（『大鏡《おおかがみ》』）

*1　女御《にょうご》＝天皇の妃の位の一つ。

*2　母屋《もや》＝寝殿造りで、廂《ひさし》の間より一間内側の中央にある部屋。髪の毛の長さを誇張した表現。

*3　陸奥紙《みちのくにがみ》＝陸奥の国から多く生産された紙。

＊4 いとかしこくときめかさせたまひて＝たいそうご寵愛なさって。

＊5 羽をかはせる鳥＝女御の歌の中の「かはせる枝」とともに、中国の詩人白楽天《はくらくてん》が玄宗皇帝と楊貴妃《ようきひ》のことを詠んだ詩である「長恨歌」中の、「比翼の鳥」「連理の枝」に由来する。夫婦が仲睦まじい様子の表現。

＊6 古今《こきん》＝『古今和歌集』のこと。

問一 〰〰線a〜dの口語訳として適当なものを、それぞれ次のア〜エから一つ選び、記号で答えなさい。

a 「かたち」 ［　］

ア 形式　イ 容貌　ウ 雰囲気　エ 笑顔

b 「内《うち》」 ［　］

ア 自宅　イ 境内　ウ 市中　エ 御所

c 「返し」 ［　］

ア 返答　イ 返却　ウ 返礼　エ 返上

d 「言ひたがへたまふこと」 ［　］

ア 言いよどみなさること

イ 言い違いなさること

ウ 言い変えなさること

エ 言い訳なさること

問二 難 ――線①「める」と活用形が異なるものとして適当なものを、次のア〜エから一つ選び、記号で答えなさい。 ［　］

ア 昔こそよそにも見しか。

イ かたちよりはこころなむまさりたりける。

ウ 良き人は、知りたる事とて、さのみ知り顔にやは言ふ。

エ いづれの山か、天に近き。

問三 ――線②「かく」の内容の一部として適当なものを、次のア〜エから一つ選び、記号で答えなさい。 ［　］

ア 一筋を陸奥紙に　イ 御目のしりの

ウ 生きての世　エ あきになる

問四 本文中の和歌X、Yについて述べたものとして適当なものを、次のア〜エから一つ選び、記号で答えなさい。 ［　］

ア Xの和歌では来世には二人で自由に愛し合える鳥に生まれ変わりたいと訴えているのに対し、Yの和歌では出典の意図をくみ取りながらも巧みに話題をそらし、相手を軽くいなしている。

イ Xの和歌は漢詩を出典とすることにより、強い愛を伝えつつも相手の知識を試す内容になっているのに対し、Yの歌はその想いを受け止めたうえで、出典の意図を踏まえて返歌している。

ウ Xの和歌では、漢詩を出典として生まれ変わっても愛し合っていたいと強い愛情を訴えるのに対し、Yの和歌では相手の意をくみ取り損ねて、すれ違いが起こってしまっている。

エ Xの和歌では相手にまだ愛が伝わりきらないと焦れている送り主は、さらに同じ出典から表現を変えてYの和歌を送ることで、自らの知性を見せつつ深い愛情を表現しようとしている。

問五 ――線③「古今《こきん》うかべたまへり」の意味として適当なものを、次のア〜エから一つ選び、記号で答えなさい。 ［　］

ア 芳子の歌は、古今和歌集で詠まれた和歌を盗作したものであるということ。

イ 芳子が、帝と同じく古今和歌集を愛読しているということ。

ウ 芳子が、古今和歌集の内容をすべて暗記しているということ。

エ 芳子の和歌を聞いて、帝が古今和歌集を思い浮かべたということ。

問六　――線④「かかること」が指す内容として適当なものを、次のア～エから一つ選び、記号で答えなさい。［　　］

ア　帝と娘が仲睦まじくしていること
イ　帝と娘が歌のやり取りを行っていること
ウ　帝が娘の知識を試していること
エ　帝が娘に対して意地悪なことをすること

問七　本文の内容について述べたものとして適当なものを、次のア～エから一つ選び、記号で答えなさい。［　　］

ア　最初は期待されていなかった芳子だが、その教養で帝の期待に応えることにより、寵愛を受けるようになった。
イ　芳子は若さゆえに帝の寵愛を受けたが、最終的には帝の期待に応えることができずに寵愛を失った。
ウ　芳子は帝を圧倒するほどの知識を披露したが、そのためにうまくいっていた二人の関係はこじれてしまった。
エ　芳子は美しさだけでなくその知性までもが帝の期待に応えるものであったため、帝の寵愛を受けた。

解答の方針

問四　和歌の読み取りは、出てきた言葉の中から理解できそうなものを抽出して、だいたいで構わないのでつなげてみよう。そうするとおおよその言いたいことは読み取れることが多い。ここでは注も利用しよう。

問五　傍線部だけからでは答えられない場合は、その前後の内容に注目する。ここでは前はないので後ろに注目すると「こころみに」とあり、帝が何かを試していることがわかるので、そこから傍線部の内容を推測する。

13

次の文章は、西に逃げていく平家を追う源氏方の様子を描いた場面である。これを読んで、あとの問いに答えよ。（東京・開成高）

十六日、*1渡辺《わたなべ》、神崎《かんざき》両所にて、この日ごろ〔＝数日〕そろへける舟ども、*2ともづなすでにとかんとす。をりふし北風木を折ってはげしう吹きければ、大浪《おほなみ》に舟どもさんざんにうち損ぜられて、①いだすに及ばず。修理のために其日《そのひ》はとどまる。

渡辺には*3大名小名《だいみやうせうみやう》寄りあひて、「そもそも舟軍《ふないくさ》の様《やう》はいまだ調練せず。いかがあるべき〔＝どうしたらよいだろうか〕」とA評定す。*4梶原《かぢはら》申しけるは、「今度の合戦には、舟に*5逆櫓《さかろ》をたて候《さうら》はばや〔＝逆櫓を付けたいところです〕」。*6判官《はうぐわん》、「逆櫓とはなんぞ」。梶原、「馬は駆けんと思へば、弓手《ゆんで》へも馬手《めて》へも〔＝左へも右へも〕まはしやすし。舟はきっと〔＝すばやく〕おしもどすが大事に候ふ。②*7艫舳《ともへ》に櫓をたてちがへ、脇楫《わいかぢ》をいれて〔＝脇にも楫を付けて〕、どなたへもやすう押すやうにし候はばや〔＝押すようにしたいものです〕」と申しければ、判官のたまひけるは、「いくさといふ物は、一引《ひとひ》きも引かじと思ふだにも〔＝思う時でさえも〕、Bあはひあしければ引くは常の習《ならひ》なり。もとより逃げまうけしてはなんのよかるべきぞ。まづ門出のあしさよ。逆櫓をたてんとも、*8かへさま櫓をたてんとも、殿《との》ばらの舟には百挺《ちやう》千挺《ちやう》もたて給《たま》へ。義経はもとの櫓で候はん」とのたまへば、梶原申しけるは、「よき大将軍と申すは駆く〔＝攻める〕べき処《ところ》をば駆け、引くべき処をば引いて、身をまったうしてかたきをほろぼすをもって、よき大将軍とはする候ふ。③片趣《かたおもむき》なるをば、猪《ゐ》のしし武者とて、よきにはせず」と申せば、判官、「猪のしし、鹿《か》のしし〔＝鹿〕は知らず、いくさはただ平攻《ひらぜめ》に攻めて、勝ったるぞ心地はよき」とのたまへば、侍ども、梶原におそれてたかくは笑はねども、目ひき鼻ひき、ぎぎめきあへり〔＝ひしめき騒ぎあった〕。

（『平家《へいけ》物語』）

＊1 渡辺《わたなべ》、神崎《かんざき》＝ともに摂津《せっつ》の国の地名。
＊2 ともづな＝舟の後ろ側である艫《とも》の部分に結んだ綱。
＊3 大名小名《だいみやうせうみやう》＝兵を有する御家人たち。
＊4 梶原《かぢはら》＝源氏方の御家人の梶原景時《かげとき》。
＊5 逆櫓《さかろ》＝「櫓」は舟を操作する道具。普通、舟の後方部分にあるが、「逆櫓」は、これを前方部分にも付けるということ。
＊6 判官《はうぐわん》＝源《みなもとの》義経《よしつね》。
＊7 艫舳《ともへ》＝艫は舟の後方、舳は舟の前方のこと。
＊8 かへさま＝上下や前後、表裏などが逆のこと。

問一 ――線①「いだすに及ばず」とはどのような意味か、答えなさい。

［　　　　］

問二 ＝＝線A「評定す」、＝＝線B「あはひ」の意味として適当なものを、それぞれ次のア～オから一つ選び、記号で答えなさい。

A「評定す」
ア 恐れる　イ 決める　ウ 話し合う
エ 見極める　オ ためらう
［　　］

B「あはひ」
ア 状況　イ 人材　ウ 気分　エ 武器　オ 間隔
［　　］

問三 ――線②「艫舳《ともへ》に櫓《ろ》をたてちがへ、脇楫《わいかぢ》をいれて」とあるが、梶原《かぢはら》がこのようにしようとする目的の説明として適当なものを、次のア～オの中から一つ選び、記号で答えなさい。
［　　］

ア あらゆる方向に舟を思い通りに動かせるようにすることで、敵兵を討ち漏らすことなく徹底的に倒すため。
イ 舟をそのままの向きで素早く後ろに戻せるようにすることで、退却をする時にも攻撃をしかけて少しでも敵を倒すため。
ウ とにかく舟を素早く移動できるようにすることで、敵の態勢が整う前に奇襲を仕掛けて時間をかけずに敵を倒すため。
エ どのようにも舟を操り攻守の切り替えを早くすることで、敵を混乱状況に陥れて戦うことなく敗走させるため。
オ どの方向にも舟を簡単に動かせるようにすることで、その都度適切に攻めたり退いたりして被害なく敵を倒すため。

問四 難 ――線③「片趣《かたおもむき》」とあるが、どういうことか。具体的な内容に触れながら説明しなさい。

［　　　　］

解答の方針
問三 「櫓」と「楫」の使用目的を読み取ろう。
問四 問三を踏まえて、肯定派の梶原と否定派の判官の違いに注目しよう。

3 説話

標準問題

解答 別冊 p.17

14 **【文法・部分解釈・内容吟味】次の文章を読んで、あとの問いに答えなさい。**

> 昔、賀茂の祭りの日に、見物人でいちばん混み合う道に「ここは翁《おきな》の物見むずる所なり。人立つべからず。」と書いた立て札があった。人々は皆、これは陽成院《やうぜいのゐん》が祭りの見物のために立てたものと思い、徒歩でも車でも、誰もそこへは近づけない。ところが、祭りの行列が近づいてくると、浅黄色の衣装を着けた翁が現れ、悠々と扇を使い、立て札の下でのんびり見物して帰って行った。

然《しか》れば人、「陽成院の(A)物御覧ずべかりけるに、あやしく、御《おは》しまさざりぬるは」。「何なる事にて御覧ぜぬにか」。「札を立てながら御しまさざりぬる、あやしき事かな」と人口々に心得ずいひ合ひたりけるに、また人のいふ様、「この物見つる翁の①気色はあやしかりつる物かな」。「此奴《こやつ》の、院より立てられたる札と人には思はせて」。「この(B)翁の札を立てて、我れ所得て物見むとて為《し》たるにや有らむ」など、様々に人いひあつかひけるに、陽成院おのづからこの事をきこしめしてければ、「その翁たしかに召して問へ」と仰せられければ、その翁を尋ねられけるに、その翁、西八条《にしのはちごう》の刀禰《とね》なりける。

然れば院より下部《しもべ》を遣《つかは》して召しければ、翁参りてけり。院司《ゐんのつかさ》承はりて、「②汝《なんぢ》何《いか》に思ひて、『院より立てられたる札』と書きて、一条大路《いちごうおほぢ》に札を立てて人を恐《おど》して、したり顔に物は見けるぞ」と、「その由《よし》たしかに申せ」と問はれければ、翁申していはく、「札を立てたる事は翁が仕《つかまつ》りたる事なり。但《ただ》し、『院より立てられたる札』とは、更《さら》に書き候《さうら》はず。翁既に年八十に罷《まか》り成りにたれば、物見む心も候はず。それに、孫に候ふ男の、今年蔵司小使《くらのつかさのせうし》にて罷り渡り候ひつるなり。それが極めて見まほしく思ひ給へ候ひしかば、罷り出でて見給へむと思ひ給

ガイド

● **登場人物の把握**

古文では**主語や目的語にあたる登場人物が示されないことが多い**。まずは登場人物を見つけたら印をつけるなどして、それぞれの場面で誰がいるのかを把握しておこう。その際の注意点を以下に述べたい。

① **助詞の省略と使い分け**

古文では主語を表す「が・は」、目的語を表す「に・を」が、人物名とともによく省略される。適宜「が・は／に・を」を補いながら読み進めることを意識したい。

また、設問にもなっているが、**主語を表す(＝「が」に置き換えできる)「の」**には特に注意しよう。「の」は、「が」・「で」・「のもの(のこと)」・「の」の順に置き換えみて、意味が通じる(日本語として不自然でない)かどうかで意味を判断する。

さらに、**動作のあとに「に・ば」がある場合はそこで登場人物が変わる可能性が高く、「て」がある場合は同じ登場人物の動作が継続する可能性が高い**ということも押さえておこう。

② **尊敬語の有無**

あくまでも原則だが、古文では地の文で尊敬語を用いる登場人物には尊敬語を使い

へしに、『年は罷り老いにたり、人のC多く候はむ中にて見候はば、踏み倒されて死に候ひなむ、益《やく》無かりけむ』と思ひ給へて、人寄り来《こ》ざらむ所にてやすらかに見給へむと思ひ給へて立て候ひし札なり」と陳《の》べければ、陽成院《やうぜいのゐん》これをきこしめし、「この翁、いみじく思ひ寄りて札を立てたりけり。孫を見むと思ひけむ、専《もは》ら理《ことわり》なり。③此奴はいみじく賢き奴にこそ有りけれ」と感ぜさせ給ひて、「速《すみや》かに疾《と》く罷り返《かへ》りね」と仰せ給ひければ、翁、したり顔なる気色にて家に返りて、妻《め》のD嫗《おうな》に、「我が構へたりし事、当《まさ》に悪しからんや。院も此《か》く感ぜさせ給ふ」といひて、我れ賢《かしこ》になむ思ひたりける。

（『今昔物語集《こんじゃくものがたりしゅう》』）

問一 〰〰線A〜Dの「の」のうち、他と用法が異なるものを一つ選び、記号で答えなさい。［　　］

問二 ——線①「気色」の意味として適当なものを、次のア〜オから一つ選び、記号で答えなさい。［　　］

ア 景色　**イ** 様子　**ウ** 行動　**エ** 思考　**オ** 感情

問三 ——線②「汝《なんぢ》」とは誰のことか。本文より三字以内で抜き出しなさい。

問四 ——線③「此奴はいみじく賢き奴にこそ有りけれ」とあるが、どのような点から翁を「賢き奴」だと言ったのか、答えなさい。

［　　　　　　　　］

問五 本文の内容に合うものとして適当なものを、次のア〜オから一つ選び、記号で答えなさい。［　　］

ア 翁《おきな》はどうしても行列中の孫の姿がゆっくり見たくて、陽成院《やうぜいのゐん》の名を立て札に書いた。

イ 人々は翁の浅黄色の衣装を見て陽成院が来たと思い、場所を空けて通した。

ウ 陽成院は孫の姿が見たかったという翁の心情を当然と思い、その策略に感心した。

エ 陽成院は翁の知恵を浅はかなものと思い、その行動を責めて問いただした。

オ 翁の孫を思う気持ちもわかるが、これはやりすぎだと人々は非難した。

続け、**尊敬語を用いない登場人物にはその後も尊敬語が用いられない傾向がある。**「**たまふ・おはす」などの代表的な尊敬語**が用いられているのかを目安にしてチェックしておくとよいだろう。

③登場人物の名が統一されていない

古文や漢文では相手の名を直接言うのではなく、**肩書や役職名で呼ぶことが多い。また会話文中では話している人(話し手)が「私」で話している相手(聞き手)が「あなた」になるので**、役職名や「私」・「あなた」が誰なのか把握することが大事である。

15 【口語訳・内容吟味】次の文章を読んで、あとの問いに答えなさい。

昔、*1延喜《えんぎ》の御門《みかど》の御時、*2五条の天神のあたりに、大きなる柿の木の*3実ならぬあり。その木の上に仏現れて*4おはします。京中の人aこぞりて参りけり。馬、車も立てあへず、人もせきあへず、拝みののしりけり。

かくする程に、五六日あるに、*5右大臣殿①心得ず思《おぼ》し*6給《たま》ひける間、「まことの仏の、世の末に出で給ふべきにあらず。②我行きて試みん」と思して、日の装束《さうぞく》うるはしくして*7檳榔《びりやう》の車に乗りて、*8御前《おんさき》多く具して、集まりつどひたる者ども退《の》けさせて、車かけはづして*9榻《しぢ》を立てて、梢《こずゑ》を目もたたかず、③あからめもせずしてまもりて、*10一時《いつとき》ばかりおはするに、この仏、しばしこそ花も降らせ、光をも放ち給ひけれ、あまりにあまりにまもられて、bしわびて、大きなる*11糞鳶《くそとび》の羽折れたる、土に落ちて惑ひふためくを、童部《わらはべ》ども寄りて打ち殺してけり。大臣は④「さればこそ」とて帰り給ひぬ。

さて、時の人、この大臣をいみじくかしこき人にておはしますとぞcののしりける。

(『宇《う》治拾遺《じしゅうい》物語』)

*1　延喜《えんぎ》の御門《みかど》の御時＝醍醐《だいご》天皇（八八五～九三〇）の治世。
*2　五条の天神＝現在の京都《きょうと》市下京《しもぎょう》区にある神社。
*3　実ならぬあり＝実がならない木には神が宿るとされた。
*4　おはします＝いらっしゃる。
*5　右大臣殿＝源　光《みなもとのひかる》（八四五～九一三）のこと。
*6　給《たま》ひ＝尊敬の意を添えている。
*7　檳榔《びりやう》の車＝檳榔という植物の葉で屋根をふいた牛車《ぎっしゃ》。
*8　御前《おんさき》＝先払いの供。
*9　榻《しぢ》＝止めた車を安定させる台。
*10　一時《いっとき》ばかり＝約二時間ほど。
*11　糞鳶《くそとび》＝鷹《たか》の一種。

問一 重要 〰線a～cのここでの意味として適当なものを、それぞれ次のア～オから一つ選び、記号で答えなさい。

a「こぞりて」

ア お忍びで　イ 代わる代わる　ウ 競って　エ 次々に　オ 一人残らず

［　　］

ガイド

● 登場するキャラクターは人間とは限らない

現代の漫画やアニメなどと同じように、古文や漢文の世界でも、人間以外のキャラクターが登場することがある。

たとえば、古文や漢文が書かれた時代の人々は、神や仏の力を現代人以上に信じていたので、「神仏」がキャラクターとして現れることが多い。また、動物が登場する作品もある。**人間以外のキャラクターも見逃さないようにしたい。**

● 因果関係に着目

誰かが何かをするときはその行動の原因があり、その行動の目的や結果がある。つまり、因果関係があるはずである。登場人物(キャラクター)を把握したら、次は**動作や発言の因果関係の把握**に努めよう。

把握できない場合は一旦そのまま先を読み進め、あとから読み直して考えるとよい。

● 心情・性格

心情や性格(人となり)を問う問題は、比較的高度なものといえる。心情や性格は見えないからである。しかし、見えないものを答えるときでも、「見える」情報、つまり**動作や発言から導く**ことのできる解答を探せばよい。これは、我々が他人を評価するとき、その人の行動や発言をもとに判断するのと同じである。

b「しわびて」　［　　］

ア 謝って　イ きまりが悪くなって　ウ 答えられなくて
エ どうしようもなくて　オ ひからびて

c「ののしりける」　［　　］

ア 大騒ぎした　イ 名付けた　ウ 拝見した　エ 非難した　オ 不安になった

問二 ――線①・③の解釈として適当なものを、それぞれ次のア～オから一つ選び、記号で答えなさい。

①「心得ず思《おぼ》し給《たま》ひける間」　［　　］

ア おかしいと存じ上げたので　イ 心を捉えることはできないと思ったので
ウ 納得できないとお思いになったので　エ 一目見たいとお考えになったので
オ 共感できないと感じたので

③「あからめもせずしてまもりて」　［　　］

ア 明らかにしないで守っていて　イ あきらめることなくじっと見つめて
ウ 顔を真っ赤にして守っていて　エ しかめた顔でじっと見つめて
オ よそ見もしないでじっと見つめて

問三 ――線②「我行きて試みん」とあるが、何を「試み」るのか。答えなさい。

［　　］

問四 ――線④「さればこそ」は「やはり思った通りだった」という意味であるが、何が思った通りだったのか、二十字以内で答えなさい。

問五 右大臣殿の人物像として適当なものを、次のア～オから一つ選び、記号で答えなさい。　［　　］

ア 華美で贅沢《ぜいたく》を好む人物　イ 武勇に優れ勇気ある人物　ウ 身分が高く冷淡な人物
エ 理性的で冷静な人物　オ 優しく寛容な人物

心情や性格を問う問題を解くときは、まず、問われている**人物の行動や発言が書かれている箇所を探そう**。そして、その行動や発言を**心情や性格を表す現代語に置き換えてみるとよい**。また、現代語の語彙力も試されるので、気をつけて取り組もう。

最高水準問題

解答 別冊 p.19

16 次の文章を読んで、あとの問いに答えなさい。（京都府）

*1延喜《えんぎ》の聖王、*2醍醐寺《だいごじ》を御建立《こんりふ》の時、*3道風朝臣《たうふうあそん》に額書き*4進《まゐ》らす*5べきよし仰《おほ》せられて、額二枚をたまはせけり。一枚は南大門、一枚は西門の*6料なり。*7①真草両様に書きて奉《たてまつ》るべきよし、勅定ありければ、仰せに1したがひて両様に書きて*8進らせたりけるを、真に2書きたるは南大門の料なるべきを、草の字の額を、晴れの門にうたれたりけり。道風これを見て、あはれ賢王やとぞ申しける。②そのゆゑは、草の額*9ことに*10書きすまして3おぼえけるが、*11叡慮《えいりよ》に叶《かな》ひて、*12かく日比《ひごろ》の*13儀あらためてうたれける。誠にかしこき③御はからひなるべし。それを4ほめ申すなるべし。

（『古今著聞集《ここんちょもんじゅう》』）

*1 延喜《えんぎ》の聖王＝醍醐《だいご》天皇。
*2 醍醐寺《だいごじ》＝京都市伏見《ふしみ》区にある寺。
*3 道風朝臣《たうふうあそん》＝小野道風《おののとうふう》。平安中期の書家。
*4 書き進《まゐ》らす＝書いてさしあげる。
*5 よし＝というようなこと。
*6 料＝掲げるためのもの。
*7 真草＝真は楷書、草は草書を意味し、それぞれの書体を示す。
*8 進《まゐ》らせたりける＝献上した。
*9 ことに＝特に。
*10 書きすましておぼえける＝立派に書けたと思っていた。
*11 叡慮《えいりよ》＝天皇のお考え。
*12 かく＝このように。
*13 儀＝作法。

問一 ――線①「両様に書きて奉《たてまつ》るべき」の解釈として適当なものを、次のア～エから一つ選び、記号で答えなさい。［　　］

ア それぞれの書体で二枚ずつ書いたものを、差し出すように
イ それぞれの書体で一枚ずつ書いたものを、差し出すように
ウ どちらかの書体で書いた二枚を、差し出すように
エ どちらかの書体で書いた二枚のうち、よい方を差し出すように

問二 ＝線1～4のうち、主語が異なるものを一つ選び、記号で答えなさい。［　　］

問三 ――線②「そのゆゑは」・③「御はからひ」を現代仮名遣《かなづか》いに直して、書きなさい。

②［　　］　③［　　］

問四 本文中には道風《とうふう》の発言が一箇所あり、それを示すかぎ括弧（「」）が抜けている。その発言の部分の、初めと終わりの二字を抜き出して答えなさい。

初め［　　］　終わり［　　］

問五 難 次の会話文は、実月さんと大貴さんが本文を学習したあと、本文について話し合ったものの一部である。これを読んで、あとの問いに答えなさい。

実月　醍醐《だいご》天皇によって醍醐寺《だいごじ》が建てられた頃、道風《とうふう》は優れた書家として有名だったんだよ。

大貴　そうだったね。その道風は、醍醐天皇のどのような行為を評価したんだったかな。

実月　道風は、［ A ］に、［ B ］を掲げた行為を評価したことが本文からわかるね。

大貴　そうだね。醍醐天皇の行為は［ C ］であったと道風は考えていたんだね。

(1)　会話文中の［ A ］・［ B ］に入る適当な表現を、［ A ］は三字、［ B ］は五字で本文中より抜き出して答えなさい。

A □□□

B □□□□□

(2)　会話文中の［ C ］に入る適当な表現を、次のア〜エから一つ選び、記号で答えなさい。［　　］

ア　書の専門家の判断を優先したものであり、醍醐天皇自身の思いとは異なっていたが、慣例を一新させたもの

イ　古くからの通例を変えたものであり、その判断は醍醐天皇自身の考えとは違っていたが、多くの者の賛同を得られるもの

ウ　道風の意見と同じであっただけでなく、長く続いてきた風習にも醍醐天皇自身の感覚にも従ったもの

エ　慣習にこだわらず醍醐天皇自身の感性にそったものであっただけでなく、その感性は書き手と同じもの

17　次の文章を読んで、あとの問いに答えなさい。　（北海道改）

*1博雅三位《はくがのさんみ》、月の明かりける夜、*2直衣《なほし》にて、朱雀門《すざくもん》の前に遊び[a]て、*3よもすがら、笛を吹か[b]れけるに、同じさまに、直衣着たる男の、笛吹き[c]ければ、「たれならむ」と思ふほどに、その笛の音、この世に*4たぐひなくめでたく聞《きこ》えければ、あやしくて、近寄りて見[d]ければ、いまだ見ぬ人なりけり。われもものをもいはず、かれもいふことなし。かくのごとく、月の夜ごとに、行きあひて、吹くこと、夜ごろになりぬ。

かの人の笛の音、ことにめでたかりければ、こころみに、かれを取りかへて吹きければ、世になきほどの笛なり。そののち、*5なほなほ月ごろになれば、行きあひて吹きけれど、「もとの笛を返し取らむ」ともいはざりければ、*6ながくかへてやみにけり。三位*7失《う》せてのち、帝《みかど》、この笛を召し[e]て、時の笛吹《ふえふき》どもに吹かせらるれど、その音を吹きあらはす人なかりけり。

（『十訓抄《じっきんしょう》』）

*1　博雅三位《はくがのさんみ》＝平安中期の貴族で音楽の名人。
*2　直衣《なほし》＝貴族の普段着。
*3　よもすがら＝一晩中。
*4　たぐひなくめでたく＝例がないほど素晴らしく。
*5　なほなほ＝引き続き。
*6　ながくかへて＝長い間取り替えたままで。
*7　失《う》せて＝亡くなって。

問一　〰〰線a〜eのうち、博雅三位《はくがのさんみ》の動作を表しているものとして適当なものをすべて選び、記号で答えなさい。［　　］

問二　文中の［　　］で囲んだ部分の博雅三位と男の様子を、次のようにまとめるとき、［X］・［Y］に入る語句の組み合わせとして適当なものを、あとのア～エから一つ選び、記号で答えなさい。〔　　〕

> 月が出ている夜に、朱雀門《すざくもん》の前で二人は［X］笛を吹き合った。その後、二人で笛を吹き合うことが［Y］。

ア　X　待ち合わせて　Y　幾夜にもなった
イ　X　待ち合わせて　Y　一夜もなかった
ウ　X　偶然出会い　Y　幾夜にもなった
エ　X　偶然出会い　Y　一夜もなかった

問三　次のア～エを、この文章で起きた順に並べかえなさい。〔　→　→　→　〕

ア　博雅三位には、男の笛の音が他に比べるものがないほど素晴らしく聞こえた。
イ　博雅三位と同じような素晴らしい音を出すことができる笛吹はいなかった。
ウ　博雅三位が、試しに男の笛を吹いてみたところ、素晴らしい笛だとわかった。
エ　博雅三位は、男から笛を返すように言われなかったので、その笛を長い間持っていた。

解答の方針

問二　「夜ごろ」の「ごろ」は、「年ごろ」の「数年来・長年」の「ごろ」と同じく継続した時間の流れを表している。
問三　「笛」についての評価や扱いに注目して順序を整理しよう。

18

次の【文章Ⅰ】と【文章Ⅱ】は、『十訓抄《じっきんしょう》』の一節である。それぞれを読んで、あとの問いに答えなさい。（東京・拓殖大第一高）

【文章Ⅰ】

*1小野宮右大臣《をののみやのうだいじん》とて、①世には賢人右府と申す。若くより思はれけるは、身にすぐれたる才能なければ、なにごとにつけても、その徳あらはれがたし。まことに*2賢人を立てて、名を得ることをこひ願ひて、ひとすぢに廉潔《れんけつ》の振舞《ふるまい》をぞし給《たま》ひける。かかれど人さらに許さず。かへりてあざけるたぐひもあるほどに、あたらしく家を造りて、*3移徙《いし》せられける夜、火鉢なる火の、御簾《みす》のへりに走りかかりけるが、やがても消えざりけるを、しばし見給ひけるほどに、やうやうくゆりつきて、次第に燃え上がるを、人*4あさみて寄りけるを制して、消さざりけり。火、大きになりける時、笛ばかりを取りて、「車寄せよ」とて、出で給ひにけり。いささか物をも取り出づることなし。

これより、おのづから賢者の名あらはれて、帝よりはじめ奉りて、ことのほかに感じて、もてなされけり。かかるにつけては、げにも家一つ焼けむこと、かの殿の身には②数にもあらざりけむかし。

ある人、のちに③そのゆゑを尋ね奉りければ、「わづかなる走り火の、思はざるに燃え上がる、ただごとにあらず。天の授くる災《わざはひ》なり。人力にてこれを*5きほはば、これより大きなる身の大事出で来べし。なにによりてか、あながちに家一つを惜しむにたらむ」とぞいはれける。

（『十訓抄』）

*1　小野宮右大臣《をののみやのうだいじん》＝藤原実資《ふじわらのさねすけ》。博識で、欲がなく心が清らかであることから、賢人右府といわれた。「右府」は右大臣。
*2　賢人を立てて＝賢人のふるまいをして。
*3　移徙《いし》＝引越。
*4　あさみて＝びっくりして。
*5　きほはば＝争うならば。

【文章Ⅱ】

*6絵《ゑ》仏《ぶつ》師《し》良秀《りやうしう》といふ僧ありけり。家隣より火出で来たりぬ。*7おしおほひてければ、大路へ出でにけり。人の書かす仏もおはしけり。また、ものもうちかづかぬ妻子なども、*8さながらありけり。それをも知らず、身ばかり、ただ一人出でたるを*9ことにして、むかへのつらに立てりけり。

火、はやわが家に移りて、煙、炎、くゆりけるを見て、おほかたさりげなげにてながめければ、*10知音どもとぶらひけれども、さわがざりけり。「いかに」と見れば、むかへに立ちて、家の焼くるを見て、うちうなづき、うちうなづきして、時時笑ひて、「あはれ、*11しつる所得かな。④年ごろわろく書きけるものかな」といふ時、とぶらひ来たる者ども、「こはいかに。⑤かくてはあさましきことかな。*12もののつき給へるか」といへば、「*13何条、もののつくべきぞ。年ごろ*14不動尊の火炎を悪しく書きけるなり。はや、見取りたり。これこそは所得よ。⑥この道を立てて、世にあらむには、仏をだによく書き奉らば、百千の家も出で来たりなむ。我党《わたう》こそさせる能をもおはせねば、物を惜しみ給へ」といひて、あざわらひて立てりけり。そののちにや、良秀の「よぢり不動」とて、人々めであへりけり。

をこがましく聞ゆれども、右府の振舞に似たり。

（『十訓抄』）

*6 絵仏師《ゑぶつし》＝仏像・仏画の製作や寺院の装飾に携わった僧侶。
*7 おしおほひてければ＝炎が家を覆ったので。
*8 さながらありけり＝すべて家の中にいた。
*9 ことにして＝なすべきことと考えて。
*10 知音＝親友。
*11 しつる所得＝うまく手に入れた儲《もう》け。
*12 もののつき給へるか＝何か霊がお憑《つ》きになったのか。
*13 何条＝どうして。
*14 不動尊＝五大明王の一つ。不動明王。悪魔降伏《ごうぶく》のため、憤怒の相で、背に火炎を負う。

問一　——線①「世には賢人右府と申す」とあるが、【文章Ⅰ】ではどのような点を賢人らしいと評価しているか。その理由として適当なものを、次のア～エから一つ選び、記号で答えなさい。［　　］

ア　火鉢の火が燃え広がるのを予見していた点。
イ　焼けても惜しむものを持っていなかった点。
ウ　火事を天の災いだと考え抵抗しなかった点。
エ　自分よりも周囲の人々の安全を優先した点。

問二　——線②「数にもあらざりけむかし」とあるが、その理由として適当なものを、次のア～エから一つ選び、記号で答えなさい。［　　］

ア　右大臣《うだいじん》は過去にも火事を経験しており、家が一つ焼けるくらいのことは、もはやたいしたことではないから。
イ　右大臣はなるべく物を持たない質素な生活を心がけており、失っても惜しむほどのものは持っていないから。
ウ　右大臣は何より自分自身や周囲の人が無事であったことを嬉しく思い、家が焼けたことは気にしていないから。
エ　右大臣は賢人と呼ばれることが嬉しかったので、それと比べれば家を失うのは悲しむほどのことではないから。

問三　難　——線③「その」が指し示す内容を、二十字以内で答えなさい。

問四　——線④「年ごろわろく書きけるものかな」とあるが、何を「わろく書きける」のか。【文章Ⅱ】の中から六字で抜き出して答えなさい。

問五　——線⑤「かくてはあさましきことかな」の解釈として適当なものを、次のア～エから一つ選び、記号で答えなさい。［　　］

ア　こんなふうでは本当にすばらしいことであるよ
イ　このようではなんともあきれたことであるよ
ウ　こんな様子では非常に奥ゆかしいことであるよ
エ　このようになってはとても喜ばしいことであるよ

問六　——線⑥「この道」とはどのような道のことか。その説明として適当なものを、次のア～エから一つ選び、記号で答えなさい。［　　］

ア　画法を極めて絵仏師《えぶつし》として生きる道
イ　仏教の悟りに至るため修行をする道
ウ　人脈を広げて多くの家を生み出す道
エ　賢人として常に自身の徳を高める道

問七　難　【文章Ⅰ】と【文章Ⅱ】に関する説明として適当なものを、次のア～エから一つ選び、記号で答えなさい。［　　］

ア　【文章Ⅰ】と【文章Ⅱ】はどちらも火事の場面を描いているが、右大臣は落ち着いて笛を持って避難するという賢人らしい振る舞いを見せたのに対し、良秀《りやうしう》は慌てて一人で避難をしたことを悔やんでいた。

イ　【文章Ⅰ】と【文章Ⅱ】では自宅で火事が起きたときの行動が若干異なっており、右大臣と良秀に対する周囲の評価もそれぞれであるが、どちらも常人離れした考え方をしているという点で一致している。

ウ　【文章Ⅰ】と【文章Ⅱ】はどちらも自宅が火事になったときに取るべき行動を描いており、火を消すことよりも大事なものを見極めて、落ち着いて避難したほうがよいという教訓的な内容になっている。

エ　【文章Ⅰ】と【文章Ⅱ】ではどちらも自宅を火事で失ったことで共通しているが、右大臣は天が授けた災難であったとがっかりしたのに対し、良秀は大きな火炎を見ることができたことを喜んだ。

問八　『十訓抄』は鎌倉時代の説話集である。同じ時代に成立した作品として適当なものを、次のア～エから一つ選び、記号で答えなさい。［　　］

ア　平家物語
イ　今昔物語集
ウ　源氏物語
エ　おくのほそ道

解答の方針

問三　指示語は、先を読み、ヒントを得てから指す内容を考える。「ゆゑ」は「理由」なので、「尋ね」た返答の出来事に戻って考えよう。

問八　文学史の問題は社会（歴史）の学習内容が役立つこともある。「軍記」という戦の記録は、普通は戦が終わってから作られる。

19 次の文章を読んで、あとの問いに答えなさい。

（埼玉・慶應義塾志木高）

今は昔、もろこしに荘子といふ人ありけり。家いみじう貧しくて、今日の食物絶えぬ。隣にかんあとう*1といふ人ありけり。それがもとへ、今日食ふべき料の粟をこふ。

あとうが曰く、「①今五日ありておはせよ。②千両の金を得むとす。それを奉らむ。いかでか、やむごとなき人に、今日参るばかりの粟をば奉らむ。返す返すおのが恥なるべし」と言へば、荘子の曰く、「昨日、道をまかりしに、あとに呼ばふ声あり。返り見れば、人なし。ただ車の輪跡のくぼみたる所にたまりたる少水に、鮒《ふな》一ふためく。なにぞの鮒にかあらむと思ひて、寄りて見れば、少しばかりの水に、いみじう大なる鮒あり。『なにぞの鮒ぞ』と問へば、鮒の曰く、『我は河伯神*2の使ひに、江湖*3へ行くなり。それが飛びそこなひて、この溝に落ち入りたるなり。喉渇き、死なむとす。我を助けよと思ひて、呼びつるなり』と言ふ。答へて曰く、『我、今二三日ありて、江湖もとといふ所に、遊びしに行かむとす。そこにもて行きて放さむ』と言ふに、魚の曰く、『③さらにそれまで、え待つまじ。ただ今日*4一提《ひとさげ》ばかりの水をもて、喉をうるへよ』と言ひしかば、さてなむ助けし。④鮒の言ひしこと、我身に知りぬ。さらに今日の命、物食はずは、生くべからず。後の千の金、さらに益なし」とぞ言ひける。

それより、後の千金と云ふ事、名誉*5せり。

（『宇治拾遺《うじしゅうい》物語』）

*1 かんあとう＝ここでは人名。後の「あとう」はこの人物を指す。
*2 河伯神＝河の神。
*3 江湖＝大きな川や湖。後の「江湖もと」はこれに同義。
*4 一提《ひとさげ》ばかりの水＝提一杯ほどの水。「提」は、取っ手と注ぎ口のある、酒や水を入れる容器。
*5 名誉せり＝「有名になった」の意。

問一 この文章の出典である『宇治拾遺物語』と同じジャンルの古典文学作品として適当なものを、次の**ア**～**コ**から二つ選び、記号で答えなさい。［　・　］

ア 新古今和歌集　**イ** 源氏物語　**ウ** 古今著聞集
エ 古事記　**オ** 今昔物語集　**カ** 竹取物語
キ 徒然草　**ク** 平家物語　**ケ** 枕草子
コ 万葉集

問二 ――線①「今五日ありておはせよ」の意味として適当なものを、次の**ア**～**オ**から一つ選び、記号で答えなさい。［　］

ア 今から五日後に歩いてお越しください
イ 今から五日後にいらっしゃいます
ウ もう五日間の時間の余裕がありますよ
エ もう五日経ってからお出でください
オ もう五日前に差し上げましたよ

問三 ――線②「千両の金を得むとす。それを奉らむ。」について、「あとう」がこのように述べたのはなぜか。その説明として適当なものを、次の**ア**～**エ**から一つ選び、記号で答えなさい。［　］

ア 荘子ほどの尊い人に、今日召し上がるだけの粟を差し上げるのは恥ずかしいことだと思ったから。
イ 荘子ほどの優れた人が、今日すぐにでも粟を食べたいというのは恥ずかしいことだと思ったから。
ウ 病気に苦しむ荘子に、今日食べるだけの粟をお渡しするのは気が引けることだと思ったから。
エ 今日食べるだけの粟しか与えられないのは、荘子のプライドを傷つけてしまうと思ったから。

問四 難 ――線③「さらにそれまで、え待つまじ」の現代語訳として適当なものを、次のア～オから一つ選び、記号で答えなさい。［　　］

ア 今からそれまで待つつもりはない
イ きっとそれまでなら待てるだろう
ウ 決してそれまで待つことはできない
エ さらにそれまで本気で待とう
オ 再びそれまで待たなくてはならないのか

問五 ――線④「鮒の言ひしこと、我身に知りぬ」とはどういうことか。次の文章はその解説文である。［a］～［d］に入る適当な語句を、本文中より抜き出して答えなさい。ただし、［a］・［c］・［d］はそれぞれ二字、［b］は七字で答えること。

> 鮒にとってあとで［a］に放してもらうことはまったく意味がなく、今日の［b］を得ることが重要だったように、私（荘子）にとってあとで［c］をもらうことはまったく意味がなく、今日の［d］を得ることが重要だということ。

a □□
b □□□□□□□
c □□
d □□

解答の方針

問二・四 訳・解釈系の問いは、文法と単語の知識をベースに考える。
問五 この文章からできた言葉が「後の千金」であることに注目。

---

20 次の文章は、『十訓抄《じっきんしょう》』の一節である。これを読んで、あとの問いに答えなさい。（和歌山・近畿大附和歌山高）

*1和邇部用光《わにべのもちみつ》といふ楽人《がくにん》ありけり。*2土佐の*3御船遊びに下りて、上りけるに、*4安芸《あき》の国、なにがしの*5泊《とまり》にて、海賊押し寄せたりけり。①弓矢の行方知らねば、防ぎ戦ふに力なくて、今は疑ひなく②殺されなむずと思ひて、*6篳篥《ひちりき》を取り出でて、*7屋形の上にゐて、「*8あの党や。今は沙汰《さた》に及ばず。aとくなにものをも取り給《たま》へ。ただし、b年ごろ、思ひしめたる篳篥の、『小調子』といふ曲、吹きて聞かせ申さむ。さることこそありしかと、のちの物語にもし給へ」と言ひければ、*9宗徒《むねと》の大きなる声にて、「主《ぬし》たち、しばし待ち給へ。かく言ふことなり。もの聞け」と言ひければ、船を押さへて、おのおの静まりたるに、用光、今はかぎりとおぼえければ、③涙を流して、cめでたき音を吹き出でて、吹きすましたりけり。をりからにや、その調べ、波の上に響きて、かの*10潯陽江《じんやうかう》のほとりに、琵琶《びは》を聞きし昔語りにことならず。海賊、静まりて、言ふことなし。よくよく聞きて、曲終はりて、先の声にて、「君が船に心をかけて、寄せたりつれども、曲の声に④涙落ちて、かたさりぬ」とて、漕《こ》ぎ去りぬ。猛《たけ》き武士《もののふ》の心をなぐさむること、和歌には限らず。これら、みな管絃《くわんげん》の徳なり。また、このことは鬼神の所感にあらざれども、命を助くること厳重《げんぢよう》によりて、ついでに記し申す。（『十訓抄』）

*1 和邇部用光《わにべのもちみつ》＝平安時代の音楽家。
*2 土佐＝今の高知県。
*3 御船遊び＝土佐神社の祭。
*4 安芸《あき》の国＝今の広島県西部。
*5 泊《とまり》＝港。
*6 篳篥《ひちりき》＝雅楽の管楽器。

＊7 屋形＝船の屋根。
＊8 あの党や。今は沙汰《さた》に及ばず。＝そこにいる海賊どもよ。今はもう何を言っても仕方ない。
＊9 宗徒《むねと》＝主だった者。ここでは海賊の首領。
＊10 かの潯陽江《じんやうかう》のほとりに、琵琶《びは》を聞きし昔語り＝中国の唐の時代、左遷されていた詩人白居易《はくきょい》が、船から聞こえてきた琵琶の音に感化されて、長歌「琵琶行」を作ったという話。

問一 〰〰線部a〜cの本文での意味として適当なものを、それぞれ次のア〜エから一つ選び、記号で答えなさい。

a「とく」
ア すでに　イ 特に　ウ 早く　エ いつでも　［　　］

b「年ごろ」
ア 幼少期　イ 最近　ウ 適齢期　エ 長年　［　　］

c「めでたき」
ア すばらしい　イ 高い　ウ 喜ばしい　エ 不思議な　［　　］

問二 ──線①「弓矢の行方知らねば」の口語訳として適当なものを、次のア〜エから一つ選び、記号で答えなさい。［　　］
ア 弓矢を見たことがなかったので
イ 弓矢が船にないのを知っていたので
ウ 弓矢の手入れをしていないので
エ 弓矢の扱い方も知らないので

問三 ──線②「殺されなむず」の口語訳として適当なものを、次のア〜エから一つ選び、記号で答えなさい。［　　］
ア すぐに殺してしまおう
イ きっと殺されるだろう
ウ 殺されたらどうしよう
エ 殺されるはずはない

問四 ──線③「涙を流して」、──線④「涙落ちて」とあるが、その理由として適当なものを、それぞれ次のア〜エから一つ選び、記号で答えなさい。

③「涙を流して」［　　］
ア 篳篥《ひちりき》を吹けるのもこれが最後であると思ったので
イ 海賊たちの同情を何とか引き出そうと思ったので
ウ 海賊たちが曲を聞いてくれたのがうれしかったので
エ 今この曲を吹かなければ命はないと覚悟したので

④「涙落ちて」［　　］
ア 海賊の手下たちが静かに曲を聞いていたので
イ 命がけで吹く用光に武士の心を感じたので
ウ 用光《もちみつ》の篳篥の音色にたいへん感動したので
エ 用光の命乞《ご》いをあまりに不憫《ふびん》だと感じたので

問五 難 本文を大きく二つに分けるとすれば、後半はどこから始まるか。本文より最初の五字を抜き出して答えなさい。

□□□□□

問六 本文の内容と合致するものを、次のア〜カから二つ選び、記号で答えなさい。［　　・　　］
ア 用光は海賊たちに聞かせるために、船に乗る前から篳篥を準備していた。
イ 海賊たちは用光の乗る船に狙いを定めて漕ぎ寄せ、襲撃しようとした。

ウ　海賊たちは金品を強奪するつもりだったが、船には楽器しかなかった。

エ　用光の吹く篳篥の音色に、首領の弾く琵琶《びは》の音が合わさって見事だった。

オ　用光は、篳篥を吹き終えたら海賊たちに命を奪われると覚悟していた。

カ　海賊たちは用光の吹く曲に聞き入り、その体験を後世まで語りついだ。

問七　本文の主題として適当なものを、次のア〜エから一つ選び、記号で答えなさい。［　　］

ア　音楽の能力に優れていれば、武器で戦えなくてもよい。

イ　命をかけて取り組めば、どんな困難も乗り越えられる。

ウ　音楽の力は時に人の心を動かし、命を救うこともある。

エ　海賊のような荒くれ者にも、風流を解する心がある。

解答の方針

問五　段落の分かれ目は「時の変化・場所の変化・物事（明らかな人物や話題）の変化」をとらえる。

問八　ここでいう主題や要旨とは本文のいわゆる「オチ」のこと。本文は結局何を訴えたかった（何の話だったのか）を考えればよい。

21　次の文章を読んで、あとの問いに答えなさい。

（鹿児島・ラ・サール高）

　昔、*1晴明が土御門《つちみかど》の家に老い白《しら》みたる①老僧来たりぬ。十歳ばかりなる童部《わらはべ》二人具したり。晴明、「何ぞの人にておはするぞ」と問へば、「播磨国《はりまのくに》の者にて候《さぶら》ふ。*2陰陽師《おんやうじ》を習はん志にて候ふ。この道に殊《こと》にすぐれておはします由《よし》を承りて、少々習ひ参らせんとて参りたるなり」といへば、晴明が思ふやう、「この法師は、かしこき者にこそあるめれ。我を試みんとて来たる者なり。②それに悪《わろ》く見えては悪《わろ》かるべし。この法師少し引きまさぐらん」と思ひて、「供なる童部は、*3式神を使ひて来たるなめりかし。式神ならば召し隠せ」と心の中に念じて、袖《そで》の内にて印を結びて、ひそかに③呪《じゅ》を唱ふ。さて法師にいふやう、「[a]とく帰り給ひね。後《のち》によき日して、習はんとのたまはん事どもは教へ奉らん」といへば、法師、「④あら、貴《たふと》」といひて、手を摺《す》りて額《ひたひ》に当てて立ち走りぬ。

　「⑤今は往《い》ぬらん」と思ふに、法師とまりて、⑥さるべき所々、車宿《やどり》など覗《のぞ》き歩《あり》きて、また前に寄り来ていふやう、「この供に候ひつる童の、二人ながら失ひて候ふ。それ賜《たまは》りて帰らん」といへば、晴明、「御坊は*4希有《けう》の事いふ御坊かな。晴明は何の故に、人の供ならん者をば取らんずるぞ」といへり。法師のいふやう、「⑦さらにあが君、⑧大きなることわり候ふ。さりながら、ただ許し給《たまは》らん」と詫《わ》びければ、「よしよし、御坊の、人の試みんとて、式神使ひて来るが、うらやましきを、ことに覚えつるが、異人《ことひと》をこそさやうには試み給はめ、晴明をばいかでさる事し給ふべき」といひて、物よむやうにして、しばしばかりありければ、外の方より童二人ながら走り入りて、法師の前に出《い》で来ければ、その折《をり》、法師の申すやう、「まことに試み申しつるなり。⑨使ふ事はやすく候ふ。人の使ひたるを隠す事は、さらにかなふべからず候ふ。今よりは、[b]ひとへに御弟子になりて候はん」といひて、懐《ふところ》より*5名簿《みやうぶ》引き出でて取らせけり。

（『宇治拾遺《うじしゅうい》物語』）

＊1 晴明＝安倍晴明。土御門大路に住んでいた、平安時代を代表する陰陽師《おんようじ》。
陰陽師とは、宮中の官職の一つ。また、不思議な術を用いる者。

＊2 陰陽師《おんやうじ》を習はん志＝陰陽師の術を習おうという気持ち。

＊3 式神＝陰陽師の命令に従い、様々なことに使役される神秘的なもの。

＊4 希有《けう》の事＝とんでもない事。

＊5 名簿《みやうぶ》＝師や主人として仕える相手に服従を誓う証拠として提出した名札。

問一 難 ——線①「老僧来たりぬ」とあるが、来たのはなぜか、説明しなさい。

［　　　　］

問二 〰〰線a・bの意味として適当なものを、それぞれ次のア〜オから一つ選び、記号で答えなさい。

a「とく」

ア 特に　イ 直《す》ぐ　ウ 突然　エ 遠く　オ 今は　［　］

b「ひとへに」

ア 自分から　イ むりやり　ウ いちどは　エ ひたすら　オ 今度こそ　［　］

問三 ——線③「呪《じゅ》を唱ふ」と同様の行動をしている箇所を、本文より抜き出して答えなさい。

［　　　　］

問四 ——線②・④・⑤・⑧の訳として適当なものを、それぞれ次のア〜オから一つ選び、記号で答えなさい。

②「それに悪《わろ》く見えては悪《わろ》かるべし」　［　］

ア そういう者に良くないように思われるのは本当の悪人だ。
イ それにしても悪く見られるのは実に責任重大に違いない。
ウ そういう者に悪人に見られるのは当然悪い結果になろう。
エ そういう者に馬鹿にされるようでは後々良くないだろう。
オ それにしても外見が悪かったら世間の評判まで悪くなる。

④「あら、貴《たふと》」　［　］

ア おお、ありがたや。イ あれ、貴重なのか。ウ おお、高貴だなあ。
エ あれ、珍しい事だ。オ おお、大変な事だ。

⑤「今は往《い》ぬらん」　［　］

ア 現在誰も行っていない。イ 今ではもう皆いない。ウ もう帰った頃だろう。
エ もはや住んでいない。オ 今となってはおそい。

⑧「大きなることわり候ふ」　［　］

ア 全くその通りです。イ あなたとは絶交だ。ウ 絶対に嫌なのです。
エ 腹を割って話そう。オ 本当にすみません。

問五 ——線⑥「さるべき所々、車宿《やどり》など覗《のぞ》き歩《あり》きて、また前に寄り来て」とあるが、何をしているのか、説明しなさい。

［　　　　］

問六 ——線⑦「あが君」とは誰のことか。本文より抜き出して答えなさい。

［　　　　］

問七 ——線⑨「使ふ事はやすく候ふ。人の使ひたるを隠す事は、さらにかなふべからず候ふ」とは、どういうことか、説明しなさい。

［　　　　］

22 次の文章を読んで、あとの問いに答えなさい。

（奈良・東大寺学園高）

*1家康公、天下を治めたまふ。この御代《みよ》に、賢臣義士多き中に、*2板倉《いたくら》伊賀守《いがのかみ》、京都の*3所司代《しょしだい》として訟《うつたへ》を聞き、理非を決断せらるるに、富貴《ふうき》の人とても、へつらふ色もなく、貧賤《ひんせん》の者とても、ａくだせる体《てい》なし。しかる間、上下万民、裁許をよろこんで、奇なるかな妙《たえ》なるかなと、讃嘆《さんだん》する人、ちまたにみてり。「一滴舌上《ぜつじやう》に通じて、大海の塩味《えんみ》を知る」とあれば、①その金語《きんご》の端《はし》をいふに、余は知りぬべきや。

しかる時、越後《ゑちご》にて、山伏《やまぶし》、宿を借りぬ。その節《せつ》、国主の迎《むかひ》に、*4亭も罷《まか》り出《い》づるに、かの山伏のさしたる刀、こしらへといひ、作りといひ、世にすぐれたる物なるを借りて行き、いまだ宿に1帰らざる間に、*5一国《いっこく》徳政《とくせい》の札《ふだ》立ちけり。ｂさるほどに亭主帰りても、刀を2返すことなし。山伏こらへかね、しきりにこふ。宿主、返事するやう、「そちの刀、借りたるところ、*6実正《じつしやう》なり。されども、②徳政の札立ちたる上は、この刀も流れたるなり。さらさら返すまじき」といふ。*7出入りになりければ、双方江戸に3参り、大相国御前《だいしやうこくおんまへ》の沙汰になれり。

そのみぎり、板倉伊賀守、*8下向《げかう》あり、御前に侍《はべ》られし。「この裁許いかに」と御諚《ごぢやう》あるに、謹んで、③「造作もなき儀と存じさうらふ。幸ひ、札の上にて、亭主が借りたる刀を流しさうらはば、また山伏が借りたる家をも、みな*9山伏がに仕《つかま》つるべきものなり」と申し上げられしかば、大相国、御感《ぎょかん》はなはだしかりし。④当意即妙の下知《げぢ》なるかな。

（安楽庵策伝《あんらくあんさくでん》『醒睡笑《せいすいしょう》』）

*1　家康公＝江戸幕府初代将軍、徳川家康（一五四二～一六一六）。後の「大《だい》相国《しゃうこく》」も同一人物を指す。
*2　板倉伊賀守《いたくらいがのかみ》＝徳川家康に仕えた大名、板倉勝重《かつしげ》（一五四五～一六二四）。
*3　所司代《しょしだい》＝訴訟の処理などを担当した役所の長官。
*4　亭＝宿の主人。後の「亭主」「宿主」も同一人物を指す。
*5　一国徳政《いっこくとくせい》＝越後の国に出された、借金や借財を貸し主に返さなくてもよいという政令。
*6　実正《じっしゃう》なり＝間違いなく事実である。
*7　出入り＝訴訟沙汰。
*8　下向《げかう》＝江戸に出向くこと。
*9　山伏がに＝山伏の物に。

問一　〰〰線ａ・ｂの本文中における意味として適当なものを、それぞれ次のア～エから一つ選び、記号で答えなさい。

ａ「くだせる体《てい》なし」　［　　］

ア　厳しい罰を与えない　　イ　軽んじる様子はない
ウ　身体を痛めつけない　　エ　あわれむ素振りはない

ｂ「さるほどに」　［　　］

ア　そうなるまでに　　イ　ずいぶん時がたって
ウ　ちょうどその時　　エ　そうしているうちに

問二　――線①「その金語《きんご》の端《はし》をいふに、余は知りぬべきや」とあるが、どういうことか。その説明として適当なものを、次のア～エから一つ選び、記号で答えなさい。　［　　］

ア　その金言が意味するとおり、板倉伊賀守《いたくらいがのかみ》の一言には人生の深い教訓が込められているので、その裁きを受けた者は皆その教えを肝に銘じ更生したということ。
イ　その金言が意味するとおり、板倉伊賀守の名声はあっという間に世間に広まり、彼のもとには裁きを望む人々が大勢押し寄せるようになったということ。

ウ その金言が意味するとおり、裁きの評判をわずかに耳にするだけでも、板倉伊賀守の仕事ぶりがいかにすばらしいかを容易に理解できるだろうということ。

エ その金言が意味するとおり、慈悲深くも厳しさをにじませる裁きの場に立ち会えば、誰しも板倉伊賀守が人徳をそなえた人物だと納得するはずだということ。

問三 ——線1「帰らざる」・2「返す」・3「参り」の、それぞれの主語にあたる人物の組み合わせとして適当なものを、次のア～オから一つ選び、記号で答えなさい。［　　］

ア 1 山伏　2 宿主　3 宿主と山伏

イ 1 山伏　2 山伏　3 板倉伊賀守と山伏

ウ 1 宿主　2 宿主　3 板倉伊賀守と山伏

エ 1 宿主　2 山伏　3 板倉伊賀守と山伏

オ 1 宿主　2 宿主　3 宿主と山伏

問四 ——線②「徳政《とくせい》の札《ふだ》立ちたる上は、この刀も流れたるなり。さらさら返すまじき」とあるが、その解釈として適当なものを、次のア～エから一つ選び、記号で答えなさい。［　　］

ア 徳政令が出されたからには、この刀も借り主のものになったのだ。よって、決して刀を返すつもりはない。

イ 徳政令が出されたことで、この刀も価値がなくなったのだ。よって、いまさら返すほどのものではないだろう。

ウ 徳政令が出されたときには、この刀はすでに手元にはなかったのだ。よって、どうしても刀を返すことができない。

エ 徳政令が出されたことで、この刀は役所が預かることになったのだ。よって、勝手に返すわけにはいかない。

問五 ——線③「造作もなき儀と存じさうらふ」という発言について説明したものとして適当なものを、次のア～エから一つ選び、記号で答えなさい。［　　］

ア 裁判に時間がかかっていることをとがめる家康に、板倉伊賀守が、どちらに非があるかは明らかなのですぐに決着するはずだと応じている。

イ 判断の難しい訴えをどのように裁けばよいかと問う家康に、板倉伊賀守が、簡単な理屈で解決するので心配には及ばないと応じている。

ウ 皆が納得する解決策はないかと尋ねる家康に、板倉伊賀守が、徳政令の趣旨を山伏が誤解しているのでそれを正せばよいと応じている。

エ こじれた裁判を誰にまかせるべきかと相談する家康に、板倉伊賀守が、裁きに慣れている自分こそがその役目にふさわしいと応じている。

問六 難 ——線④「当意即妙の下知《げち》なるかな」とあるが、板倉伊賀守の裁きのどのような点を「当意即妙」だと言っているのか、六十字以内で説明しなさい。

標準問題

23 〔仮名遣い・動作主・内容吟味・口語訳〕

次の文章を読んで、あとの問いに答えなさい。

解答 別冊 p.29

*1陰陽師《おんやうじ》のもとなる小童《こわらはべ》こそ、いみじう《すばらしく》物は①知りたれ。*2祓《はらへ》などしにいでたれば、*3祭文《さいもん》など②よむを、人は猶《なほ》こそきけ《人はただ聞いているだけだが》、ちうと《さっと》たち走りて、「酒、水、いかけ《振りかけ》させよ」ともいはぬに、しありく《それをして》さまの、例しり、いささか《まわる様子が、やるべきことをわきまえ、少しも》主に物いはせぬこそ、うらやましけれ。③さらんものがな使はん《こういう気のきく者を使いたいものだ》、とこそおぼゆれ《と思われる》。

（清少納言《せいしょうなごん》『枕草子《まくらのそうし》』）

＊1 陰陽師《おんやうじ》＝暦を仕立てたり占いや土地の吉凶などをみたりする役人。
＊2 祓《はらへ》＝神に祈って罪・けがれを清め、災いを除くこと。また、その行事。
＊3 祭文《さいもん》＝節をつけて読んで神仏に告げる言葉。

問一 〰〰線「いはせぬ」を現代仮名遣《かなづか》いに直し、すべて平仮名で書きなさい。

［　　　　］

ガイド

● **日記（随筆・紀行）の読解**

古文の日記・随筆・紀行には、大きな特徴が二つある。

① **「私」（＝筆者）の省略**

主語・目的語の「私」（＝筆者）が省略されていることが多い。

② **当たり前のことの省略**

「私」（＝筆者）にとって当たり前のことが省略されていることが多い。

これらの省略された内容を明らかにするにあたり、筆者及び作品についての知識の有無で差がつくこともある。

たとえば、「清少納言や紫式部は漢字の読み書きが得意だった」などの、**筆者や作品についての背景知識**があると有利な場合がある。

● **「できごと」と「感想・意見」の区別**

日記は筆者が出会ったできごとを通して感じたことや考えついたことが書かれていることが多い。そのため、**「できごと」と「感じたことや考えついたこと（感想・意見）」の部分に分けてみると内容がとらえやすい。**

筆者の考察だけが書かれているように見

問二 重要 ——線①「知りたれ」・②「よむ」の主語の組み合わせとして適当なものを、次のア〜エから一つ選び、記号で答えなさい。　〔　　〕

ア　①陰陽師《おんやうじ》　②小童《こわらはべ》
イ　①陰陽師　②作者
ウ　①小童　②陰陽師
エ　①小童　②作者

問三 ——線③「さらんものがな使はん、とこそおぼゆれ」とあるが、ある生徒が、作者がそのように思った理由を次のようにまとめた。□に入る「小童」の具体的な様子を、二十字以内で書きなさい。

> 作者は、「小童」が陰陽師に指示されなくても□様子を見て、自分もそのような気のきく者を使いたいと思ったから。

える日記でも、「何についての考察なのか」という部分と、そこから導かれる筆者の「感想・意見」の部分に分けてみよう。

なお、「できごと」の部分を読むときは、説話の読解と同様に、登場人物とその行動や発言に注目しよう。行動や発言が因果関係の「因」にあたり、「感想・意見」が「果」にあたるのである。

24 [仮名遣い・内容吟味]

次の文章を読んで、あとの問いに答えなさい。

*1鎌倉中書王《かまくらのちゅうしょわう》にて御鞠《まり》*2ありける（鎌倉中書王の御所で蹴鞠の会が）に、雨降りて後、未《いま》だ庭の乾かざりければ、いかがせんと沙汰（相談することが）ありけるに、佐々木隠岐入道《ささきのおきのにふだう》、鋸《のこぎり》の屑《くづ》（おがくず）を車に積みて、おほく奉《たてまつ》りたりければ、一庭に敷かれて、泥土《でいど》の①わづらひなかりけり。「取り溜《た》めけん用意、ありがたし」と、②人感じ合へりけり。

この事をある者の語り出《い》でたりしに、吉田中納言《よしだのちゅうなごん》の「乾き砂子の用意やはなかりける」とのたまひたりしかば（おっしゃったので）、恥づかしかりき。いみじと思ひける鋸の屑、いやしく、異様《ことやう》の事なり。庭の儀*3を奉行する人、乾き砂子を設くるは、故実*4なりとぞ（ということだ）。

（兼好法師《けんこうほうし》『徒然草《つれづれぐさ》』）

*1 鎌倉中書王《かまくらのちゅうしょわう》＝後嵯峨《さが》天皇の息子、宗尊《むねたか》親王。鎌倉幕府の第六代将軍。
*2 御鞠《まり》＝蹴鞠。数人が鞠を蹴り、地面に落とさないように受け渡しする遊び。
*3 庭の儀を奉行する人＝庭の整備を担当する人。
*4 故実＝古くからのしきたり。

ガイド

● 読み取りに時間がかかるときの対処法

① わかる部分に着目

初めはおおざっぱで構わないので、**意味がわかる部分だけ拾ってつなげてみよう。**

たとえば、設問の文章なら、「雨」「庭」「乾かざり」「鋸の屑」という部分をつなぎ合わせれば、「雨で乾いていない庭におがくずを撒いて乾かした」と推測して読み取ることができる。また、そのあとの「吉田中納言」が「乾き砂子…」と「のたまひ」から、「吉田中納言はおがくずではなくて砂の話をした」と読める。最後の文の「乾き砂子」「故実」からは、「乾き砂子が古くからのしきたりだ」という筆者（兼好法師）の意見がわかる。

② 文法知識を活用

係り結びなどの文法のルールを踏まえると、文の大意をすんなり把握できることがある。

たとえば、設問では、吉田中納言の発言に「…用意やはなかりける」と「や」を用いた係り結びがある。原則として**「や・か」の係り結びは疑問を表す**ので、吉田中納言は「乾き砂子（乾いた砂）の用意はなかったのか？」とおがくずを撒いたことに疑問を呈していることがわかる。

問一 ——線①「わづらひ」の意味として適当なものを、次の**ア**〜**エ**から一つ選び、記号で答えなさい。［　　］

ア 損失
イ 病気
ウ 支障
エ 不足

問二 ——線②「感じ合へりけり」の説明として適当なものを、次の**ア**〜**エ**から一つ選び、記号で答えなさい。［　　］

ア 庭の状態に合わせて砂ではなくおがくずで対応したらしい入道《にゅうどう》の判断力に感心している。
イ いざというときに備えておがくずを集めておいたのであろう入道の心がけに感心している。
ウ おがくずを運び去るために車を準備していたのであろう入道の心配りに感心している。
エ 気を利かせてすぐに乾いた砂を用意させたらしい入道の機転と行動力に感心している。

問三 重要 本文における筆者の考えとして適当なものを、次の**ア**〜**エ**から一つ選び、記号で答えなさい。［　　］

ア 時代の移り変わりとともに、人々のものの見方も変わっていく。
イ ものを教わるにしても、相手を選ばないと恥をかくことになる。
ウ 人の言うことを真に受けていると、容易にだまされてしまう。
エ 知識が不足していると、ものごとの価値を見誤ることになる。

---

③ 筆者の評価を把握

文章中で書かれているものごとについて、**筆者の評価がよい評価なのか悪い評価なのか意識して読んでみよう。**

設問の文章ならば、「鋸の屑(おがくず)」に対して前半では「ありがたし」とよい評価をしているが、後半の吉田中納言の発言のあとには「いやしく、異様」と悪い評価をしている。

これらの評価を踏まえた上で、本文の末尾の「乾き砂子…故実なりとぞ」という筆者の所感を読むと、「本来は砂であるべき」で「おがくずよりも砂のほうがよかった(のにおがくずで褒めてしまった)」こと、だから「恥づかしかり」だったことを理解できる。

●「感」に注目

古文の「感ず」は、「××を感じ」「△△と感じ」の形ならば、現代語の「感じる」と同じ意味でよい。

しかし、単に**「感ず(感じ)」だけの形の場合、「感心する」というような意味となり**、基本的に「ほめる」表現である。この場合の「感」は、**英語の nice や good に相当するよい表現**と推測できる。

ちなみに、「行ふ(行ひ)」も、「××を」という目的語をともなわない場合、「仏道修行」という意味になる。合わせて覚えておこう。

最高水準問題

25 次の文章を読んで、あとの問いに答えなさい。（埼玉・星野高）

解答 別冊 p.30

〔松尾《まつお》芭蕉《ばしょう》は、加賀（石川県）から丸岡（福井県）を通り、敦賀《つるが》（福井県）へと向かっている。〕

aやうやう*1白根《しらね》が岳《たけ》かくれて《見えなくなって》、*2比那《ひな》が岳《たけ》あらはる《見えるようになる》。*2あさむづの橋を渡りて、*2玉江の蘆《あし》は穂に出でにけり。*2鶯《うぐいす》の関を過ぎて、*2湯の尾峠を越ゆれば、*2燧《ひうち》が城、*2帰山《かへるやま》に*3初雁《はつかり》を聞きて、十四日の夕暮れ、*2敦賀《つるが》の津《つ》に宿をもとむ。

その夜、月殊《こと》に晴れたり。「①あすの夜もかくあるべきにや。」と1いへば、「②越路の習ひ、なほ明夜の陰晴《くもりと晴れ》はかりがたし。」と、あるじに酒すすめられて、*4気比《けひ》の明神に2夜参す。*5仲哀《ちゅうあい》天皇の御廟《ごびょう》なり。社頭神さびて《社殿の前がおごそかで》、松の木の間に月のもり入りたる、③御前の白砂霜《しも》を敷けるがごとし。「往昔《そのむかし》、*6遊行《ゆぎやう》二世の上人《しやうにん》、大願発起のことありて、みづから草を刈り、土石を担《にな》ひ、*7泥渟《でいてい》を3かわかせて、参詣《さんけい》往来のb煩《わづら》ひなし。④古例今にたえず、神前に*8真砂《まさご》を担ひたまふ。これを遊行の砂持ちと申しはべる《申し上げております》。」と、亭主の語りける。

月清し遊行のもてる砂の上

十五日、亭主のことばにたがはず、雨降る。

⑤名月や北国日和《びより》定めなき

（松尾芭蕉『おくのほそ道』）

*1 白根《しらね》が岳《たけ》＝石川県と岐阜県にまたがる白山のこと。
*2 比那《ひな》が岳《たけ》　あさむづの橋　玉江　鶯《うぐいす》の関　湯の尾峠　燧《ひうち》が城　帰山《かへるやま》　敦《つる》賀《が》の津《つ》＝福井県の地名。
*3 初雁《はつかり》＝ここでは、秋になって最初に北方から渡ってくる雁の鳴き声のこと。
*4 気比《けひ》の明神＝福井県の気比神宮のこと。
*5 仲哀《ちゅうあい》天皇の御廟《ごびょう》＝第十四代天皇の霊《れい》を祀《まつ》る施設のこと。
*6 遊行《ゆぎやう》二世の上人《しやうにん》＝時宗という宗派の僧侶《そうりょ》。
*7 泥渟《でいてい》＝泥水のたまった所。ぬかるみ。
*8 真砂《まさご》＝細かい砂。

問一　〰〰線a・bの意味として適当なものを、それぞれ次のア～エから一つ選び、記号で答えなさい。

a「やうやう」
ア いつの間にか　イ すっかり　ウ だんだんと　エ 一気に　〔　　〕

b「煩《わづら》ひ」
ア 不運　イ 失敗　ウ 危険　エ 苦労　〔　　〕

問二　══線1～3の主語の組み合わせとして適当なものを、次のア～エから一つ選び、記号で答えなさい。［　　］

ア　1 芭蕉　2 芭蕉　3 遊行《ゆぎやう》二世の上人《しやうにん》
イ　1 あるじ　2 あるじ　3 仲哀《ちゅうあい》天皇
ウ　1 あるじ　2 芭蕉　3 遊行二世の上人
エ　1 芭蕉　2 あるじ　3 仲哀天皇

問三　――線①「かくあるべきにや」は「このようであるのだろうか」という意味であるが、その説明として適当なものを、次のア～エから一つ選び、記号で答えなさい。［　　］

ア　格別においしい酒を用意してもらえるのだろうか。
イ　今夜と同じように月がきれいに見えるのだろうか。
ウ　今夜とは違った角度で月をながめるのだろうか。
エ　格別に晴れて澄み切った空になるのだろうか。

問四　――線②「越路の習ひ」の解釈《かいしゃく》として適当なものを、次のア～エから一つ選び、記号で答えなさい。［　　］

ア　北陸ではいつも　イ　北陸ではどこでも
ウ　北陸ではときどき　エ　北陸ではまれに

問五　――線③「霜を敷けるがごとし」の説明として適当なものを、次のア～エから一つ選び、記号で答えなさい。［　　］

ア　敷き詰められた白砂の上を歩くと、霜を踏むときのように心地よい音がする。
イ　辺り一面に降りた霜に光が反射して、白砂をまいたように真っ白に見える。
ウ　境内の霜の降りた砂の一粒一粒が、光を受けて小さな星のように輝いて見える。
エ　敷き詰められた砂が光に反射して、霜が降りたように一面が真っ白に見える。

問六　――線④「古例今にたえず」とあるが、具体的にどういうことか。その説明として適当なものを、次のア～エから一つ選び、記号で答えなさい。［　　］

ア　かつての上人のように、気比《けひ》神宮に生えている草を今も刈る人がいるということ。
イ　気比神宮の境内までの道は、白砂のおかげでいつも乾いているということ。
ウ　上人が始めた気比神宮の境内に砂を持ってくる儀式は、今も続いているということ。
エ　気比神宮の参詣《さんけい》には、今も変わらず丸岡と敦賀を経由しているということ。

問七　難　――線⑤「名月や北国日和《びより》定めなき」の句について、

(1)　「名月」と同じ季節の季語として適当なものを、次のア～エから一つ選び、記号で答えなさい。［　　］

ア　雪見　イ　夕立　ウ　鈴虫　エ　初夢

(2)　この句の解釈として適当なものを、次のア～エから一つ選び、記号で答えなさい。［　　］

ア　十五夜だというのに雨が降るとは、北陸の天気は風流心があるなあ。
イ　十五夜だというのに雨が降るとは、自分は運がいいことだなあ。
ウ　名月だというのに雨が降るとは、自分は不運であることだなあ。
エ　名月だというのに雨が降るとは、北陸の天気は安定しないなあ。

26　次の文章を読んで、あとの問いに答えなさい。

（千葉・昭和学院秀英高）

資季《すけすゑ》大納言入道とかや聞こえける人、具氏《ともうじ》宰相中将に逢ひて、「*1わぬしの問はれんほどのこと、何事なりとも①答へ申さざらんや」と、いはれければ、具氏、「いかが侍らん」と申されけるを、「*2さらばあらがひ給へ」といはれて、「*3はかばかしき事は、片端も学び知り侍らねば、尋ね申すまでもなし、何となきそぞろごとの中に、②おぼつかなき事をこそ問ひ奉らめ」と申されけり。「まして*4ここもとのあさき事は、何事なりとも③あきらめ申さん」といはれければ、近習の人々、女房なども、「興あるあらがひなり。同じくは、*5御前にて争はるべし。負けたらん人は、*6供御《くご》をまうけらるべし」と定めて、御前にて召し合はせられたりけるに、［A］、「幼くより聞き習ひ侍れど、その心知らぬこと侍り。『むまのきつりやう、きつにのをか、なかくぼれいりくれんとう』と申す事は、いかなる心にか侍らん。承らん」と申されけるに、［B］、はたとつまりて、「これは［C］なれば、言ふにも足らず」といはれけるを、「④本より深き道は知り侍らず。［C］を尋ね奉らんと定め申しつ」と申されければ、大納言入道、負けになりて、*7所課《しょか》いかめしくせられたりけるとぞ。

（兼好法師《けんこうほうし》『徒然草《つれづれぐさ》』）

*1　わぬし＝あなた、貴公。
*2　さらばあらがひ給へ＝それならば私と言い争いなさい。
*3　はかばかしき事＝きちんとした事。
*4　ここもとのあさき事＝身近なつまらない事。
*5　御前＝帝の前。
*6　供御《くご》＝ごちそう。
*7　所課《しょか》いかめしくせられたりけるとぞ＝盛大にごちそうなさったということだ。

問一　〰〰線「まうけらるべし」を現代仮名遣《かなづか》いに直し、すべて平仮名で書きなさい。

問二　――線①・③の解釈として適当なものを、それぞれ次のア～オから一つ選び、記号で答えなさい。

①「答へ申さざらんや」
ア　お答えいただきたい　イ　お答えくださいませ
ウ　お答え申し上げません　エ　お答えいたしましょう
オ　お答えしたではないか

③「あきらめ申さん」
ア　弱音は申し上げません　イ　明らかにいたしましょう
ウ　我慢はいたしません　エ　文句は申し上げません
オ　終わりにいたしましょう

問三　――線②「おぼつかなき事」とは具体的には何を指すか。該当する部分の最初と最後の三字を抜き出して答えなさい。

最初　　最後

問四　難　［A］・［B］にはそれぞれ登場人物を表す語句が入る。その組み合わせとして適当なものを、次のア～カから一つ選び、記号で答えなさい。

ア　A　具氏　　B　大納言入道
イ　A　女房など　　B　大納言入道

ウ　A 大納言入道　B 具氏
エ　A 女房など　B 山伏
オ　A 具氏　B 御前
カ　A 大納言入道　B 御前

問五 ——線④「本より深き道は知り侍らず」とはどういうことか。その説明として適当なものを、次のア～オから一つ選び、記号で答えなさい。［　　］

ア もともとどんな困難も克服する方法はないということ。
イ もともと何事においても好奇心を持たないということ。
ウ もともと道徳的な考え方には共感できないということ。
エ もともときちんとした学問は学んでいないということ。
オ もともと答えにたどり着く過程は知らないということ。

問六 [C] には共通する五字の言葉が入る。その言葉を本文より抜き出して答えなさい。

解答の方針

問三 「おぼつかなき事」は「はっきりしない事」なので、質問した内容から探せばよい。
問五 「道」は「何かをすること」で、剣道や茶道の「道」と同じである。本文中に継続的に何かしていたことはないかを探してみよう。

27 次の文章を読んで、あとの問いに答えなさい。

（東京・お茶の水女子大附属高）

花の咲き散るをりごとに、乳母《めのと》なくなりしをりぞかし、とのみあはれなるに、同じをり[*1]なくなりたまひし[*2]侍従の大納言の御むすめの[a]手を見つつ、[*3]すずろにあはれなるに、五月ばかり、夜ふくるまで物語をよみて[1]起きゐたれば、来つらむ方も見えぬに、猫のいと[*4]なごう鳴いたるを、おどろきて見れば、いみじうをかしげなる猫あり。いづくより来つる猫ぞと見るに、姉なる人、「[*5]あなかま。人に聞かすな。いとをかしげなる猫なり。飼はむ」とあるに、いみじう人なれつつ、かたはらに[2]うち臥《ふ》したり。①尋ぬる人やあると、これを隠して飼ふに、すべて[*6]下衆《げす》のあたりにもよらず、つと前にのみありて、ものもきたなげなるは、ほかざまに顔をむけて食はず。姉[*7]おととの中に[*8]つとまとはれて、をか しがり[b]らうたがるほどに、②姉のなやむことあるに、[*9]ものさわがしくて、この猫を[*10]北面にのみあらせて呼ばねば、[c]かしがましく鳴きののしれども、③なほさるにてこそはと思ひてあるに、わづらふ姉おどろきて、「[*11]いづら、猫は。こちゐて来」とあるを、「[*12]など」と問へば、「夢にこの猫のかたはらに来て、おのれは侍従の大納言殿の御むすめの、④かくなりたるなり。[*13]さるべき縁のいささかありて、この[*14]中の君のすずろにあはれと思ひ出でたまへば、ただしばしここにあるを、このごろ下衆の中にありて、いみじうわびしきことといひて、いみじう鳴くさまは、[*15]あてにをかしげなる人と見えて、[3]うちおどろきたれば、この猫の声にてありつるが、いみじくあはれなるなり」と語りたまふを聞くに、いみじくあはれなり。

（菅原孝標女《すがわらのたかすえのむすめ》『更級《さらしな》日記』）

＊1 なくなりたまひし＝お亡くなりになった。「たまひ」は尊敬の意味を添えている。
＊2 侍従の大納言の御むすめ＝侍従大納言藤原行成《ふじわらのゆきなり》（九七二～一〇二七）

の娘。
＊3　すずろに＝わけもなく、むやみに。
＊4　なごう＝「和《なご》く」が音便化したもので、のどやかに、の意。
＊5　あなかま＝しっ、静かに。
＊6　下《げ》衆《す》＝使用人などの下賤な者。
＊7　おとと＝「おとうと」の約。男女にかかわらず、年下のきょうだいに対して用いる。
＊8　つとまとはれて＝さっとまとわりついて。
＊9　ものさわがしく＝家の中がなんとなく騒がしく。
＊10　北面＝北側の部屋。家族、あるいは使用人が住むところであった。
＊11　いづら＝どこですか。
＊12　など＝どうして。
＊13　さるべき縁＝こうなるはずの前世からの因縁。
＊14　中の君＝次女のこと。
＊15　あてに＝身分が高く。

問一　〰〰線a～cのここでの意味として適当なものを、それぞれ次のア～オから一つ選び、記号で答えなさい。

a「手」　［　　］
ア 手形　イ 手の甲　ウ 筆跡　エ やり方　オ 和歌

b「らうたがる」　［　　］
ア 遊びたがる　イ いやがる　ウ うるさがる
エ かわいがる　オ 群がる

c「かしがましく」　［　　］
ア うるさく　イ かわるがわる　ウ ここかしこに
エ これ見よがしに　オ ひどく

問二　══線1「起きゐたれば」・2「うち臥《ふ》したり」・3「うちおどろきたれば」の主語を、それぞれ次のア～オから一つ選び、記号で答えなさい。

1［　　］　2［　　］　3［　　］

ア 乳母　イ 姉なる人　ウ 侍従の大納言の御むすめ
エ 猫　オ 作者

問三　――線①「尋ぬる人やある」と考えたのはなぜか。その理由として適当なものを、次のア～オから一つ選び、記号で答えなさい。　［　　］

ア 餌を食べなかったから。
イ かわいらしい猫だったから。
ウ のどかに鳴いているから。
エ 人に慣れていたから。
オ 夢に出てきたから。

問四　――線②「なやむ」と同じ意味で用いられている単語を、本文より抜き出して答えなさい。

［　　　　］

問五　――線③「なほさるにてこそは」の解釈として適当なものを、次のア～オから一つ選び、記号で答えなさい。　［　　］

ア 依然としておなかが空いて鳴くのだろう
イ きっと人がいないから鳴くのだろう
ウ なお具合が悪くて鳴くのだろう
エ もっと遊んでほしくて鳴くのだろう
オ やはりそのように鳴くのだろう

問六 難 ――線④「かくなりたるなり」とはどのようなことか、二十字以内で答えなさい。

問七 夢の中で猫が語った内容はどこからどこまでか、最初と最後の三字を本文より抜き出して答えなさい。

最初

最後

問八 本文の内容として適当なものを、次の**ア**～**オ**から一つ選び、記号で答えなさい。［　　］

ア 侍従大納言は猫が好きで、生前大切にしていた。
イ どこからともなくかわいらしい猫が姉妹の元にやって来た。
ウ 妹が猫を飼いたいと強く言ったので、姉も同意した。
エ 猫に飽きた姉妹は猫をしばらく北面に閉じ込めておいた。
オ 猫は突然、姉妹の前で自分のことについて語り始めた。

解答の方針

問六 本文冒頭で亡くなった「侍従の大納言の御むすめ」が、「かく（＝このように）」なったという文脈。「かく」の指す内容を考えよう。
問七 会話部分を把握するときは、「と」「など」の語から終点を判断し、そこからさかのぼって始点を見つける。

28 次の文章を読んで、あとの問いに答えなさい。

（福岡・久留米大附設高 改）

①あるやんごとなき人、「旅の道は早く寝ねて、疲れをだに休めなば、下が下までも、憂きことはあらじ。②さらば早くやどりを立ち出でて、早くやどりに着くにしかず。これぞ下をめぐむの道なれば、喜びぬべし。」と言ひける。

まづ*1その君、早くやどりにつきて、*2格子《かうし》おろし、灯《とも》し出だして、昼の半ばごろより寝ぬれど、下の者はわが心のままならず、③人の寝ぬるころならでは寝ねがたし。殊《こと》に昼のうちはさはがしく道行く人もたえぬを、世の人に背きて「夜なりけり」とも言ひがたく、④寝ねんとするころ、その君ははや起き出でて、夜半に供《とも》そろへて発つめり。

下をあはれむ心はあれど、上の心もて下をみるより、⑤かくはたがふなり。めぐむ心ありて、下の事しらねば、かくぞ有りける。

（松平定信《まつだいらさだのぶ》『花月草紙《かげつそうし》』）

*1 その君＝「やんごとなき人」の話を聞いた人。
*2 格子《かうし》＝細い木や竹を縦横に間を透かして組み合わせた、窓の建具。

問一 〰〰線「夜半」のここでの読みを、現代仮名遣《かなづか》いを用いて平仮名二字で答えよ。

問二 ――線①「やんごとなき人」の意味として適当なものを、次の**ア**～**オ**から一つ選び、記号で答えなさい。［　　］

ア 行いが立派な人　**イ** 身分の高い人　**ウ** 世間知らずの人
エ 滅多に旅に出ない人　**オ** 大切に育てられた人

問三　——線②「さらば早くやどりを立ち出でて、早くやどりに着くにしかず」とあるが、「やんごとなき人」はなぜこのように考えたのか、「〜から」に続くように、その理由を説明しなさい。

［　　　　　　　　　　　　　　　　から］

問四　——線③「人の寝ぬるころならでは寝ねがたし」を現代語訳せよ。

［　　　　　　　　　　　　　　　　］

問五　——線④「寝ねんとする」の主語を、次のア〜オから一つ選び、記号で答えなさい。［　　］

ア　あるやんごとなき人　**イ**　その君　**ウ**　下の者
エ　道行く人　**オ**　世の人

問六　難　——線⑤「かくはたがふなり」とあるが、

(1)　誰と誰が「たがふ」状態となったのか。次のア〜オから二つ選び、記号で答えなさい。［　　・　　］

ア　あるやんごとなき人　**イ**　その君　**ウ**　下の者
エ　道行く人　**オ**　世の人

(2)　なぜそれらの人々は「たがふ」という事態に陥ったのか。「〜から」に続くように、その理由を本文全体を踏まえて説明しなさい。

［　　　　　　　　　　　　　　　　から］

29　次の文章を読んで、あとの問いに答えなさい。

（奈良・西大和学園高）

〔作者は、堀河天皇崩御の悲しみが癒えず、寵愛《ちょうあい》を受けた堀河天皇との思い出に浸る日々を送っていた。そんな中、幼い鳥羽天皇に仕えねばならなくなった。〕

つれづれなる昼つかた、くらべや*1のかたを見やれば、御経教へさせたまふとて、「読みし経を、よくしたためて、取らせん」とAおほせられて、御おこなひのついでに二間にて、たちておはしまして、したためさせたまひて、つぼねにおりたりしに、御経したためて、持て参りて、笑はれん、①とぞおぼしめして、②あまりなるまでかしづかせたまひし御ことは、B思ひいでらるるに、おまへにおはしまして、「われいだきて、障子の絵見せよ」とおほせらるれば、③よろづさむるここちすれど、*2朝餉《あさがれひ》の御障子の絵、御覧ぜさせありくに、夜の御殿*3のかべに、明け暮れ目なれておぼえん、とおぼしたりし楽を書きて、Cおしつけさせたまへりし笛の譜の、おされたるあとの、かべにあるを、見つけたるぞ、④あはれなる。

笛のねのおされしかべのあと見れば過ぎにしことは夢とおぼゆる

かなしくて、⑤そでを顔におしあつるを、あやしげに御覧ずれば、心えさせまゐらせじとて、⑥さりげなくもてなしつつ、「あくびをせられて、かく目に涙のうきたる」と申せば、「みな知りてさぶらふ」とDおほせらるるに、⑦あはれにもかたじけなくもおぼえさせたまへば、「いかにしらせたまへるぞ」と申せば、「ほ文字のり文字のこと、思ひいでたるなめり」とおほせらるれば、堀川院の御こととよく心えさせたまへる、と思ふも、⑧うつくしうて、あはれもさめぬるここちしてぞ、ゐまるる。

（讃岐《さぬきの》典侍《すけ》藤原《ふじわらの》長子《ちょうし》『讃岐典侍日記』）

＊1 くらべや＝天皇の住まいにあった部屋の名。
＊2 朝餉《あさがれひ》＝天皇が略式の食事をとる所。
＊3 夜の御殿＝天皇が夜やすむ部屋。

問一 〰〰A「おほせられ」・B「思ひいでらるる」・C「おしつけさせたまへ」・D「おほせらるる」の主語を、それぞれ次のア〜ウから一つ選び、記号で答えなさい。

ア 堀河天皇　イ 鳥羽天皇　ウ 作者

A［　　］ B［　　］ C［　　］ D［　　］

問二 ——線①「おぼしめし」について、堀河天皇が思った内容はどこからか。最初の四字を抜き出して答えなさい。

問三 ——線②・⑧の現代語訳として適当なものを、それぞれ次のア〜オから一つ選び、記号で答えなさい。

②「あまりなるまでかしづかせたまひし」

ア あまりにも悲しい最期を遂げなさった
イ 持ちきれないほどの経を差し上げた
ウ 身にあまるまでのお扱いをたまわった
エ この上なく心をこめてお仕え申し上げた
オ びっくりするほど大人びていらっしゃった

［　　］

⑧「うつくしうて、あはれもさめぬるここちして」

ア いじらしくて、眠気も覚めてしまう気持ちがして
イ こざかしくて、思い出が冷めてしまう気持ちがして
ウ 美しくて、部屋の風情も薄れてしまう気持ちがして
エ すばらしくて、わだかまりも解けてゆく気持ちがして
オ かわいらしくて、悲しみも晴れてしまう気持ちがして

［　　］

問四 ——線③「よろづさむるここち」とはどういう気持ちか。その説明として適当なものを、次のア〜オから一つ選び、記号で答えなさい。

ア 堀河天皇との思い出がすっかり冷めてしまう気持ち。
イ わがまますぎる命令を腹立たしく思う気持ち。
ウ それまで感じていた風情が台無しになる気持ち。
エ 無理に目覚めさせられたことを不快に思う気持ち。
オ 宮仕えを再びする気力がすっかりなえてしまう気持ち。

［　　］

問五 ——線④・⑦の本文での意味として適当なものを、それぞれ次のア〜オから一つ選び、記号で答えなさい。

④「あはれなる」

ア 気の毒だ　イ 感無量だ　ウ 幸運だ
エ うれしい　オ 不吉だ

［　　］

⑦「あはれに」

ア 趣深く　イ かわいそうに　ウ 悲しく
エ いじらしく　オ 恋しく

［　　］

問六 ——線⑤「そでを顔におしあつる」とあるが、作者はなぜそうしたのか、十字以内で説明しなさい。

問七 難 ——線⑥「さりげなくもてなし」とあるが、作者はなぜそうしたのか、二十字以内で説明しなさい。

30　次の文章を読んで、あとの問いに答えなさい。

（京都・洛南高）

物まなびに心ざしたらむには、まづ師をよくえらびて、その立てたるやう、教へのさまを、よく考へて、従ひそむ*1べきわざなり。さとりにぶき人は、①さらにもいはず、元より、さとりとき人といへども、おほかた始めに従ひそめたるかたに、おのづから心は引かるるわざにて、その道の筋わろけれど、わろき事をえさとらず。また後にはさとりながらも、年頃のならひは、さすがに②捨て難《がた》きわざなるに、我《が》とかいふ*2禍神《まがかみ》さへ立ちそひて、とにかくにしひごと*3として、なほその筋をたすけむとするほどに、つひに善き事は③えものせで、世の限りひがこと*4のみして、身をふる類ひなど、世に多し。かかる類ひの人は、つとめて深く学べば、学ぶまにまに*5、いよいよわろき事のみ盛りになりて、おのれまどへるのみならず、世の人をさへまどはすことぞかし。かへすがへす［ a ］より、師をよくえらぶべきわざになむ。

（本居宣長《もとおりのりなが》『うひ山ぶみ』）

＊1　従ひそむ＝教えに従い学びはじめる。
＊2　禍神《まがかみ》さへ立ちそひて＝「禍神」は「不吉なことをなす神」のことで、この部分は「我《が》」つまり「自我」「意地」が「禍神」にたとえられており、「我」のせいで、あってはならないことまで起こるということを表している。
＊3　しひごと＝でたらめ。こじつけ。
＊4　ひがこと＝誤り。間違い。
＊5　学ぶまにまに＝学ぶにつれて。

問一　――線①・③の意味として適当なものを、それぞれ次のア～オから一つ選び、記号で答えなさい。

①「さらにもいはず」
ア　言うまでもないが　　イ　改めて言わないが
ウ　言わない方がよいが　　エ　言うに事欠かないが
オ　新たに言う気もないが
［　　］

③「えものせで」
ア　口にすることなく　　イ　相手にもしないで
ウ　なにもできずに　　エ　話の種にもせず
オ　思いもかけずに
［　　］

問二　――線②「捨て難《がた》きわざなる」とあるが、どうして捨てがたいのか、「～から。」につながるように、適当な部分を、本文より二十五字以内で抜き出し、その始めと終わりの四字を答えなさい。ただし、句読点は字数に含めない。

□□□□～□□□□から。

問三　［ a ］に入る適当な語句を、本文より二字で抜き出して答えなさい。

□□

問四　難　学問を志すにあたって、師とする人物をしっかり選んでおかないと、どのような誤りが生じると筆者は述べているか。本文に挙げられている例として正しくないものを、次のア～オから一つ選び、記号で答えなさい。
［　　］

ア　自分が初めて学んだ師の説に心ひかれ、悪いものだと気付かない。

イ 自分の師の説が間違っているとわかっていても捨て切れずにいる。
ウ 我を通して自説を曲げず、世間の人を自分の学問に引き込もうとする。
エ 筋の通らないことばかりをして、その生涯を終えてしまうことになる。
オ 学んでいるうちに自分が迷うだけでなく、他人までも迷わせてしまう。

問五 この文章は、江戸時代の国学者、本居宣長の著した随筆である。日本の古典文学において「三大随筆」と呼ばれている作品を、古い順に並べたものとして適当なものを、次の**ア**～**カ**から一つ選び、記号で答えなさい。［　　］

ア 方丈記→徒然草→枕草子
イ 方丈記→枕草子→徒然草
ウ 枕草子→徒然草→方丈記
エ 枕草子→方丈記→徒然草
オ 徒然草→枕草子→方丈記
カ 徒然草→方丈記→枕草子

解答の方針

問二 直前の「年頃のならひは」に注目。「年頃」すなわち「長年」になっているが、いつから「捨て難」くなってしまったのか考えよう。
問四 最終的にどのような「誤り」になるのか考えよう。日本語の文章は重要な情報はあとに出てくることが多い。

---

31 次の文章を読んで、あとの問いに答えなさい。（千葉・渋谷教育学園幕張高）

ある者、子を法師になして、「学問して、①因果の理《ことわり》をも知り、説経などして世渡るたづき《手段》ともせよ」といひければ、教へのままに説経師にならんために、まづ馬に乗り習ひけり。輿《こし》・車は持たぬ身の、導師《供養の中心を担う僧侶》に請ぜられん時、馬など迎へにおこせたらんに、桃尻にて落ちなんは《乗るのが下手で落ちてしまったとしたら》、心憂かるべしと思ひけり。次に、仏事ののち、酒など勧むる事あらんに、法師の無下《むげ》に能なきは、檀那《檀家》すさまじく思ふべしとて、早歌《さうか》といふことを習ひけり。二つのわざ、やうやう境に入りければ、いよいよよくしたく覚えて嗜《たしな》みけるほどに、説経習ふべきひまなくて、年よりにけり。

②この法師のみにもあらず、世間の人、なべてこの事あり。若きほどは、諸事につけて、身を立て、大きなる道をも成じ、能をもつき、学問をもせんと、行末久しくあらます事ども《遠い将来までよくよく考えている諸事》心にはかけながら、世をのどかに思ひて、うち怠りつつ、まづ、さしあたりたる目の前の事にの

みまぎれて月日を送れば、事々なす事なくして、身は老いぬ。終《つひ》に物の上手にもならず、思ひしやうに身をも持たず、悔《く》ゆれども取り返さるる齢ならねば、走りて坂をくだる輪のごとくに衰えゆく。

されば、一生のうち、むねとあらまほしからん《主として望んでいること》事の中に、いづれかまさると、よく思ひくらべて、③第一の事を案じ定めて、その外は思ひ捨てて、一事をはげむべし。一日の中、一時の中にも、あまたの事の来たらんなかに、少しも益のまさらん事をいとなみて、その外をばうち捨てて、大事を急ぐべきなり。何方《いづかた》をも捨てじと心にとり持ちては、一事も成るべからず。

たとへば、碁をうつ人、一手もいたづらにせず、人に先だちて、小を捨て大につくがごとし。それにとりて、［X］。十を捨てて、十一につく事はかたし。一つなりともまさらん方へこそつくべきを、十まで成りぬれば、惜しく覚えて、多くまさらぬ石にはかへにくし。これをも捨てず、かれをも取らんと思ふ心に、かれをも得ず、これをも失ふべき道なり。

京に住む人、急ぎて東山に用ありて、既に行き着きたりとも、西山に行きてその益まさるべき事を思ひ得たらば、門より帰りて西山へ行くべきなり。ここまで来着きぬれば、この事をばまづ言ひてん《言ってしまおう。》、日をささぬ事なれば《何日と日を決めていないことであるから》、西山の事は帰りてまたこそ思ひたため、と思ふ故に、④一時の懈怠《けだい》、すなはち一生の懈怠となる。これを恐るべし。

一事を必ずなさんと思はば、他の事の破るるをもいたむべからず。人の嘲《あざけ》りをも恥づべからず。万事にかへずしては、一の大事成るべからず。

人のあまたありける中にて、ある者、「ますほの薄《すすき》、まそほの薄《それぞれが、どのような薄を指す言葉なのか、現在に伝わってはいない。当時、それぞれがどういう薄をさすのかについて議論があり、関心の対象となっていた。》などいふ事あり。わたのべの聖《ひじり》、この事を伝へ知りたり」と語りけるを、登蓮《とうれん》法師、その座に侍《はべ》りけるが、聞きて、雨の降りけるに、「蓑《みの》笠《かさ》やある。貸し給へ。かの薄の事ならひに、わたのべの聖のがり《ところへ》尋ねまからん」と言ひけるを、「あまりに物さわがし。雨やみてこそ」と人の言ひければ、「無下のことをも仰せらるるものかな。人の命は、雨の晴れ間をも待つものかは。我も死に、聖も失せなば、尋ね聞きてんや（尋ね聞くことができなくなる。）」とて、走り出でて行きつつ、習ひ侍りにけりと申し伝へたるこそ、⑤ゆゆしくありがたう覚ゆれ。「敏《と》き時は則《すなは》ち功あり」とぞ、論語といふ文にも侍るなる。この薄をいぶかしく思ひけるやうに、一大事の因縁をぞ思ふべかりける。

問一 ——線①「因果」は、一般的には四字の言葉で知られる仏教用語の一部である。その四字の言葉のうち「因果」を除く部分を漢字で答えなさい。

□□

問二 ——線②「この法師」について説明したものとして適当なものを、次のア～オから二つ選び、記号で答えなさい。　［　・　］

ア 苦手な乗馬を練習によって克服した努力家であった。
イ 酒の席で芸が披露できないことを嫌い、早歌を習った。
ウ 三つの道を極めようとしたことで、失敗した。
エ 道に熟達する中で、その道にのめりこんでいった。
オ 他に類を見ないほどの人格者であった。

問三 難 ——線③「第一の事を案じ定めて、その外は思ひ捨てて、一事をはげむべし」とあるが、筆者は冒頭の「法師」は、具体的にはどのようにするべきだったと考えているのか。——線③の内容を踏まえつつ説明しなさい。

［　　　　］

問四 空欄 X に入る言葉として適当なものを、次のア～オから一つ選び、記号で答えなさい。　［　］

ア 三つの石を捨てて、十の石につくことはやすし
イ 一つの石を捨てて、二の石につくことはやすし
ウ 八つの石を捨てて、九の石につくことはやすし
エ 十一の石を捨てて、十二の石につくことはやすし
オ 二十の石を捨てて、三十の石につくことはやすし

問五 ——線④「一時の懈怠《けだい》」とは具体的には何か。その説明として適当なものを、次のア～オから一つ選び、記号で答えなさい。　［　］

ア 西山の方に得るものがあるという判断ができず、遠距離の移動を怠ってしまったこと。
イ 東山での仕事を終えた満足感から、より利益を生む西山への移動をやめてしまったこと。
ウ 東山より西山の方に得るものがあるのに、東山から西山に移動することを怠ったこと。
エ 東山から西山へ移る際に、一度自分の家に戻ることを怠ってしまったこと。
オ 東山から自分の家に帰る手間を惜しみ、結果的に西山へ移動することができなくなったこと。

問六　――線⑤「ゆゆしくありがたう覚ゆれ」は「大変素晴らしく感じられる」という意味であるが、登蓮《とうれん》法師のどういうところを「素晴らしい」と評していると考えられるか。その説明として適当なものを、次のア〜オから一つ選び、記号で答えなさい。［　　］

ア　自分の知りたいことを知ることこそが一大事であり、その為にならば、たとえ、多くの人に迷惑をかけることになるとしてもかまわないと考え、困難な状況の中にありながら信念を貫いたところ。

イ　人間の生はいつ終わるともしれないという恐怖感にとらわれ、人々の雨がやんでから出発するべきだという命令を振り切り、速やかに行動することができたところ。

ウ　人間としてなすべきことの本質から目を背けず、他者の言葉や、天候といった、どうでもよいことには目もくれずに、真理を知るもののいる場所へと、速やかに移動しようとしたところ。

エ　雨のやむのを待てという人々の愚かな言葉に対して、雨がやむまでに人間の命は終わってしまうかもしれないと言って、大義のために堂々と反論することができたところ。

オ　己の最大の関心事を知れるならばと、天候上の困難や、急ぐ必要はないという人々の制止をも気にせず、人の生の無常を意識しながら、迅速に行動しようとしたところ。

問七　この文章は、十四世紀に兼好《けんこう》の書いた随筆中のものである。この随筆の名前を漢字で答えなさい。［　　　　］

解答の方針

問三　「第一の事」と「その外」が何を指しているのか考えよう。

問六　登蓮《とうれん》法師と「ほかの人」の行動の違いに着目する。

32　次の文章を読んで、あとの問いに答えなさい。（福井県）

上野国《かうづけのくに》《現在の群馬県》の士人《しじん》《さむらい》の家に秘蔵の皿二十枚有りし《あった》。もし是《これ》を破《わ》る者あらば《いたならば》一命を取るべし《奪おう》と、世々いひ伝ふ。然《しか》るに一婢《いちひ》《使用人の女》あやまちて一枚を破りしかば《割ったので》、合家《がうけ》《家中》みなおどろき①悲しむを、裏に米を舂《うすづ》く男《棒で米をついて殻を取る使用人の男》これを聞きつけて、「わが家に秘薬ありて、破れたる陶器《すゑもの》を継ぐに《くっつけると》跡も見えず、先《まづ》その皿を見せ給へ。」といふに、②皆色を直してその男を呼んで見せしに、二十枚をかさねてつくづく見るふりして、持ちたる杵《きね》《米をつくための木製の棒》にて微塵《みぢん》に砕きたり。人々これは如何《いか》にとあきれたれば《どうしたことかと驚いたところ》、笑ひて③いふ、一枚破りたるも二十枚破りたるも、同じく一命をめさるるなれば、皆わが破りたると主人に仰《おほ》せられよ《おっしゃられよ》。この皿陶器なれば一々《いちいち》破るる期《ご》有るべし《時があるに違いない》、然らば二十人の命にかかるを、我一人の命をもてつくのふべし《つぐないましょう》、継ぐべき秘薬ありと④いひしは偽《いつはり》にて、かくせんがためなり《このようにするためである》と、一寸《ちよつと》もたじろがず主人の帰りを待ちたるに、主人帰りてこの子細《しさい》《事情》を聞きて⑤その義《正義》勇を甚だ感じ、城主へ申して《推薦して》士《さむらひ》に取りたてられたりしが《取り立てなさったのだが》、はたして廉《れん》《心の》
勇《の心から発する勇気》

吏《り》なりしとかや。
清らかな役人だったということだ

（伴蒿蹊《ばんこうけい》『閑田耕筆《かんでんこうひつ》』）

問一 ――線①「悲しむ」とあるが、それはなぜか、説明しなさい。

［　　　　　　　　　　　　］

問二 ――線②「色を直して」の意味として適当なものを、次の**ア**～**エ**から一つ選び、記号で答えなさい。　［　　］

ア 落ち着きを取り戻して
イ 緊張した表情で
ウ 嘆き悲しんで
エ 慌てふためいて

問三 ――線③「いふ」が指す会話の部分の終わりとして適当なものを、次の**ア**～**エ**から一つ選び、記号で答えなさい。　［　　］

ア わが破りたる
イ 仰せられよ
ウ つくのふべし
エ かくせんがためなり

問四 ――線④「いひし」は誰の動作か。適当なものを次の**ア**～**エ**から一つ選び、記号で答えなさい。　［　　］

ア 一婢《いちひ》
イ 裏に米を舂《うすづ》く男
ウ 主人
エ 城主

問五 難 ――線⑤「その義勇を甚だ感じ」とあるが、主人が感心したのはなぜか。四十字以内で説明しなさい。

解答の方針

問一 「悲しむ」理由のさらに奥にある理由まで言及したい。
問五 「勇気」は誰のどのような行動だったのか。

5 和歌・俳句

標準問題

解答 別冊 p.40

33 【動作主・口語訳・内容吟味】

次の文章を読んで、あとの問いに答えなさい。

雲居寺《うんごじ》の聖《ひじり》*1のもとにて、秋の暮《くれ》の心を、俊頼《としより》*2、《俊頼が詠《よ》んだ歌》

明けぬとも猶《なお》秋風の訪れて野辺の気色《けしき》よ面変《おもがわ》りすな《夜が明けて暦の上では冬になったとしてもやはり、秋風が吹いて、野辺の様子よ、変わらないでおくれ》

名を隠したりけれど、これを「さよ《その人の歌だよ》」①と心得て、基俊《もととし》*3②挑む人にて、「歌は、腰の句《第三句》の末に、て文字据へたるに、はかばかしき事《きわだって目立つ歌》なし。いみじう《たいそう》聞きにくきものなり」と、口開かすべくもなく《他人が口出しできないくらい》難ぜられければ、俊頼はともかくも《なんとも》いはざりけり。その座《ざ》に琳賢《りんけん》*4が居たりけるが、「異様なる《風変わりな》証歌*5こそ覚えはべれ」といひ出たりければ、「いでいで《さあさあ》承らん。よもことよろしき歌にあらじ《まさかたいしたことのない歌ではあるまい》」といふに、

桜散る木の下風は寒からで

と、末のて文字を長々とながめたる《長く伸ばして歌ったところ》に、真青に成り、ものもいはずうつぶきたりける時に、俊頼は忍びに《こっそりと》笑ひける。

（鴨長明《かものちょうめい》『無名抄《むみょうしょう》』）

ガイド

● 和歌・俳句の基本

① **単語と文法のおさえ方**

まずは部分に切り取ること。切り取った部分ごとに単語と文法をわかる限りチェックしてみよう。

② **和歌や俳句特有のルール**

俳句は季語、和歌は代表的な修辞（表現技法）について、基礎的な知識をある程度覚えておこう。見覚えのあるルールが多いほど、落ち着いて問題を解けるはずである。

③ **和歌や俳句は昔のSNS**

和歌や俳句について、理解に学術的な知識が必要で、書かれていない奥深い内容の読み取りが必要だと思っている人がいるかもしれない。しかし、入試ではそこまで難しい内容が問われることはまずない。

和歌や俳句に苦手意識がある人は、「和歌や俳句は昔の人にとってSNSのようなものだ」と、気楽にとらえてみよう。

短い言葉でその時の気持ちを表現しているという点や、人気を得た言葉が頻繁に引用される点など、和歌や俳句には現代のSNSと通じる部分が多い。

＊1　聖《ひじり》＝僧。
＊2　俊頼《としより》＝源俊頼。平安時代後期の歌人。
＊3　基俊《もととし》＝藤原基俊。平安時代後期の歌人。
＊4　琳賢《りんけん》＝比叡山延暦寺の僧。
＊5　証歌＝ある歌に使った語句や語法などの根拠として引用する歌。

問一　――線①「心得て」の主語として適当なものを、次のア〜エから一つ選び、記号で答えなさい。［　　］

ア　聖《ひじり》　イ　俊頼《としより》　ウ　基俊《もととし》　エ　筆者

問二　――線②「挑む人」の意味として適当なものを、次のア〜エから一つ選び、記号で答えなさい。［　　］

ア　競争心が強い人　イ　自尊心が強い人
ウ　公共心が強い人　エ　好奇心が強い人

問三　重要　次の会話は、本文を読んだあとに、佐藤さんがグループで話し合った内容の一部である。[A]〜[C]に入る適当な言葉を書きなさい。ただし、[A]・[B]は現代語で書き、[C]は本文中から五字で抜き出して書くこと。

佐藤　これは、雲居寺の聖のもとで、俊頼、基俊、琳賢が歌会をしている場面だね。――線部の「桜散る木の下風は寒からで」を、琳賢が紹介したのはどうしてかな？
鈴木　これは、紀貫之が詠んだ歌の、第一句から第三句で、この歌が「貫之第一の秀歌」と

● 句切れの把握

和歌は五／七／五／七／七、俳句は五／七／五にカットしてみると、意味や内容が理解しやすくなる。

たとえば、設問では、本文に「腰の句（第三句）」とあるが、「明けぬとも…」の歌をカットしてみれば第三句は「訪れて」である。

そして、本文の「末」は「末尾」の意味なので「訪れて」の「て」のことを指すとわかる。ここまで読み取れれば、「て」のよし悪しについての文章であることが理解できるはずである。

● 和歌の引用「本歌取り」

古文が書かれた時代では、万葉集など過去の和歌集の歌を暗記しておき、会話の中でタイミングよくかかわりのある歌を披露できると、優秀な人だとみなされた。

このように過去の有名な和歌やその一部を会話の中で引用することを、「引き歌」という。

さらに、**和歌を詠むとき、昔の和歌の一部を自分の和歌に取り入れて発表すること**も行われた。この技法を「**本歌取り**」という。巧みな「本歌取り」ができれば、優秀な歌人と称えられた。

また、「本歌」として引用されることも、歌人にとって名誉だった。それだけ記憶に残る歌を詠んだということだからである。

設問では、本文から「桜散る…」が昔の

して評価されていたことが、別の本に書いてあったよ。

高橋　先生に借りた本を見たら、この歌は「さくらちるこのした風はさむからて」と書かれていたよ。

佐藤　ということは、琳賢は、和歌の名手である貫之の歌と、俊頼の歌には、［A］という共通点があると示したんだね。これを示すことで、基俊の批判は［B］と、伝えようとしたんだね。

鈴木　基俊の様子について、「［C］」という言葉で、書かれているのも納得できるね。

A ［　　　　］

B ［　　　　］

C □□□□□

有名な歌の一部だと推測できる。設問の会話で「紀貫之が詠んだ歌」であることにも着目すると、文脈がより深く理解できるだろう。

34 【仮名遣い・古典知識・口語訳・動作主・内容吟味】

次の文章を読んで、あとの問いに答えなさい。

近ごろ、最勝光院[*1]に梅盛りなる［　A　］、①ゆゑづきたる女房一人、釣殿《つりどの》[*2]の辺にたたずみて、花を見るほどに、男法師などaうち群れて入り来ければ、bこちなしとや思ひけむ、②帰り出でけるを、着たる薄衣《うすぎぬ》[*3]の、ことのほかに黄ばみ、すすけたるをc笑ひて、

花を見捨てて帰る猿丸《さるまろ》[*4]

と連歌[*5]をしかけたりければ、とりあへず、

星まぼる[*6]［　B　］の吠《ほ》ゆるに驚きて

と付けたりけり。人々③恥ぢて、逃げにけり。

この女房は俊成卿《しゅんぜい》[*7]の女《むすめ》とて、dいみじき歌よみなりけるが、④深く姿をやつしたりけるとぞ。

（『十訓抄《じっきんしょう》』）

＊1　最勝光院＝京都市東山区今熊野付近にあった寺。
＊2　釣殿《つりどの》＝寝殿造の東西の廊の南端の建物。池に臨んで建てられ、納涼・遊宴に使われた。
＊3　薄衣《うすぎぬ》＝地の薄い衣服。
＊4　猿丸《さるまろ》＝猿の愛称。
＊5　連歌＝詩歌の一体。平安時代には和歌の上の句と下の句を二人が詠んで応答し一首とする形式で行われることが多かった。
＊6　星まぼる＝星を見つめている。かなわぬ高望みを抱くという意の当時のことわざ。
＊7　俊成卿《しゅんぜい》＝藤原俊成のこと。平安後期・鎌倉前期の歌人で『千載和歌集』の撰者《せんじゃ》。

問一　～～線a「うち群れ」・d「いみじき」をそれぞれ終止形（言い切りの形）に直して答えなさい。

a［　　　　］　d［　　　　］

ガイド

● **和歌の成立と変遷**

和歌のことを現代文で「**短歌**」というが、「短」歌があるなら「長」歌もある。

奈良時代は、「**長歌**《ちょうか》」などの名で呼ばれている「五／七」をいくつも繰り返し、最後は「七／七」にする歌が主流だった。

平安時代になると、「五／七」二回＋「七／七」ですませようとして、現在の和歌（＝短歌）の形となった。

平安時代の後期から鎌倉時代になると、和歌の上の句（五／七／五）と下の句（七／七）を別々の人が作ってつなぎ合わせる**連歌**というやり方がゲームとして広まった。設問の本文は、この時期のものである。

その後、江戸時代になると、上の句だけが独立して**俳句**となり、**季語**というルールが追加された。なお、江戸時代の中期には季語のルールを廃止した**川柳**もうまれた。

日本で「歌」と呼ばれたものは、このような変遷を遂げてきたのである。

● **連歌の難しさ**

連歌は短い言葉をつなげるゲームだが、短いからといって易しいわけではない。まず、連歌では、相手が何を言ってくるのか事前にはわからない。相手の言葉の意図をすぐに理解し、うまくつながる言葉を即答しなければならない。むしろ短い言葉だからこそ、うまくつなげることが難しいともいえる。

問二　[A]に入る季節を漢字で答えなさい。　［　　］

問三　——線①「ゆゑづきたる」とあるが、

(1)「ゆゑづきたる」の意味として適当なものを、次のア〜エから一つ選び、記号で答えなさい。　［　　］

ア　取るに足りない　　イ　高貴な身分の

ウ　妖しいほど美しい　　エ　上品な趣のある

(2)「ゆゑづきたる」とは対照的な様子を表す語を本文中から抜き出して答えなさい。　［　　］

問四　重要　〰〰線b「思ひけむ」・c「笑ひて」の主語として適当なものを、それぞれ次のア〜ウから一つ選び、記号で答えなさい。　b［　　］ c［　　］

ア　女房　　イ　男法師　　ウ　俊成《しゅんぜい》卿

問五　——線②「帰り出でける」とあるが、帰りかけたのはなぜか。その理由として適当なものを、次のア〜エから一つ選び、記号で答えなさい。　［　　］

ア　無作法な連中に、風情のある雰囲気を壊されてしまうと思ったから。

イ　こっそり花見をしていたのを、寺の法師にとがめられると思ったから。

ウ　趣ある時間を過ごすことができたので、満足して帰ろうと思ったから。

エ　できるだけ多くの人に花を見てもらうために、場所を譲ろうと思ったから。

問六　═══線「猿丸《さるまろ》」とは誰の事を言い表したものか。**問四**の選択肢の中から適当なものを選び、記号で答えなさい。　［　　］

古文には、**連歌を上手に返せたときの話や全く返せなかったときの話が多い**。それは連歌が当時かなり流行していた上に、難度が高かったためだろう。

● 和歌や俳句の季節

和歌や俳句の中の季節を問われたときは、**自然や宮中行事についての記述を探すとよい**。

たとえば、設問の文章なら、自然についての記述に注目しよう。[A]の直前に春を示す「梅」があるので季節がわかる。

なお、春を示す花は他にもある。春には「梅」が最初に咲き、次に「桜」が咲き、最後に「藤」が咲くと覚えておこう。「藤」が散ると季節は夏に移るのである。

また、古文で**「花」とだけ出てきたときは、通常は「桜」の花**である。

問七 **B** に入る動物を漢字で答えなさい。〔　　　〕

問八 ――線③「恥ぢて」とあるが、なぜ恥じたのか。その理由として適当なものを、次の**ア**〜**エ**から一つ選び、記号で答えなさい。〔　　〕

ア 女の歌の意味を理解することができず、返歌できない自分たちが情けなかったから。

イ 教養ある者であれば、誰もが知っているはずの俊成の娘のことが分からなかったから。

ウ 相手をみくびり、からかったつもりが、思いがけず皮肉な連歌で見事に切り返されたから。

エ 連歌の知識をひけらかそうとして読み掛けたが、逆にその歌の不備な点を指摘されたから。

問九 ――線④「深く姿をやつしたりける」とは、「目立たぬようにわざとみすぼらしく姿を変える」という意味であるが、なぜそうしたのか。その理由として適当なものを、次の**ア**〜**エ**から一つ選び、記号で答えなさい。〔　　〕

ア 当時は寺院の中では華美な服装が許されていなかったから。

イ 誰にも邪魔されず一人静かに梅の花を観賞したかったから。

ウ 有名な歌人の娘とは言え、経済的にはかなり苦しかったから。

エ 禁止されている外出なので誰にも気づかれたくなかったから。

問十 本文から読み取れる教訓として適当なものを、次の**ア**〜**オ**から一つ選び、記号で答えなさい。〔　　〕

ア 歌を詠む際には作法を守らなければならない。

イ 常に準備をしておけば万一の時にも安心である。

ウ 見かけで人を嘲るようなことがあってはならない。

エ 苦労して身につけた教養が、自分の身を守ってくれる。

オ 歌とはその出来ばえで、人を生かしも殺しもするものだ。

最高水準問題

35 次の文章を読んで、あとの問いに答えなさい。　（愛知高）

解答 別冊 p. 43

> 次の文章は江戸時代の俳人である芭蕉《ばしょう》が、約五か月間の旅について記した、紀行文「おくのほそ道」の一節である。ともに旅をした曾良《そら》は芭蕉の門人で、旅立つ際に出家（仏門に入ること）し、髪を剃《そ》りあげた。

黒髪山《くろかみやま》は、霞《かすみ》かかりて、雪いまだ白し。

剃り捨てて黒髪山に衣更《ころもがへ》　曾良

曾良は、河合氏《かはひうぢ》にして惣《そう》五郎といへり（と言った）。芭蕉の下葉《したば》に軒《のき》をならべて（私の住まいの近くに住んで）、予《よ》（私の）が①薪水《しんすゐ》の労《らう》をたすく。このたび松島・象潟《きさかた》のながめ共にせんことを（共に見物することを）喜び、かつは羇旅《きりよ》の難《なん》をいたはらんと（私の旅中の苦労をなぐさめようと）、旅立つ暁《あかつき》、髪を剃りて、墨染《すみぞめ》（墨染の）に様を変へ（衣に姿を変え）、惣五《そうご》を改めて宗悟《そうご》とす（惣五の名を改めて宗悟とする）。よつて黒髪山の句あり。「　　」の二字、力ありて聞こゆ（力がこもっているように思われる）。

二十余丁山を登つて（二十丁余りの山を登って行くと）滝あり。岩洞《がんとう》の頂より飛流して百尺（飛ぶように流れ落ちること百尺で）、千岩の碧《へき》潭《たん》に落ちたり（多くの岩で囲まれた、青々とした滝つぼに落ち込んでいる）。岩窟《がんくつ》に身をひそめ入りて、滝の裏より見れば、裏見《うらみ》の滝と申し伝へはべるなり。

しばらくは②滝にこもるや夏《げ》の初め

（松尾芭蕉『おくのほそ道』）

問一　曾良《そら》の句で詠まれている内容として適当なものを、次のア～オから一つ選び、記号で答えなさい。　［　　］

ア　自分の私利私欲を捨て去り、仏の道に突き進む自分を励ます存在として黒髪山《くろかみやま》を描写している。

イ　夏山が雪をかぶっているわびしい情景に、俗世間を離れるさみしい気持ちを投影し重ね合わせている。

ウ　遥かな旅路に向け頭を剃り上げることで気持ちを新たにし、困難な道のりを芭蕉《ばしょう》と共にする覚悟を決めている。

エ　雄大な光景を描くことで、対照的な人間の一生に思いをはせ、これまでの生き方を振り返っている。

オ　山の名を比喩表現として使うことで、剃り終えた髪の毛に対する未練をユーモラスに表現している。

問二　──線部①「薪水《しんすゐ》の労《らう》をたすく」とは具体的には何を表しているか。適当なものを次のア～オから一つ選び、記号で答えなさい。　［　　］

ア　田畑を耕し食糧を調達してくれたということ。

イ　日々の苦悩を洗い流してくれたということ。

ウ　家事や炊事の手伝いをしてくれたということ。

エ　喜びも悲しみも分かち合ってくれたということ。

オ　句を詠むうえで助言をしてくれたということ。

問三 難 ［　　］にあてはまる適当な語句を、本文中から抜き出して答えなさい。

［　　　　］

問四 ――線②「滝にこもるや」とあるが、何のために「滝にこもる」のか。理由となる部分を本文中から八字で抜き出して答えなさい。

□□□□□□□□

問五 「おくのほそ道」で詠まれている次のA～Dの句を、旅で詠まれている順番に並べるとどうなるか。適当なものをあとのア～カから一つ選び、記号で答えなさい。

［　　］

A 草の戸も住み替はる代ぞ雛《ひな》の家
B 荒海や佐渡によこたふ天河《あまのがは》
C 五月雨をあつめて早し最上川
D 行く春や鳥啼《な》き魚の目は涙

ア A→B→C→D
イ A→B→D→C
ウ A→C→B→D
エ A→C→D→B
オ A→D→B→C
カ A→D→C→B

解答の方針

問三 「黒髪山の句」は曾良が詠んだ句である。曾良の出家を表す行動の何をもって芭蕉は「力あり」と感じたのか考えよう。
問四 「こもる」は「中に入り込む」こと。行動の目的を読み取る。

---

36 次の文章は、与謝蕪村《よさぶそん》の『新花摘《しんはなつみ》』の一節である。これを読んで、あとの問いに答えなさい。（東京・開成高）

*1結城《ゆふき》の丈羽、別業（＝別宅）を構へて、ひとりの老翁をしてつねに守らせけり。市中ながらも樹《き》おひかさみ草しげりて、いささか世塵《せちん》を避くる便りよければ、余（＝私）もしばらくその所に宿りしにけり。

翁《おきな》は洒掃《しやさう》（＝掃除）のほかなすわざもなければ、孤灯のもとに念珠つまぐりて（＝数珠《じゆず》を爪で繰って）秋の夜の長きをかこち（＝嘆き）、余は奥の一間にありて句をねり詩をうめきゐけるが、やがてこうじにたれば（＝疲れたので）、ふとん引きかぶりてとろとろと眠らんとするほどに、広縁のかたの雨戸をどしどしどしどしとたたく。約するに（＝およそ）二三十ばかり連ね打つ音す。いとあやしく胸とどめきけれど、むくと起き出でて、やをら戸を開き見るに、目にさへぎるものなし。又ふしど（＝寝床）に入りて眠らんとするに、はじめのごとくどしどしとたたく。又起き出でて見るにものの影だになし。いといとおどろおどろしければ（＝気味悪かったので）、翁に告げて、「いかがはせん」などはかりけるに、翁いはく、「こざめれ（＝よし来た）、狸《たぬき》の所為《しよゐ》なり。又来り打つ時、そこ（＝あなた）はすみやかに戸を開きて逐《お》ひうつべし。翁は背戸（＝裏口）のかたより廻《めぐ》りて、くね垣（＝垣根）のもとにかくれ居て待つべし」と、しもと（＝むち）引きそばめつつうかがひゐたり。余も狸寝いりして待つほどに、又どしどしとたたく。「あはや」と戸を開けば、翁も「やや」と声かけて出で合ひけるに、すべてものなければ、翁うちはらだちて、くまぐま（＝すみずみを）残るかたなく狩りもとむるに影だに見えず。

かくすること、連夜五日ばかりに及びければ、心つかれて今は住まふべくもあらず覚えけるに、丈羽が家のおとな（＝使用人の長）なるもの来りて言ふ、①「そのもの今宵《こよひ》はまゐるべからず、このあかつき藪《やぶ》下《した》といふところにて、里人、狸の老いたるをうち得たり。思ふに、このほど悪《あ》しくおどろかし奉《たてまつ》りたるは、うたがふべくもなくシヤツ（＝そいつ）が所為なり。こよひは寝《い》をやすくおはせ」など語る。はたしてその夜より音なくなりけり。憎しとこそ思へ、このほど旅のわび寝のさびしきを訪《と》ひよりたる、かれが心のいとあはれに、かりそめならぬ契《ちぎ》りにやなど、うち嘆かる。されば善空坊といへる道心者[*2]を語らひ（＝に依頼して）、布施《ふせ》（＝僧への謝礼）とらせつ、②ひと夜念仏してかれが菩提《ぼだい》をとぶらひ侍《はべ》りぬ。

秋の暮仏に化ける狸《たぬき》かな

（与謝蕪村『新花摘』）

＊1　結城《ゆふき》の丈羽＝結城は現在の茨城県にある城下町、丈羽はそこで俳諧《はいかい》をたしなんでいた人物。

＊2　善空坊といへる道心者＝道心者とは正式ではない僧侶、善空坊はその人物の名。

問一　――線①「そのもの今宵《こよひ》はまゐるべからず」とあるが、なぜそのように判断したのか、簡潔に説明しなさい。

問二　――線②「ひと夜念仏してかれが菩提《ぼだい》をとぶらひ侍《はべ》りぬ」とあるが、なぜそのような行動をとったのか、説明しなさい。

問三　難　「秋の暮仏に化ける狸《たぬき》かな」の句に込められた作者の心情を、季語の「秋の暮」に触れつつ説明しなさい。

解答の方針

問一　「家のおとな」の言葉の内容を読み取る。「こよひは寝《い》をやすくおはせ」と言った理由を考えよう。

問三　「秋の暮」に触れるという設問の指定に着目。この語が作者の心情を理解するキーポイントになっている。

37

次に挙げるA・Bの二首は「万葉集」の和歌である。解説文（中西進《なかにしすすむ》『万葉集―愛の百首』による）も読んで、あとの問いに答えなさい。

（広島・広島大附高）

A　わが背子《せこ》と二人見ませば幾許《いくばく》か
　　この降る雪の嬉《うれ》しからまし
　　　　　　　（光明皇后《こうみょうこうごう》／巻八・一六五八）

あの、静かで慈悲深く、しかし力強く夫の聖武天皇を支えた光明皇后の歌と伝える一首です。

たしかに美しい物、りっぱな物を見る時に好ましい人といっしょに感動したいという気持《きもち》がおこりますね。人間光明子も、その一人でしょう。

皇后をこんな一人の人間にしてしまうのも、純白な雪のせいでした。その心を示すのが、天皇をさして「わが背子」とよんでいることば遣いです。

まわりには侍女《じじょ》もたくさんいて、それぞれに「わが背子」をもつ女集団。この中にとけ込んでいる皇后の姿がしのばれます。

B　沫雪《あはゆき》は千重《ちへ》に降り敷《し》け恋《こひ》しくの
　　日《け》長きわれは見つつ偲《しの》ばむ
　　　　　　　（柿本人麻呂《かきのもとのひとまろ》歌集／巻一〇・二三三四）

沫雪は、淡雪とは別。水分を多く含んだ雪のことで、万葉には多く登場します。なかんずく、雪の乱舞が愛されました。

この歌は沫雪よ［　①　］といい、それを見ながらわが恋を偲ぼうというのですから、沫雪の乱れ飛ぶ姿がわが恋心に似ているのです。乱れ降る雪模様がわが恋心と重なるとは、降りまがう程に乱れてゆく心のプロセスと同じだということでしょう。そしてまた、無垢《むく》な純白さが、さながらわが清らかな慕情だと思うのでしょう。美しい歌です。

問一　［　①　］には「千重に降り敷け」の現代語訳が入る。十字以内で答えなさい。

問二　難　A・Bの和歌は両方とも雪が題材として詠まれている。雪に関する相違点と共通点をまとめた表の［　Ⅰ　］～［　Ⅲ　］に入る言葉をそれぞれ十五字以内で答えなさい。

<table>
<tr><th></th><th>相違点</th><th>共通点</th></tr>
<tr><td>A</td><td>・雪（どんな雪かはわからない）
・作者は雪を見て［　Ⅰ　］考えている。</td><td rowspan="2">今、目の前で雪が降っているが、［　Ⅲ　］。</td></tr>
<tr><td>B</td><td>・沫雪（水分を多く含んだ雪）
・作者は雪を見て［　Ⅱ　］考えている。</td></tr>
</table>

Ⅰ

Ⅱ

Ⅲ

6 融合問題

標準問題

解答 別冊 p.46

38 【内容吟味】 次の文章を読んで、あとの問いに答えなさい。

柳は、花《桜の花》よりもなほ風情《ふぜい》に花あり《趣があって美しい》、水にひかれ風にしたがひて《水面に垂れて水の流れにまかせ風に吹かれ》、しかも音なく、夏は笠《かさ》[*1]なうして《なくて》休らふ人を覆ひ、秋は一葉の水にうかみて風にあゆみ《浮かんで風の吹くままに漂い》、冬はしぐれ[*2]におもしろく《趣があり》、雪にながめ深し《雪の積もった眺めも趣がある》。

桜は、初花[*3]より人の心もうきうきしく、きのふ暮れけふ暮れ、ここかしこ咲きも残らぬ折節は《花が満開の頃には》、花もたぬ木の梢《こずゑ》々《こずゑ》もうるはしく《美しく見せ》、暮るればまた、あすも来んと契《ちぎ》り置きしに《来ようと決めていたところが》、雨降るもうたてし《残念なことだ》。とかくして《このようにして》春も末になりゆけば、散りつくす世の有様を見つれど、また来る春をたのむもはかなし《期待してしまうけれどそれもむなしい》。あるは遠山ざくら《遠い山に咲く桜》、青葉がくれの遅ざくら《青葉に隠れるように咲いている遅咲きの桜》、若葉の花、風情おのおの一様ならず《若葉の季節の桜の花の趣はそれぞれ同じではない》、桜は百華に秀《ひい》でて《多くの花にまさり》、古今もろ人の風雅の中立《なかだち》とす《昔も今も多くの人が趣を感じるきっかけとなっている》。

（上島鬼貫《うえじまおにつら》『独《ひとり》ごと』）

＊1 笠《かさ》＝雨や雪、日光を防ぐために頭に直接かぶるもの。

＊2 しぐれ＝晩秋から初冬にかけて断続的に降る小雨。

＊3 初花＝その年のその木に初めて咲く花。

ガイド

● 融合問題を解くコツ

二つの文章や、本文と資料のように本文以外の文章などがある問題は今後増えていくと思われる。その際は以下の二つのことを意識してほしい。

① **本文の読み取りを優先**

メインの文章となる本文の読み取りが優先である。単語や文法をはじめ、本文に述べられた内容をまずはしっかりととらえるところから始めよう。

② **類似点と相違点に着目**

二つ目の文章や資料について、**本文との共通点と相違点**を探そう。

一番簡単なのは、**同じ単語が出てきていないか**をチェックすることである。また、**その同じ単語に対しての評価や感想、意見が違っていれば**、その**相違点が問題を解くカギとなることもある**。注意して読み進めよう。

たとえば、設問なら、本文と問三の会話と和歌などの資料に出てくる同じ単語は「柳」と「桜」である。

本文と資料それぞれにおいて、「柳」と「桜」にどのような評価を与えているのかを確認してみよう。

問一　本文の内容と合致するものを、次の**ア**〜**エ**から一つ選び、記号で答えなさい。［　　］

ア　笠を持っていない旅人が、笠の代わりに柳の枝を手に持って歩く姿は趣があって美しい。

イ　柳は、冬の小雨の中や、雪の積もった風景の中にあっても趣があって美しい。

ウ　花が散ったあとの桜の青葉が、枝で風になびいている様子も一段と美しい。

エ　桜は満開のときが美しいが、雨が降る中で花びらが散っている様子も一段と美しい。

問二　――線「また来る春をたのむもはかなし」とあるが、何をむなしいといっているのか。「〜のに、〜しまうこと。」という形式で答えなさい。

［　　　　のに、　　　　しまうこと。］

問三　重要　島内さんの班では、国語の時間に読んだこの文章の内容を踏まえて、卒業記念樹として植えるのは、柳と桜のどちらの木がよいかを提案するための話し合いを行った。次の**【生徒の会話】**はそのときのもので、**【ノート】**は、島内さんが調べた内容を書いたものである。また、**【下書き】**は、島内さんが班で話し合った結果を提案するために下書きしたものである。［A］に柳か桜のどちらか一つの木の名前を書き、［B］・［C］に入るものとして適当な表現を、**【ノート】**と本文の内容を踏まえて答えなさい。

本文と資料で同じ単語についてどちらもほめているとすれば、そこが共通点（類似点）となる。しかし、本文と資料それぞれで、同じ単語についての表現やほめるときの条件などが異なっていれば、そこが相違点となる。

● 意見論述

意見を述べるときに注意しなければならないのは**「根拠（理由）」を明らかにすること**である。

単に感想を述べるのであれば「私が思ったから」で済ませてしまうことができるが、意見を述べる場合は「なぜか」ということを説明し、明らかにしなければならない。

● 一つの立場を選ぶ論述

設問では、「桜」か「柳」を選んで意見を述べるが、どちらを選ぶにせよなぜ自分がそちらを選んだのかを明らかにしなければならない。

このように、複数の立場のうち一つを選んで意見を論述する問題を解くときは、**それぞれの立場の相違点を整理**してみよう。そして、**相違点にあたる内容を軸に書く**と、わかりやすい論述になる。

設問の場合、**【ノート】**の「『市の木』に選んだ理由」を読んで、豊岡市と小城市のうち、自分がより賛同できるほうの理由を踏まえて書けばよい。

豊岡市の理由に賛同したなら「柳」、小

【生徒の会話】

島内　この文章を読むと、柳と桜に対する見方の違いが分かるね。卒業記念樹は、僕たち卒業生から在校生へのメッセージを込めて決めたいよね。決めるための参考になると思って、柳と桜が詠《よ》まれている和歌と、「市の木」として柳や桜を採用している市のウェブページで、「市の木」に採用した理由も調べてみたよ。

坂倉　ありがとう。文章の内容と【ノート】とを参考にしながら一緒に考えよう。今年の卒業記念樹は中庭に植えるんだよね。中庭には花壇とベンチがあるね。木の種類だけでなく、在校生が見る景色も考えながら決めたいね。

中田　私もそう思うわ。教室からも中庭が見えるよね。後輩たちが中庭を見て、どんな気持ちになる場所だったらよいかを考えながら選ぼうよ。

島内　文章の内容と僕のノートを見ながら、柳と桜のどちらを植えたらよいかを一緒に考えてみよう。

【ノート】

新古今和歌集より

うちなびき春は来にけり青柳《あをやぎ》の陰ふむ道に人のやすらふ　藤原高遠

〈現代語訳〉
春は来たのだなあ。青柳が茂って木陰を作っている道に、人が立ち止まって休んでいることよ。

桜咲く遠山鳥のしだり尾のながながし日もあかぬ色かな　後鳥羽《ごとば》上皇

〈現代語訳〉
桜の咲いている遠山の眺めは、長い長い春の日にも、見飽きない美しさであることよ。

城市に賛同したなら「桜」を選んで書こう。

● 出題の傾向

設問では、「桜」でも「柳」でも、どちらを選んでも正解となる。ただし、それぞれの特徴とどのような点がよいのかを踏まえてその理由を明らかにして答案を書くことが求められている。

このように、**正解が二つ以上あり、出した解答とその理由との因果関係が採点基準となる問題**は今後増加していくと思われる。こうした問題を攻略するためには、機械的に模範解答を覚える学習ではなく、なぜその解答になるのかを意識して学習していくことが必要となる。

その上で、他の解答への道筋があるのではないかを探してみる取り組みも求められるだろう。

とはいえ、模範解答以外のほかの解答の可能性を模索するのは、慣れないうちは大変かもしれない。まずは、解答を導く段階で、共通点や相違点などの**解答の根拠となる情報を整理する習慣**をつけておこう。

整理した情報の組み合わせを工夫することで、新たな解答を思いつけるようになるだろう。

柳や桜を「市の木」に選んだ理由

豊岡市《とよおかし》（兵庫県）…しなやかで耐久力のある柳は、倒れても埋もれても再び芽を出すたくましい生命力を持ちます。雪の多い豊岡で、低湿地にもしっかりと根を張る柳は、豊岡市にとって最もふさわしい木と言えます。

小城市《おぎし》（佐賀県）…市内に日本さくら名所百選の選定された「小城公園」があり、県内有数の桜の名所として多くの観光客で賑わう。「力強さや生命力」、「優しさや美しさ」を感じる木として市民にも広く親しまれ、また、全国にシンボルとしてアピールできる木である。

【下書き】

選んだ木の名前…［A］

選んだ理由…［A］の木を選んだ理由は、後輩たちに［B］というメッセージを伝え、中庭が［C］場所であってほしいからです。

A ［　　　］

B ［　　　］

C ［　　　］

39 【内容吟味】

次の【A】・【B】の古文を読んで、あとの問いに答えなさい。

【A】

天皇《すめらみこと》、豊国《とよくに》の直等《あたひら》が祖《おや》菟名手《うなで》に詔《みことのり》したまひて（豊国に住む直という人達の祖先である菟名手にご命令なさって）、豊の国を治めしめたまひしに（統治させなさったところ）、（菟名手は）豊前《とよくにのみちのくち》の国、仲津《なかつ》の郡《こほり》中臣《なかとみ》の村に往《ゆ》き到《いた》りき（到着した）。時に、日暮れて宿りき。明くる日の曙《あけぼの》に、忽《たちま》ちに（突然）白き鳥あり。北より飛び来《きた》りて、この村に翔《かけ》り集ひき。菟名手、すなはち僕者《やっこ》に勒《おほ》せて（そこで部下に命じて）その鳥を看《み》しむるに（観察させたところ）、鳥、餅《もちひ》（もち）となる。片時《しまし》の間《ほど》に、更《また》、芋草《いへついも》数千《いくち》株《もと》となりて（あっという間に、さらに、数千株の里芋に変わって）花葉ことごとに栄えき。

（『豊後国風土記《ぶんごのくにふどき》』）

【B】

広き野のある所に、大分の郡にすむ人、その野に来りて、家作り、田作りて住みけり。ありつきて（住み着いて）家富み、たのしかりけり（裕福な暮らしをした）。酒のみあそびけるに、とりあへず（だしぬけに）弓を射けるに、的の無かりけるにや（的が無かったからだろうか）、餅をくくりて（もちをくくりつけて）、的にして射けるほどに、その餅白き鳥になりて飛び去りにけり。それより後、次第におとろへて、まどひ失《う》せにけり（途方に暮れて死んでしまった）。

（『塵袋《ちりぶくろ》』）

ガイド

設問の本文【A】・【B】と【資料】から読み取れる情報を整理してみよう。

● 本文【A】と【B】の比較

① **共通点は？**

本文【A】と【B】で、「鳥」と「餅」という共通の単語を見つけることができる。

② **相違点は？**

決定的に違うのは**「鳥」と「餅」の変化の順序**である。【A】では鳥が餅になったが、【B】では餅が鳥になった。まずはこの相違点を読み取っておきたい。

次に違うのは**「数千株の里芋」の有無**である。本文【A】では、餅が数千株の里芋になり栄えた(豊かになった)という内容である。

つまり、**本文【A】はよい結果になった**話が書かれている。

しかし、**本文【B】は悪い結果になった**話である。このことをつかめれば、本文【A】との相違点をしっかり理解できるだろう。

また、本文【B】は、食べ物である餅を粗末に扱った結果不幸を招いたという内容でもある。その点もしっかり読み取ろう。

● 本文【A】と【資料】の比較

① **共通点は？**

本文【A】と【資料】で、「鳥」という共通の単語を見つけることができる。本文

問一 重要 ——線「芋草《いへついも》数千株《いくちもと》となりて花葉ことごとに栄えき」とあるが、【A】の古文の結末がこのようになった経緯を、あとの【資料】を根拠として、次のように説明した。□にあてはまる言葉を、【資料】の言葉を使って、二十一字以上二十五字以内で書きなさい。

渡り鳥が□作物がよく育った。

【資料】

稲刈りの終わったころから翌年の春まで、日本には多数の渡り鳥が飛来して大量のフンを田畑に残した。渡り鳥のフンは多くの養分を含むため作物の増収効果は著しく、そのため古代農民は渡り鳥を崇《あが》めるようになる。これが白鳥《しらとり》信仰の源であろう。しかし、後になって、農民たちが渡り鳥を狩猟して食用とすることを覚えると、渡り鳥が減少をはじめる。このあたりの経緯を物語は伝えているのではないだろうか。

（小野信一《おのしんいち》『朝日《あさひ》長者《ちょうじゃ》伝説と土壌肥料学』の文章を基に作成）

問二 【B】の古文の内容に関連の深い四字熟語として適当なものを、次のア～エから一つ選び、記号で答えなさい。〔　　〕

ア 因果応報
イ 一石二鳥
ウ 起死回生
エ 我田引水

【A】でいう「餅」や「里芋」は、【資料】では「作物」と言い換えられている。

② **相違点は？**

本文【A】の、鳥が餅になり、さらに里芋になるなどという内容は、実際にはありえないことである。この記述について、**科学的な異なる視点で考察したのが【資料】**であるといえる。【資料】では、本文【A】の記述は、「渡り鳥」がもたらす「作物の増収効果」のたとえではないかと考察している。

● **本文【B】と【資料】の比較**

① **共通点は？**

本文【B】と【資料】で、「鳥」という共通の単語を見つけることができる。本文【B】でいう「餅」は、【資料】では「作物」と言い換えられている。

② **相違点は？**

本文【B】の、餅を的にして弓矢で射ると鳥になるなどという内容は、実際にはありえないことである。この記述について、**科学的な異なる視点で考察したのが【資料】**であるといえる。【資料】では、本文【B】の記述は、「渡り鳥」を「狩猟して食用とする」ことによる渡り鳥の減少のたとえではないかと考察している。

問三　【A】・【B】の古文の内容を説明したものとして適当なものを、次のア～エから一つ選び、記号で答えなさい。　〔　　〕

ア【A】の文章では、白い鳥がもちに変化したことを菟名手《うなで》が偶然に目撃したことで、豊の国で権力を得たことが語られている。

イ【A】の文章では、白い鳥は純粋な心の象徴として描かれており、そうした心で農業に励むことの大切さが語られている。

ウ【B】の文章では、豊かさの象徴である白い鳥を捕獲して弓で射たために、栄華が失われてしまったことが語られている。

エ【B】の文章では、豊かさの象徴であるもちを思慮もなく弓で射たために、裕福な生活が失われてしまったことが語られている。

最高水準問題

解答 別冊 p.47

40 次の文章は『方丈記《ほうじょうき》』の一節である。これをもとに【資料Ⅰ】～【資料Ⅲ】を参考にして話し合った〈中学生の会話〉について、あとの問いに答えなさい。

（愛知・中京大中京高）

また、[*1]養和のころとか、久しくなりて覚えず《養和のころであったか、長い年月がたったので（正確には）記憶していないが》、二年があひだ、世の中飢渇して《食糧が乏しくて》、あさましきことはべりき《驚きあきれるようなことがありました》。或は春夏日照り、或は秋、大風、洪水など、よからぬ事どもうちつづきて、[*2]五穀ことごとくならず。むなしく春かへし《田畑を耕し》、夏植うるいとなみ《田植えの仕事》ありて、秋刈り、冬収むるぞめき《にぎわい》はなし。これによりて、国々の民、或は地をすてて[*3]境を出で、或は家を忘れて山に住む。さまざまの御祈りはじまりて、なべてならぬ《並み並みならぬ（特別な）》法ども行はるれど、さらにそのしるしなし《お祈りも行われるが、まったくその効果がない》。京のならひ《ならわし》、何わざにつけても《何事につけても》、みなもとは田舎をこそ頼めるに、絶えて上るものなければ、さ《そういつまでも》のみやは操もつくりあへん《世間体ばかりとりつくろっていられようか》。念じわびつつ《我慢できなくなって》、さまざまの財物かたはしより捨つるがごとくすれども《売ろうとしても》、さらに目見立つる人なし《誰も振り向いてくれない》。たまたま換ふるものは、金を軽くし、粟を重くす《金を軽く、穀物を重く考える》。乞食、路のほとりに多く、愁へ悲しむ声耳に満てり。

前の年、かくのごとく、からうじて暮れぬ《ようやく暮れた》。あくる年は、立ち直るべきかと思うほどに、あまりさへ、疫癘《えきれい》うちそひて、まさざまに、あとかたなし《そのうえ、流行病まで加わって、惨状はまさっていくばかりで良くなる形跡はまったくない》。世人みなけいしぬれば《飢えきってしまったので》、日を経つつきはまりゆくさま《切迫してゆく様子》、少水の魚のたとへにかなへり《わずかしかない水の中の魚のたとえにあてはまる》。はては笠うち着、足ひきつつみ《きちんと笠をかぶり、足をおおうものをつけた》、よろしき姿したる者《相当な身なりをしているもの》、ひたすらに家ごとに乞ひ歩く。かくわびしれたるものども《このように困り果ててぼけたようになった人たちが》、歩くかと見れば、すなはち倒れ伏しぬ。築地《ついじ》のつら《土塀沿いに》、道のほとりに、飢ゑ死ぬる者のたぐひ、数も知らず。取り捨つるわざ《片付ける方法》も知らねば、くさき香《死臭》世界に満ち満ちて、変りゆくかたちありさま、目もあてられぬ事多かり。いはむや《まして》、[*4]河原などには、馬、車の行き交ふ道だに《さえ》なし。（中略）

またいとあはれなる事もはべりき。さりがたき妻をとこ《離れられない妻や夫》持ちたる者は、その思ひまさりて深き者、必ず、先立ちて死ぬ。その故は、わが身は次にして、人をいたはしく思ふあひだに《相手のことをかわいそうに思うので》、稀々《たまに》得たる食ひ物をも、かれに譲るによりてなり。されば、親子ある者は、定まれる事にて《決まって》、親ぞ先立ちける。また、母の命尽きたるを知らずして、いとけなき子（幼い子がなおも）のなほ乳を吸ひつつ臥せるなどもありけり。

＊5仁和寺《にんなじ》に＊6隆暁《りゅうげう》法印といふ人、かくしつつ（このように）数も知らず死ぬる事を悲しみて、その首の見ゆるごとに＊7額に阿字を書きて、縁を結ばしむるわざをなんせられける（仏縁を結んで成仏させることをなさった）。人数を知らむとて、四五両月（四月から五月にかけて）を数へたりければ、京のうち一条よりは南、九条より北、京極よりは西、朱雀よりは東の路のほとりなる頭、すべて四万二千三百余りなんありける。いはむや、その前後（この二か月の前や後に）に死ぬる者多く、また、河原、白河、西の京、もろもろの辺地（へんぴな土地）などを加へていはば、際限もあるべからず、いかにいはんや、七道諸国をや（ましてや、日本全土ではなおさらである）。

（『方丈記』）

＊1　養和のころ＝一一八一年、養和と改元。
＊2　五穀＝重要な穀物の意。米・麦・粟・きび・豆など。
＊3　境＝国・村などの境。
＊4　河原＝鴨川の河原。
＊5　仁和寺《にんなじ》＝京都市右京区御室にある真言宗御室派の総本山。
＊6　隆暁《りゅうげう》法印＝源俊隆の子。大僧正寛暁の弟子。
＊7　額に阿字～＝阿字は一切の根源として尊ばれ、これを死者の額に記すことで成仏できるとされた。

〈中学生の会話〉

高橋　四万二千三百人以上の死者が出たなんて、今考えてもすごく多いよね。
田中　当時の日本の人口は、えーと、八百万人くらいかな…。
高橋　『方丈記』が書かれたのは、［ A ］時代だよね？　だからその時代を見たらわかるよね……。
田中　でも、この話は養和のころで、語注では一一八一年とあるから、その年のデータを見ないといけないよ。
高橋　そっか。じゃあ、八百万人くらいだね。資料を見るときはきちんと年代を確認しないといけないね。
木村　全人口の〇・五三％が亡くなったのか。現代の日本の人口は一億二千六百万人だから、同じ割合で考えると……。えっ？　今だったら六十六万七千八百人くらいが亡くなったってこと？
鈴木　しかも四万二千三百人っていうのは、【資料Ⅱ】でいうと、当時の平安京の［ B ］だけの数字だよね。それ以外の地域の死者を加えるといったい何人になるのかな。
木村　それに、この人数はたったの二か月分だと書かれているよ。これが二年間続いたとも書いてあるから、とても悲惨な状況だと推測できるね。
鈴木　土塀沿いや鴨川の河原を馬や車が通れない理由は、［ C ］とあるね。
田中　人々が自分の国や村などの境を出て、他国や他郷に放浪したのは［ D ］という理由だと書かれているね。
高橋　自分の家を捨ててしまうなんてよっぽどのことだったろうね。政治家は一体何をしていたんだろう。

田中　当時の政治家が行った対策は［E］と書かれているね。科学的根拠に欠けるように感じるな。
鈴木　昔は、大変なことが起こると、仏教の末世だからと考えていたんだよ。
高橋　今以上に自分の身は自分で守るしかなかったんだね。
鈴木　だから、家財を売ろうとしたみたいだけど、そもそも食料がないんだからどうしようもないよね。
田中　でもそんなつらい状況の中でも「あはれなる事」もあったらしいよ。
鈴木　「あはれ」って［F］という意味の古語だね。
高橋　「親子だったら必ず親の方が先に死んじゃう」っていうところだよね。それはやっぱり［G］からだとあるね。これは現代にも通じることだよ。読んでいて泣きそうになっちゃった。
田中　だから、隆暁法印のような行いをすることにとても価値があったっていうことか。
木村　**【資料Ⅲ】**のこれが「阿字」か。現代でも、コロナ禍のとき、アイヌの魔除《まよ》けの紋様のついたマスクをしている政治家もいたね。科学的根拠はないけど、こういうものに頼りたくなる気持ちはとってもわかるなあ。
鈴木　『方丈記』という随筆は無常観がテーマだと習ったけれど、自然に対する人間の無力さは現代に通じるね。
木村　そうだね、現代の私たちと受け取り方が違う部分もあるけれど、八百年も前の記録を残した筆者の［H］は偉大で、『方丈記』はとても価値ある書物だと思うよ。現代の出来事をきちんと記録して後世に残すことは価値のあることなんだね。

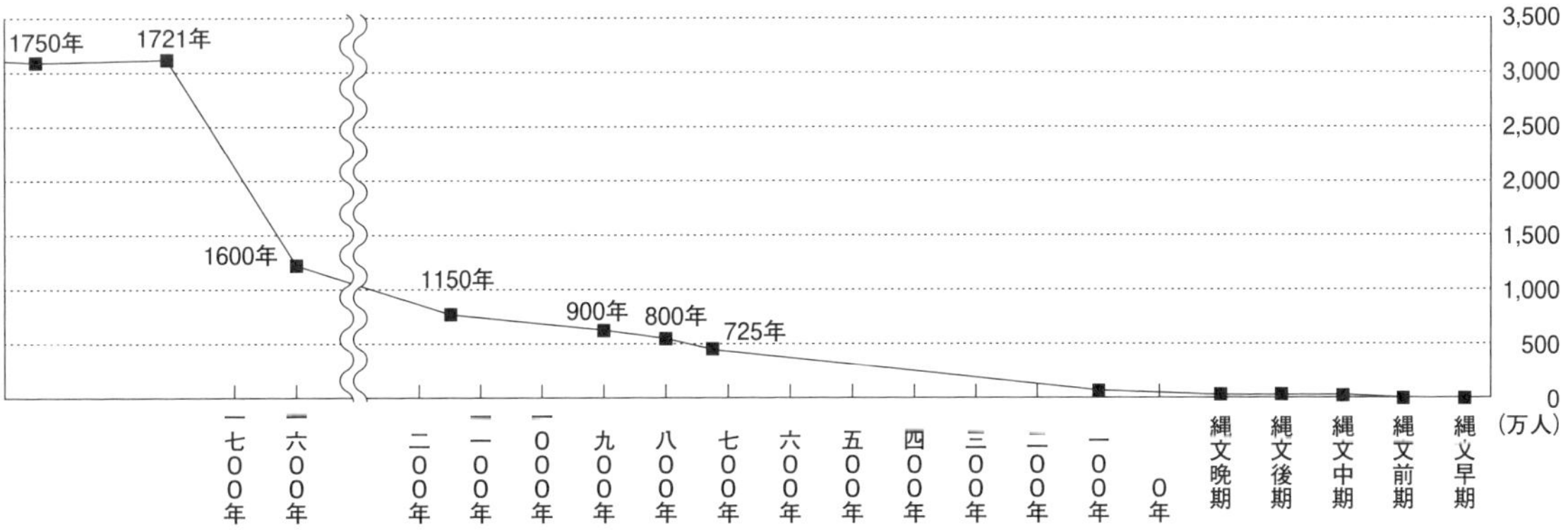

【資料Ⅰ】「人口の推移（推定）」ただし北海道（江戸以前）と沖縄は含まれていない

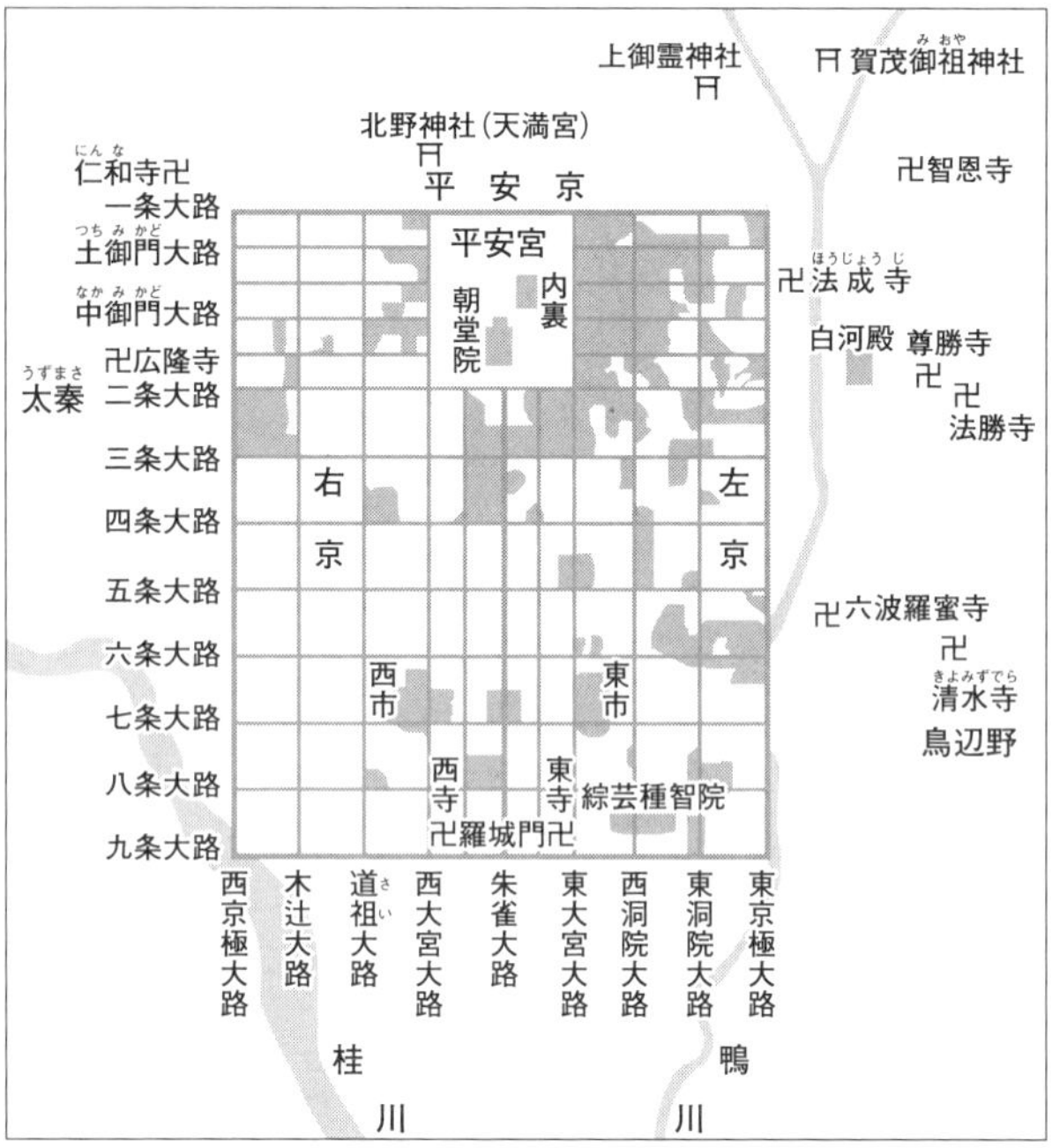

【資料Ⅱ】「平安京平面図」

【資料Ⅲ】「阿字」

問一 難 〈中学生の会話〉の［A］～［G］に入る適当な言葉を、それぞれの選択肢の中から一つずつ選び、記号で答えなさい。

(1)　［A］

ア 奈良　イ 鎌倉　ウ 室町　エ 安土桃山　オ 江戸　［　　］

(2)　［B］

ア 東側　イ 西側　ウ 南側　エ 北側　［　　］

(3)　［C］

ア もともと河原には道が整備されていなかったから
イ 飢饉《ききん》による死人を正式に葬ることができず、仕方なく河原で弔い、仮の墓場としていたから
ウ 多くの病人が収容されているため、疫病に感染する危険性が高く、それを避けるため
エ 死者が片付けられずそのまま放置され、目も当てられない惨状だったから
オ 死者を弔うことなく放置していたので、疫病に感染するおそれがあったから
［　　］

(4)　［D］

ア 雨が降らなかったり、台風や洪水など良くないことが続いて、飢饉が起こったから
イ 天変地異で人々の生活が苦しいのに、相変わらず、税金は高かったから
ウ やむことのない戦乱で都が荒れ果てたので、都にやってくる人が全くいなくなったから
エ 亡くなった人がたくさんいたのにほったらかしにされるなど、秩序が失われてしまったから
オ 自分の住む地域で疫病が広がったので、感染しないように他国へ逃げようとしたから
［　　］

(5) E

ア 神や仏にひたすら頼り、特別なお祈りも一生懸命させた
イ 田舎から多くの米を寄進させるよう命令した
ウ 雨ごいをして、なんとか雨を降らせようとしたり、収穫祭を執り行ったりした
エ 取り急ぎ、家財を売り払って、米などと物々交換するように推奨した
オ 当時力を持ち始めた、関東地方の源氏一族を頼った

〔　　〕

(6) F

ア 心が浮き立つようなこと
イ 深く心が動かされること
ウ 希望の持てること
エ みじめなこと

〔　　〕

(7) G

ア 親は極楽浄土を信じているので、死ぬことがこわくない
イ 親の方が子どもより年老いている分、体力がない
ウ 親は子どもを守るため、日々体を張って戦っている
エ 子どもが親より先に死ぬのは仏教の定めでは罪となる
オ 親というものは自分より子どもの命を優先する

〔　　〕

問二 **〈中学生の会話〉**の H に入る人名を漢字で答えなさい。

〔　　〕

41

【文章Ⅰ】は『横笛草子《よこぶえぞうし》』、**【文章Ⅱ】**は『平家《へいけ》物語』の一部である。これを読んで、あとの問いに答えなさい。（千葉・市川高）

「横笛」という女性と恋仲であった「滝口」は、それを快く思わない父親から勘当されてしまった。その後、「滝口」は「横笛」の前から姿を消し、出家して嵯峨《さが》の往生院《おうじょういん》で仏道修行に励んでいた。一方、「横笛」は「滝口」の失踪を悲しんでいたが、「滝口」の居場所を知り、やっとのことでそこにたどり着くことができた。以下の文章は、どちらもそれに続く場面である。

【文章Ⅰ】

内より、下《しも》の僧を出《いだ》し、「いづくより」と問ひければ、「横笛と申す者にて候《さぶら》ふ。滝口殿にもの申さん」と申す。①横笛と聞くよりも、胸うち騒ぎ、障子の隙《ひま》より見給《たま》へば、裾《すそ》は露、袖は涙にしをれつつ、まことに、尋ねわびたるとうち見えて、柴《しば》の戸に立ち添ひて、しづしづとしたる有様《ありさま》なり。古《いにしへ》の有様に、なほまさりてぞおぼえける。見れば目もくれ、心も消え入るばかりなり。いづれを夢とも思ひ分かず、また思ふやうは、このうへは走り出で、変《かは》る姿を一目《ひとめ》見せばやとは思へども、心に心をひきとどめ、逢《あ》はぬ怨《うら》みはなかなかに、二度《ふたたび》ものを思はせん、無慙《むざん》や横笛が、三年《みとせ》ばかりの情《なさけ》をしのびて、尋ね来《きた》るこころざし、何に譬《たと》へん方もなく、袂《たもと》を顔におしあてて、泣くよりほかのことぞなき。下の僧申すやう、「この寺へは、女人《にょにん》の参らぬ所なり。そのうへ、滝口とやらんは、聞きもならはぬ人ぞかし。はやはや帰り給へ」とて、柴の編戸《あみど》をおし立てて、その後、音もせざりけり。②横笛、これを見給ひて、「情なの有様や、昔に変らで、今も契《ちぎ》らんと言はばこそ、変りし姿ただ一目見せさせ給へ」と、「*1時雨《しぐれ》に濡《ぬ》れぬ松だにも、また色変ることもあり、火の中《なか》水の底までも、変らじとこそ思ひしに、早くも変る心かな。ありし情をかけよと言はばこそ、みづからもともにさまを変へ、同じ*2庵室《あんじつ》に住居《すまゐ》して、御身は花を摘むならば、みづか

らは*3水を掬《むす》び、*4一つ蓮《はちす》の縁とならばやと思ひ、これまで尋ねて参り、*5夫妻は二世《にせ》の契りと聞きしかど、今生《こんじやう》の対面さへかなふまじきか、あさましや、親の不孝《ふけう》をかうぶりて、かやうにならせ給へば、みづからを深く怨みさせ給ふも理《ことわり》なり。思へばまた、みづからは、御身故《ゆゑ》に、深き思ひに沈み、たがひに思ひ深かるべし」と、涙を流し申すやう、「さても、古は、*6雲を動かす雷も、思ふ中をばよもさけじと、契りつる言の葉は、今のごとくに忘れず、*7睦言《むつごと》の袖の移《うつ》り香《が》は、今も変らずにほへども、いつの間にかは変りはて、③うたての滝口や」とて、声も惜しまず泣きければ、滝口、これを見て、あまり歎《なげ》くもいたはし、せめては声なりとも聞かせばやと思ひて、かくなん、

あづさ弓そるを怨みと思ふなよ　X まことの道に入るぞ嬉しき

（『横笛草子』）

【文章Ⅱ】

滝口入道むねうちさわぎ、障子のひまよりのぞいてみれば、まことに尋ねかねたるけしきいたはしうおぼえて、いかなる道心者《だうしんじや》も心よわくなりぬべし。やがて人を出して、「まッたく是《これ》にさる人なし。門《かど》たがへでぞあるらむ」とて、つひにあはでぞかへしける。横笛なさけなううらめしけれども、力なう涙をおさへて帰りけり。滝口入道、同《どう》宿《じゆく》の僧にあうて申しけるは、「是もよにしづかにて念仏の*8障碍《しやうげ》は候はねども、あかで別れし女に此住《このすま》ひを見えて候へば、たとひ一度は心強くとも、又もしたふ事あらば、心もはたらき候ひぬべし。暇《いとま》申して」とて、④嵯峨《さが》をば出でて高野《かうや》へのぼり、*9清浄心院《しやうじやうしんゐん》にぞ居たりける。横笛も様をかへたるよし聞えしかば、滝口入道一首の歌を送りけり。

そるまではうらみしかどもあづさ弓　Y まことの道にいるぞうれしき

（『平家物語』）

＊1　時雨《しぐれ》に濡《ぬ》れぬ松＝ここでは「色が変わらない松」の意。
＊2　庵室《あんじつ》＝僧や尼の住居のこと。
＊3　水を掬《むす》び＝ここでは「手で水をすくって」の意。
＊4　一つ蓮《はちす》の縁＝ともに極楽浄土に生まれ変わる縁。
＊5　夫妻は二世《にせ》の契り＝夫婦の契りは現世と来世の二世にわたる。
＊6　雲を動かす雷も、思ふ中をばよもさけじ＝雷のような人知を超えた力が作用しても、決して二人の仲を裂くことは出来ないだろう。
＊7　睦言《むつごと》の袖の移《うつ》り香《が》＝男女が寝室で愛し合い、言葉を交わした際に移った香のこと。
＊8　障碍《しやうげ》＝妨げとなるもののこと。
＊9　清浄心院《しやうじやうしんゐん》＝高野山にある寺院のこと。

問一　――線①「横笛と聞くよりも」とあるが、横笛の声を聞いたあとの滝口についての説明として適当でないものを、次のア～オから一つ選び、記号で答えなさい。　［　　］

ア　滝口は、涙を流しながらしょんぼりと立っている横笛の姿を見て、以前よりも横笛の容姿が美しくなっていると感じ、すぐにでも出て行って出家した今の姿を見せてやりたいと思った。

イ　滝口は、別れてから三年もの月日が経っているにもかかわらず、自分への愛情を失わずに尋ねて来てくれた横笛の深い愛情にひどく感動し、涙が溢《あふ》れてきてしまった。

ウ　滝口は、今ここで出て行って横笛と再会したら、再び別れの悲しみを味わわせることになってしまうので、会うわけにはいかないと考え、横笛との再会を断念した。

エ　滝口は、自分のことを探し回って尋ねて来てくれた横笛の姿を目《ま》の当たりにして動揺し、今の状況が夢か現実か区別がつかなくなってしまった。

オ 滝口は、姿を現そうとしない自分に泣きながら会いたいと訴える横笛の気持ちに応えてやりたいと思ったが、下の僧から「出て行ってはならない」と言われ、言葉を失ってしまった。

問二 ――線②「横笛、これを見給ひて」とあるが、ここで横笛が語った自身の心情の説明として適当なものを、次のア～オから二つ選び、記号で答えなさい。［　　・　　］

ア 昔のような恋仲に戻りたいとは言わないが、成長した姿を滝口に一目だけでも見てもらいたいと思っている。

イ 自分も出家して滝口と往生院《おうじょういん》で仏道修行に励み、来世もともに極楽浄土に生まれ変わりたいと思っている。

ウ 自分と恋仲になったことで父親に勘当されてしまったのだから、滝口が自分を恨むのも当然だと思っている。

エ 決して二人が別れることなどないという約束を破ったのだから、滝口には出て来て謝罪して欲しいと思っている。

オ 忘れられないほど辛《つら》い目に遭わされたのに、それでも滝口を愛《いと》おしく思ってしまう自分を情けないと思っている。

問三 ――線③「うたての滝口や」の意味として適当なものを、次のア～オから一つ選び、記号で答えなさい。［　　］

ア 気の毒な滝口様ですねえ　　イ 薄情な滝口様ですねえ

ウ 立派な滝口様ですねえ　　エ やさしい滝口様ですねえ

オ 不潔な滝口様ですねえ

問四 ――線④「嵯峨《さが》をば出でて高野《かうや》へのぼり」とあるが、滝口が嵯峨を出て高野山へと向かったのはなぜか。その説明として適当なものを、次のア～オから一つ選び、記号で答えなさい。［　　］

ア 他の僧に頼んで横笛を追い返してもらうことができたものの、横笛は執念深い性格なので、近日中にもう一度自分に会いにやって来るに違いないと思い、その前に往生院から姿を消してしまいたいと思ったから。

イ 今回は自ら横笛を説得して追い返すことができたものの、横笛に自分の居場所を知られてしまった以上、いつ再び横笛が来るか不安で、このまま往生院にいても集中して仏道修行に取り組むことなどできないと思ったから。

ウ 他の僧に頼んで横笛を追い返してもらうことができたものの、嫌いになって別れたわけでもないので、もし再び横笛が尋ねて来たら、その時は自分の気持ちもどうなってしまうかわからないと思ったから。

エ 今回は自ら横笛を説得して追い返すことができたものの、涙を堪《こら》えながら恨めしそうに帰っていく横笛の姿に同情したため、もし再び横笛が尋ねて来たら、その時は仏道修行を続けられないだろうと思ったから。

オ 他の僧に頼んで横笛を追い返してもらうことができたものの、久しぶりに見る横笛の美しい容姿に心を奪われたため、もし再び横笛が尋ねて来たら、その時は横笛への恋情を抑えきれないかもしれないと思ったから。

問五 難 〰〰線X「まことの道に入るぞ嬉しき」・Y「まことの道にいるぞうれしき」の内容に関する説明として適当なものを、次のア～オの中から一つ選び、記号で答えなさい。［　　］

ア X・Yともに滝口が自分の心情を詠《よ》んだもので、Xは「僧として往生院で仏道修行に励むことができて嬉しいのだ」という内容であるのに対し、Yは「横笛と仲直りし、今後はともに仏道修行に励みながら暮らせることが嬉しいのだ」という内容を表している。

イ　Xは滝口が自分の心情を詠んだもので、「横笛が出家するために往生院まで来てくれたことが嬉しいのだ」という内容であるのに対し、Yは横笛が自分の心情を詠んだもので、「自分も滝口同様に、出家することができて嬉しいのだ」という内容を表している。

ウ　X・Yともに滝口が自分の心情を詠んだもので、Xは「横笛に出家の素晴らしさを伝えることができて嬉しいのだ」という内容であるのに対し、Yは「横笛から逃れ、静かに清浄心院で仏道修行に励むことができるようになって嬉しいのだ」という内容を表している。

エ　Xは滝口が自身の心情を詠んだもので、「横笛に出家の素晴らしさを理解してもらえたことが嬉しいのだ」という内容であるのに対し、Yは横笛が自分の心情を詠んだもので、「滝口から出家しないかと誘ってもらえたことが嬉しいのだ」という内容を表している。

オ　X・Yともに滝口が自分の心情を詠んだもので、Xは「出家して仏道修行に励むことができて嬉しいのだ」という内容であるのに対し、Yは「横笛が自分と同じように出家し、仏道修行に励むという話を聞いて嬉しいのだ」という内容を表している。

解答の方針

問四　横笛の来訪がそもそものきっかけである。

問五　X・Yの共通点と相違点の把握が求められている。それぞれの上の句の相違点（Xは「怨みと思ふなよ」、Yは「うらみしかども」）と、横笛の行動の相違点に注目したい。

42　次の文章を読んで、あとの問いに答えなさい。（秋田県）

ある時、鷲《わし》、「蝸牛《かたつぶり》を食らはばや《食べたい》」と思ひけれども、①いかんともせん事を知らず。a思ひ煩ふ処《ところ》に、烏《からす》、傍《かたはら》より進み出て申しけるは、「この蝸牛、亡さん事、いとやすき事にて侍《はべ》る。我が申すやうにし給《たま》ひて後、我にその半分を与へ給はば、教へ奉《たてまつ》らん」とbいふ。鷲、うけがふ《同意して》て、その故《方法》をc問ふに、烏申すやう、「蝸牛を高き所より落し給はば、その殻、忽《たちま》ちに砕けなん」といふ。則《すなは》ち、②教へのやうにしければ、案《烏》の如《ごと》く《の提案通りに》、たやすくd取つて、これを食ふ。

その如く《このように》、たとひ権門高家《権力があり身分が高い家柄》の人なりとも、我が心を恣《ほしいまま》に《思うがままに》せず、智者の教へに従ふべし。その故は、鷲と烏を比べんに、その徳《備えた能力》、などかは勝るべきなれども、蝸牛の技におゐては、烏、最もこれを得たる。事《物事》にふれて《に応じて》、事毎《ことごと》に人に問ふべし。

（『伊《い》曾《そ》保《ほ》物語《ものがたり》』）

問一　〰〰線a〜dのうち、主語が異なるものを一つ選び、記号で答えなさい。［　　］

問二 ——線①「いかんともせん事を知らず」とあるが、何を知らなかったのか。その説明として適当なものを、次のア〜エから一つ選び、記号で答えなさい。

ア 蝸牛《かたつぶり》の中身の取り出し方　　イ 蝸牛を見つけ出す方法

ウ 蝸牛がたくさんいる場所　　エ 蝸牛が食料になること

［　　　］

問三 ——線②「教へ」とあるが、その具体的な内容を、「烏《からす》からの、」に続けて、「という教え」に続くように、二十字以内で答えなさい。

烏からの、［　　　　　　　　　　　　　　　　　　　　］という教え

問四 難 次の会話文は、本文の内容について、**授業で学習した漢文**と比較している生徒A・B・Cの会話である。これを読んで、あとの問いに答えなさい。

授業で学習した漢文

【書き下し文】

騏驥驊騮《ききかりゅう》は一日にして千里を馳《は》するも、

足の速い名馬

鼠《ねずみ》を捕ふるは狸狌《りせい》に如《し》かずとは、技を殊《こと》にするを言へるなり。

猫やイタチには及ばない

（『荘子』）

A 本文の「智者」は、「智恵《ちえ》がある者」という意味だよね。

B 「智者」に当たる動物は、［Ⅰ］だね。能力では劣るようにみえるけれど、鼠を捕るのが上手な狸狌と似ているよ。

C お互いに違った技能をもっているということなんだね。このことを、漢文では［Ⅱ］と書いているよ。

A 国や時代が違っても、共通するテーマがあって興味深いね。

B 本文には、「智者」の教えに従うのがよいとも書かれているよ。そのためには、自分の力で何でもできると思わずに、それぞれの分野の［Ⅲ］ことが大切なんだね。

C これからの生活に役立ちそうな教訓だね。

(1) ［Ⅰ］に入る適当な語句を、本文中から漢字一字で抜き出して答えなさい。

［　］

(2) ［Ⅱ］に入る適当な内容を、**【書き下し文】**の中から六字で抜き出して答えなさい。

［　　　　　　］

(3) ［Ⅲ］に入る適当な内容を、十字以内で書きなさい。

［　　　　　　　　　　］

第1回 実力テスト

時間 30分
目標 35点
得点　／50

▼解答→別冊p.53

1 次の文章は、信濃国《しなののくに》（現在の長野県）松代藩《まつしろはん》の家老であった恩《おん》田《だ》木工《もく》の事績を記したものである。これを読んで、あとの問いに答えなさい。

（兵庫・灘高）

先だつて、「慰《なぐさ》み[*1]に致す分は博奕《ばくえき》[*2]にても苦しからず」と御領内の者どもへ申し触れられ候《さふら》ふ故、常々商売に致す者ども、①旗の揚げ時と心得、所々にて盛んに博奕繁昌《はんじやう》せしかば、おびたたしく身代《しんだい》を潰《つぶ》す者ありしかば、②またまた御触《おふれ》[*3]には、「慰みの博奕に負け、難儀に及び候ふ者は、御救ひ下され候ふあひだ、遠慮なく真直《まつすぐ》に訴へ出づべし」と、御領分中へ触《ふ》れまはりしかば、所々より難儀なる者ども願ひ出で候ふにつき、御吟味の上、「誰々《たれたれ》を相手にして慰み致し候ふや。」と御尋ねこれある故、元来御免の事なれば、陳ずる[*4]事なく、その相手を、負け候ふ者より勝ち候ふ者どもを、いちいち申し立てしかば、木工殿《もくどの》承り、勝ち候ふ者どもへ申し渡され候ふは、「何月何日までに、右の勝金きつと返済致すべし。」と申し渡され候へば、皆々「その儀は迷惑至極に存じ奉り候ふあひだ、御免下さるべし。」と相願ひ候へば、「しからば、その方どもは博奕を商売に致し候ふや。先だつても申し渡し置き候ふ通り、商売に致す博奕は天下の御法度《ごはっと》[*5]なれば、相背き候ふ者これあるにおいては、きつと曲事《くせごと》[*6]申しつくべく候ふ。これによつて、その方どもは、定めて慰みに致し候ふことなるべし。」③「なるほど、慰みにつかまつり候ふ。」「しからば、商売にせし事ならば格別、慰みにして人の身代を潰させるといふことはあるまじきことなり。これによつて、④右勝ち候ふ者どもより、きつと返済致すべく候ふ。もし遅滞に及び候はば、きつと曲事申しつくべし。」と申し渡し候ふにつき、⑤「かしこまり奉り候ふ。」と御請《おう》け申し上げ、右の金子、負け候ふ者の方へ相渡し候ふ故、負け候ふ者は一文《いちもん》も損失なしに受け取り、勝ち候ふ者どもは、その席にて遣《つか》ひ捨《す》て候ふ分は不足に相成り、よんどころなく借金致し、負け候ふ者方へ相払ひ候へば、勝ち候ふ者の方が却《かへ》つて損金に相成り候へば、その後は、慰みにも博奕致し候ふ者は勿論《もちろん》、紙一枚にても賭けの勝負致し候ふ者一人もこれなく、制せずしておのづから御領分博奕止めに相成り候ふとかや。

（『日暮《ひぐらし》硯《すずり》』）

＊1　慰み＝娯楽。
＊2　博奕《ばくえき》＝賭け事。賭博《とばく》。
＊3　御触《おふれ》＝藩の法令の布告。
＊4　陳ずる事＝ごまかしをいうこと。
＊5　天下の御法度《ごはっと》＝幕府の禁制。
＊6　曲事《くせごと》＝処罰。

問一　――線①「旗の揚げ時」とはどういうことか、説明しなさい。（3点）

［　　　　　　　　　　］

問二　――線②「またまた御触《おふれ》には」とあるが、この「御触」とはどのような内容か、答えなさい。（3点）

［　　　　　　　　　　］

問三　――線③「なるほど、慰みにつかまつり候ふ」について、

A　だれが、だれに答えた言葉か、答えなさい。（3点）

［　　　　　　　　　　］

B　「慰みにつかまつり候ふ」と答えたのはなぜか、説明しなさい。（3点）

［　　　　］

問四　――線④「右勝ち候ふ者どもより、きつと返済致すべく候ふ」とあるが、「勝ち候ふ者」が「返済」するべき理由を答えなさい。（3点）

［　　　　］

問五　――線⑤「かしこまり奉り候ふ」と答えた者がこの時思っていたことを、次のア～オから一つ選び、記号で答えなさい。（3点）［　　］

ア　恩田木工《おんだもく》の一定しない裁定に、戸惑いながらも従おうと思っている。

イ　恩田木工の温情ある申し渡しに、喜んで受け入れようと思っている。

ウ　恩田木工の厳しい申し渡しに、受け入れざるをえないと思っている。

エ　恩田木工の道理にかなった裁定に敬服し、受け入れようと思っている。

オ　恩田木工の理不尽な申し渡しに、受け入れを拒否しようと思っている。

問六　恩田木工の法令の布告が優れている点を具体的に答えなさい。（4点）

［　　　　］

2　次の【甲】・【乙】の文章を読んで、あとの問いに答えなさい。

（福岡・久留米大附設高）

【甲】

今は昔、*1小野篁《おののたかむら》といふ人おはしけり。嵯峨《さが》帝の御時に、a内裏に札を立てたりけるに、「無悪善」と書きたりけり。帝、篁に、「読め」と仰せられたりければ、「読みは読み候ひなん。されど恐れにて候へば、①え申し候はじ」と奏しければ、「ただ申せ」とたびたび仰せられければ、「［A］なくてよからんと申して候ふぞ。されば君を呪ひ参らせて候ふなり」と申しければ、「おのれ放ちては誰か書かん」と仰せられければ、「さればこそ、申し候はじとは申して②候ひつ」と申すに、御門、「さて何も書きたらん物は読みてんや」と仰せられければ、「何にても読み候ひなん」と申しければ、*2片仮名の子文字を十二書かせて給ひて、「読め」と仰せられければ、「③ねこの子こねこ、［B］」と読みたりければ、御門b微笑ませ給ひて、事なくてやみにけり。

（『宇《う》治拾遺《じしゅうい》物語』）

【乙】

嵯峨帝の御時、「無悪善」と書きける*3落書ありけり。*4野相公に見せらるるに、「［A］なくてよし」とよめり。「悪」は「［A］」といふよみのあるゆゑ、帝の御気色悪しくて、「さては臣が所為か」と仰せられければ、「かやうの御疑ひ侍るには、智臣、朝にすすみがたくや」と申しければ、帝、

一伏三仰不来待

書暗降雨恋筒寝

と書かせ給ひて、「これをよめ」とて、たまはせけり。

月夜には来［C］人待たる

かきくらし雨も降らなむ恋ひつつも寝む

とよめりければ、御気色直りにけりとなむ。

「落とし文は読むところにとがあり」といふこと、④これより始まるとかや。童べの打つむきさい*5といふものに、「一つ伏して、三つ仰げる」を、「月夜」といふなり。

（『十訓抄《じっきんしょう》』）

＊1 小野篁《おののたかむら》＝平安時代初期の漢学者、歌人。
＊2 片仮名の子文字＝平安時代初期、片仮名の「ネ」に「子」を用いた。
＊3 落書＝政治や社会を風刺する匿名の文書。
＊4 野相公＝小野篁のこと。
＊5 むきさい＝当時の遊戯の一種。四本の細長いさじを投げてその表裏の数で駒を進めて遊ぶ。

問一 〰線a「内裏」・b「微笑」のここでの読みを、歴史的仮名遣いに直し、すべて平仮名で書きなさい。（各1点 計2点）

a［　　］　b［　　］

問二 ――線①「え申し候はじ」について、

(1) 現代語訳として適当なものを、次の**ア**〜**オ**から一つ選び、記号で答えなさい。（3点）［　　］

ア きっと申し上げないでしょう　**イ** 申し上げるわけがありません
ウ 申し上げることはできません　**エ** おそらく申し上げるでしょう
オ もう申し上げてしまいました

(2) なぜそう言ったのか。理由を簡潔に答えなさい。（3点）

［　　　　から］

問三 ――線②「つ」を文法的に正しく改めたものとして適当なものを、次の**ア**〜**オ**から一つ選び、記号で答えなさい。（2点）［　　］

ア て　**イ** つら　**ウ** つり　**エ** つる　**オ** つれ

問四 [A]〜[C]に入る適当な語句を、それぞれ平仮名で答えなさい。[A]は二文字、[B]は七文字、[C]は一文字で答えること。（各2点 計6点）

A［□□］　B［□□□□□□□］　C［□］

問五 ――線③「事なくてやみにけり」とはどういうことか。「こと」に続くように、簡潔に説明しなさい。（3点）

［　　　　こと］

問六 ――線④「これより始まるとかや」とあるが、「これ」が指すこととして適当なものを、次の**ア**〜**オ**から一つ選び、記号で答えなさい。（3点）［　　］

ア 小野篁《おののたかむら》は嵯峨帝を批判した落書を読み、罰せられそうになった。
イ 小野篁は嵯峨帝を批判した落書を書いた張本人として罰せられた。
ウ 小野篁は嵯峨帝を批判した落書を解読し、厚遇された。
エ 小野篁は嵯峨帝を批判した落書を書いたが、罰せられなかった。
オ 小野篁は嵯峨帝を批判した落書の漢詩を読み解き、称賛された。

問七 【甲】・【乙】各話の内容は、「小野篁」という人物のどのようなことを伝えているか。その共通点と相違点を簡潔に説明しなさい。（各3点 計6点）

共通点［　　　　］

相違点［　　　　］

2

漢文の読解

1 漢文

標準問題

解答 別冊 p.57

43 **〔内容吟味・古典知識・条件作文〕**
次の文章を読んで、あとの問いに答えなさい。

〔これは、漢の国の役人であった華歆《かきん》と王朗《おうろう》が、戦乱から逃れようとしているときの話である。〕

華歆・王朗倶《とも》に船に乗りて難を避く。一人依附*1せんと欲するもの有り。歆すなはち*2之を難《はば》*3む。①朗曰はく、幸ひに尚ほ広し、何為《す》れぞ可ならざらんと。後、賊追ひて至るに②王携へし所の人を捨てんと欲す。歆曰はく、本疑*4ひし所以《ゆゑん》は、正に此《これ》が為のみ。既已《すで》に其の自託*5を納《い》る、寧《な》んぞ急を以て相棄つべけんやと。遂に携拯《けいじょう》*6すること初めの如し。③世此を以て華・王の優劣を定む。

（劉義慶《りゅうぎけい》『世説新語《せせつしんご》』）

＊1 依附せんと欲する＝連れて行ってほしいと頼む。
＊2 すなはち＝ひたすらに。
＊3 難《はば》む＝断る。
＊4 疑ひし＝ためらった。
＊5 自託を納《い》る＝頼みを引き受ける。
＊6 携拯《けいじょう》する＝連れて行って助ける。

ガイド

● 漢文の特徴

① 英語に近い文法
日本語の文は「主語＋目的語＋述語（動詞）」という形だが、英語の文は**「主語＋述語（動詞）＋目的語」**という形をとる。

漢文の文の形は、英語と同様の順になる。漢文を読むとき、漢字に返り点をつけるのは、日本語として読むにあたって、述語と目的語を入れ替える必要があったためである。

漢文の**書き下し文は、述語と目的語の入れ替えを行って送り仮名をつけたもの**なので、古文と同じように読めばよい。

② 読みや意味が複数ある漢字
漢文では、**文中の位置や品詞が違うと、同じ漢字なのに読みも意味も違ってくる**ことがある。

たとえば、「若」という字は「なんぢ」と読んで「あなた」という意味になることもあれば、「もし」と読んで仮定を表すこともある。

このような字はいわゆる**句形**によって判断できることも多い。多くの漢文に触れて、経験的に慣れていくのがよいだろう。

問一 ——線①「郎曰はく」とあるが、このときの王朗《おうろう》の言葉を本文より抜き出し、最後の三字を答えなさい。

□□□

問二 ——線②「王携へし所の人を捨てんと欲す」とあるが、このように読むことができる漢文として適当なものを、次の**ア**～**エ**から一つ選び、記号で答えなさい。

ア 王欲捨レ所レ携人
イ 王欲レ捨二所レ携人一
ウ 王レ欲捨二所携人一
エ 王欲レ捨二所携人一

［　　］

問三 ある生徒が華歆《かきん》と王朗《おうろう》の行動を次のようにまとめた。［Ⅰ］～［Ⅳ］にあてはまる言葉の組み合わせとして適当なものを、あとの**ア**～**エ**から一つ選び、記号で答えなさい。

［　　］

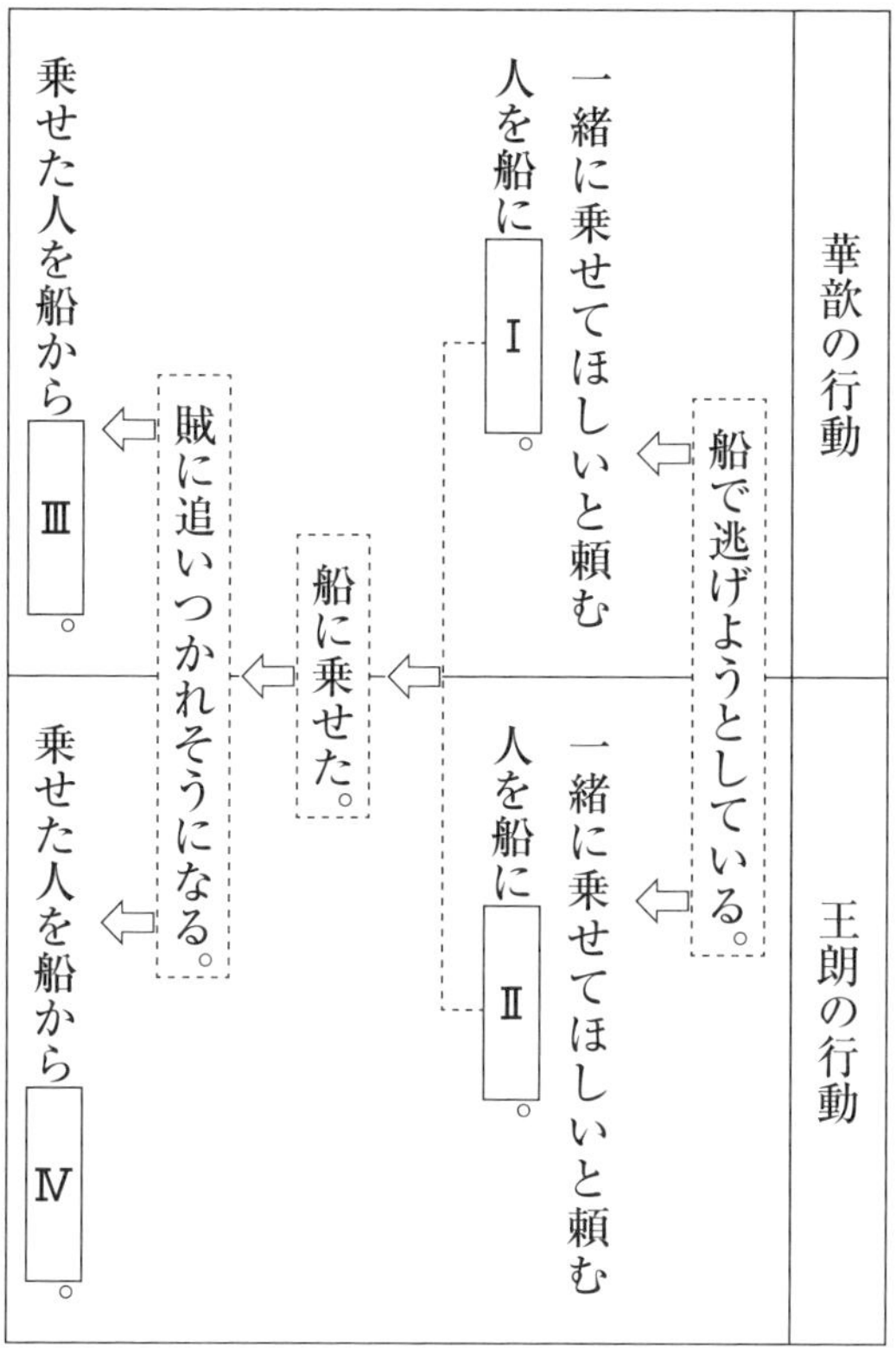

③ 読みと意味が同じでも異なる漢字
読みや意味が同じでも、異なる漢字で表記することがある。

たとえば、「すなわち」と読み、「そして、それで、それから」などの意味になる漢字には「則・乃・即・輒」などがある。

ただし、文脈によっては意味がまったく同じにはならないこともあるので気をつけよう。

● 漢文の読解の基本
漢文の読解も、基本的には古文と同じである。

① 登場人物を確認
登場人物（キャラクター）を確認し、その行動や発言に注目しよう。

② 主語や目的語を補う
漢文は古文以上に主語や目的語の人物名を書かないことが多い。

主語や目的語がないときは、常に補いつつ読むことを心がけよう。

● 意見論述
漢文でも設問の**問四**のような意見論述の問題が出題されることもある。
この設問では、「華歆」と「王朗」のどちらを選んでも正解になるが、条件A～Dを満たす必要があることに注意しよう。

	Ⅰ	Ⅱ	Ⅲ	Ⅳ
ア	乗せようとした	乗せようとしなかった	降ろそうとした	降ろそうとしなかった
イ	乗せようとしなかった	乗せようとした	降ろそうとした	降ろそうとしなかった
ウ	乗せようとした	乗せようとしなかった	降ろそうとしなかった	降ろそうとした
エ	乗せようとしなかった	乗せようとした	降ろそうとしなかった	降ろそうとした

問四 重要 ——線③「世此を以て華・王の優劣を定む」とあるが、あなたは華歆と王朗のどちらが優れていると考えるか。次の**条件A～D**にしたがって書きなさい。

条件A 二つの文で書くこと。
条件B 一文目は、二人のうち、どちらが優れているかを書くこと。
条件C 二文目は、あなたが優れていると考える理由を書くこと。
条件D 一文目は「私は」で書き始め、二文目は「からです。」という文末で結ぶこと。

私は

からです。

44 [古典知識・内容吟味・口語訳]

次の文章を読んで、あとの問いに答えなさい。

〔次の文章は、漢文を書き下し文に書き改めたもので、陳の国を攻め取ろうと考えた楚《そ》の国の荘王が、使者に陳の国の様子を視察させ、その結果を報告させた場面のものである。〕

使者曰《い》はく、「陳は伐《う》つべからざるなり。」と。荘王曰はく、「何の故ぞ。」と。対《こた》へて曰はく、「其《そ》の*1城郭は高く、*2溝壑《こうがく》は深く、*3蓄積《ちくし》は多く、其の国は*4寧《やす》し。」と。王曰はく、「陳伐つべきなり。*5夫《そ》れ陳は小国なり。而《しか》るに蓄積多し。蓄積多ければ、則《すなは》ち*6賦斂《ふれん》重く、賦斂重ければ、則ち民*7上《かみ》を怨《うら》む。城郭高く、溝壑深ければ、則ち民力*8罷《つか》れん。」と。兵を興《おこ》して之《これ》を伐《う》ち、遂《つひ》に陳を取る。

（劉向《りゅうきょう》『説苑《ぜいえん》』）

＊1 城郭＝城壁。
＊2 溝壑《こうがく》＝城の堀。
＊3 蓄積《ちくし》＝備蓄。
＊4 寧《やす》し＝穏やかである。
＊5 夫《そ》れ＝そもそも。
＊6 賦斂《ふれん》＝租税。
＊7 上《かみ》＝陳の王のこと。
＊8 罷＝「疲」に同じ。

問一 〰〰線「兵を興《おこ》して之《これ》を伐《う》ち」とあるが、この書き下し文の読み方になるように次の漢文に返り点をつけなさい。

興シテ 兵ヲ 伐チ 之ヲ

ガイド

● **返り点のつけ方**

先に述べたように、**返り点の主な目的は、漢文の「主語＋述語＋目的語」を日本語の「主語＋目的語＋述語」の読み順になるよう入れ替えること**である。

漢文の読み順は、書き下し文の読みに数字を振って漢文の文字にあてはめていくと決まる。読み順が決まれば一字戻るときは「レ点」、二字以上戻るときは下の文字に「一」戻る上の文字に「二」を、それぞれの漢字の左下につければよい。

● **レバ則**

設問では、本文中に「…多ければ、則ち…」「重ければ、則ち…」「…深ければ、則ち…」と「～れば、則ち」という表現が出てくるが、これは通称「**レバ則**」と呼ばれ、「～すれば(すぐに)」という意味となり、**条件と結果を示すことが多く**、問二の図表の中の「そうであるならば」に対応している。

● **漢文特有の表現**

「レバ則」をはじめ、漢文特有の頻出表現には慣れておくことが望ましい。

たとえば、**漢文に出てくる「ば」**は、現代の日本語と同じように、**「～ならば」と「～なので」の両方の意味を表す**ことができる。

問二 重要 ——線「其《そ》の城郭は高く、溝壑《こうがく》は深く、蓄積《ちくし》は多く」について、次の表は、使者の報告と、それに対する荘王の考えを整理したものである。［　①　］、［　②　］にあてはまる内容を、それぞれ現代語で簡潔に書きなさい。

	使者の報告	荘王の考え
	「其の城郭は高く、溝壑は深く」	（そうであるならば）［　①　］
	「蓄積は多く」	租税が重いはずであり、［　②　］
結論	「陳は伐つべからざるなり」	「陳伐つべきなり」

①［　　　　］

②［　　　　］

問三 本文で述べられている内容の説明として適当なものを、次の**ア**～**エ**から一つ選び、記号で答えなさい。［　　］

ア 使者は、平和を維持するために戦いは避けるべきだと荘王を説得した。
イ 荘王は、使者の報告にうそが含まれることを鋭く見抜くことができた。
ウ 使者は、荘王の判断に納得がいかず、陳への攻撃には参加しなかった。
エ 荘王は、陳が小国であることを踏まえ、陳の状況を論理的に推測した。

最高水準問題

解答 別冊 p.59

45 次の漢文（書き下し文）を読んで、あとの問いに答えなさい。（愛知県A）

*1西伯《せいはく》陰《ひそか》に（人知れず）善を行ふ。諸侯皆来たつて（周辺の国の君主が）平《たひ》らぎを決す（公平な解決をつけてもらった）。是《ここ》に於《お》いて*2虞《ぐ》・芮《ぜい》の人、獄有りて決すること能《あた》はず（訴訟が起きて裁決がつかなかった）。乃《すなは》ち周《しう》に如《ゆ》く（そこで周へ行った）。界《さかひ》（国境）に入るに、耕す者皆*3畔《あぜ》を譲り、民の俗は皆長に譲る（人々の風習は年長者を尊重するものであった）。虞・芮の人、未《いま》だ西伯を見ざるに、①皆慙《は》ぢ相謂《い》ひて曰《い》はく（恥じて互いに言うことには）、「吾《わ》が争ふ所は、周人の恥づる所なり。何ぞ往《ゆ》くことを為さんや（どうして（西伯のところへ）行く必要があろうか）、②秖《まこと》に辱《はぢ》を取らんのみ。」と。遂《つひ》に還《かへ》り倶《とも》に（そのまま引き返し）【③】去る。諸侯之《これ》を聞きて曰はく、「西伯は蓋《けだ》し受命の君なり（思うに天から使命を受けた君主である）。」と。

（司馬遷《しばせん》『史記《しき》』）

*1 西伯《せいはく》＝中国の周王朝の基礎をつくった人物。西方の諸侯の長。
*2 虞《ぐ》・芮《ぜい》＝ともに、中国古代の国名。
*3 畔《あぜ》＝田んぼの中の小道。

問一 ——線①「皆慙《は》ぢ」とあるが、虞《ぐ》と芮《ぜい》の人がそのような気持ちになった理由として適当なものを、次のア〜エから一つ選び、記号で答えなさい。［　　］

ア 周の民が君主に頼ることなく自ら訴訟問題を解決したから。
イ 周の民は誰もが相手を重んじ優先する態度を身につけていたから。
ウ 周の民は自分たちの生活に不満をもつことなく暮らしていたから。
エ 周の民が他国から来た自分たちを温かく迎えてくれたから。

問二 ——線②「秖《まこと》に辱《はぢ》を取らんのみ」の現代語訳として適当なものを、次のア〜エから一つ選び、記号で答えなさい。［　　］

ア 絶対に恥だけはかきたくない
イ まだ恥をかく覚悟ができない
ウ きっと恥をかかされるはずだ
エ ただ恥をかくだけであろう

問三 【③】に入る適当な言葉を、次のア〜エから一つ選び、記号で答えなさい。［　　］

ア 譲りて　イ 見て　ウ 争ひて　エ 取りて

問四 難 本文の内容に合致するものを、次のア〜エから一つ選び、記号で答えなさい。［　　］

ア 人々が互いに尊重する心をもっていれば、国が大きな困難に面したとしても、一つにまとまって乗り越えることができる。
イ 国と国の争いを収めるためには、第三国が仲介に入り、それぞれの国が譲り合えるよう調整を図ることが必要である。
ウ 国を治める者がふだんから正しく行動することによって、人々は影響を受け、国全体が自然と治まっていくものである。
エ いつの時代のどこの国においても、年長者を敬うことは、人々が暮らしていく上で大切にしなければならないことである。

46　次の【漢文】と【書き下し文】を読んで、あとの問いに答えなさい。（宮城県）

【漢文】

①夫《そレ》治《をさムルハ》国《ヲ》、猶《なホ》如《ごとシ》レ栽《うウルガ》レ樹《きヲ》。②本《ほん》根《こん》不《レバ》レ揺《ゆるガ》、則《すなはチ》枝《し》葉《えふ》茂《も》盛《せいス》。

*1君《きみ》能《よク》清《せい》静《せいナラバ》、*2百《ひゃく》姓《せい》何《ゾ》得《ン》レ不《ルヲ》二安楽《ナラ》一乎《や》。

【書き下し文】

夫《そ》れ（そもそも）国を治《をさ》むるは、猶《な》ほ（ちょうど）樹《き》を栽《う》うるがごとし（植え育てるのと同じだ）。本根《ほんこん》（根もと）揺《ゆる》がざれば、則《すなは》ち枝葉茂盛《しえふもせい》す（枝葉は繁茂する）。君《きみ》能《よ》く清静《せいせい》ならば（心清らかであれば）、百姓《ひゃくせい》何ぞ安楽ならざるを得んや（どうして安楽とならないことがあろうか）。（『貞観政要《じょうがんせいよう》』）

*1　君《きみ》＝君主。　*2　百姓《ひゃくせい》＝人民。

問一　――線①「夫治国《そレをさムルハ　ヲ》」とあるが、【書き下し文】の読み方になるように、返り点をつけなさい。

夫《そレ》　治《をさムルハ》　国《ヲ》

問二　――線②「本《ほん》根《こん》不《レバ》レ揺《ゆるガ》、則《すなはチ》枝《し》葉《えふ》茂《も》盛《せいス》」とあるが、「本根」と「枝葉」について、それぞれに対応する【漢文】中の語の組み合わせとして適当なものを、次のア～エから一つ選び、記号で答えなさい。［　　］

ア「本根」…君　「枝葉」…樹　　イ「本根」…百姓　「枝葉」…君

ウ「本根」…君　「枝葉」…百姓　　エ「本根」…百姓　「枝葉」…国

問三　難　次の対話は、【漢文】について話し合ったものである。あとの(1)、(2)に答えなさい。

Xさん　【漢文】の最後にある「何ぞ安楽ならざるを得んや」という表現から、「いや、安楽とならないはずがない」という考えが読み取れるよ。つまり、【漢文】で筆者は、国を統治するにあたっては、［A］ことが大切だと述べているね。

Yさん　うん。そして、そのようなことを述べている【漢文】の論の進め方の特徴は、［B］と説明できるよ。

(1)　［A］に入る適当な表現を十字以内で答えなさい。

(2)　［B］に入る表現として適当なものを、次のア～エから一つ選び、記号で答えなさい。［　　］

ア　二つのものを対比して、それぞれのよいところを分析している

イ　たとえ話を用いることによって、主張に説得力を持たせている

ウ　話題を急に転換することによって、読者の注意を引きつけている

エ　中心的な主張を述べた後に根拠を示して、論理を明確にしている

解答の方針

問二　「如…」は「…の如し（ごとし）」と読み、「…のような」の意味となる。つまり「如栽樹」の「栽樹」は上の「治国」の比喩（たとえ）である。

47 次の漢文（書き下し文）を読んで、あとの問いに答えなさい。

（福岡・久留米大学附設高）

一人《いちにん》《ある人》極めて静を好むも、居る所は銅鉄匠《銅職人と鉄職人》の間に介す《はさまれている》。朝夕耳に聒《かまびす》しく《うるさくて》、甚《はなは》だ①之を苦しみて、常に曰はく、「此の両家に若《も》し遷居《せんきょ》の日有らば、我願はくは東《とう》と作《な》りて款謝《かんしゃ》せん《ご馳走をして感謝を述べよう》。」と。一日《いちじつ》《ある日》、二匠忽《たちま》ち並び至りて曰はく、「我等且《まさ》に遷《うつ》らんとす、足下の素《もと》より東と作るを許せば《あなたが前から我々にご馳走すると言っておられたので》、特に来《きた》りて叩領《こうりやう》せん《お受けします》。」と。其の期を問ふに曰はく、「只《た》だ明日に在り。」と。其の人、大いに喜び、遂《つひ》に盛んに之を款す《もてなす》。酒後《しゅご》問ひて曰はく、「汝《なんぢ》が二家②何処《いづこ》にか遷る。」と。二匠曰はく、「我は遷りて他《かれ》の屋裏《をくり》に在り、他は遷りて我が屋裏に在り。」と。③何ぞ自《みづか》ら遷りて、他の好ましきを弄《ろう》し得ざる。

（馮夢竜《ふうぼうりゅう》『笑府《しょうふ》』）

問一 ——線①「之」とあるが、その指示内容を現代語で答えなさい。

［　　　　］

問二 ——線②「何処《いづこ》にか遷る」を現代語に訳しなさい。

［　　　　］

問三 難 ——線③「何ぞ自《みづか》ら遷りて、他の好ましきを弄《ろう》し得ざる」とあるが、この部分はそれまでの内容についての作者のコメントである。それを説明した次の文中の［　］に入る適切な言葉を二十五字以内で答えなさい。

どうして「ある人」は［　］ことをしなかったのか、そうすればよかったのに。

解答の方針

問一 指示語は一旦通過して後ろの情報をヒントにしてからさかのぼるのがよい。

問三 「自」と「他」の因果関係をまとめて解答できるか。

2 漢詩

標準問題

解答 別冊 p.61

48 **［古典知識・内容吟味］** 次の漢詩は、李白《りはく》が友人の汪倫《おうりん》に対して、感謝の思いを詠《よ》んだものである。これを読んで、あとの問いに答えなさい。

贈ル二汪倫ニ一
李白乗ツテレ舟ニ将ニ欲スレ行カント
忽チ聞ク岸上踏歌ノ声
桃花潭水深サ千尺
不及バ汪倫送ルノ我ヲ情ニ

汪倫に贈る
李白舟に乗って将《まさ》に行かんと欲す（出発しようとした）
忽《たちま》ち（ふと）聞く岸上《がんじやう》（岸のほとり）　踏歌《たふか》*1の声
*2桃花潭水《たうくわたんすい》深さ千尺（とても深い）
及ばず汪倫我を送るの情に

*1 踏歌《たふか》の声＝足を踏み鳴らし、拍子をとって歌う声。
*2 桃花潭《たうくわたん》＝汪倫《おうりん》が住む村を流れる川のこと。

問一　この漢詩の形式として適当なものを、次のア〜エから一つ選び、記号で答えなさい。

ア 五言絶句　イ 五言律詩　ウ 七言絶句　エ 七言律詩

［　　］

ガイド

● 漢詩の特徴

① 形式

一句（簡単に言うとひとかたまり）が五文字ならば「**五言**」、七文字ならば「**七言**」となる。また、**四句**（四つのかたまり）であれば「**絶句**」、**八句**（八つのかたまり）であれば「**律詩**」である。漢詩の形式を問われたら、これらを組み合わせて答えればよい。

なお、八句より多い偶数句の漢詩には「古詩」などがあるが、問われることはほとんどない。

② 押韻

偶数句末の文字の読みが似た発音になるように、漢詩は作られている（日本語の漢字の音読みで判断してよい）。この規則を**押韻**という。

漢詩で空欄を埋める問題が出題されたら、押韻が問われている可能性を疑ってみよう。

③ 対句

似た意味や形の句を並べる表現を対句という。**返り点や送り仮名が似たものになっていることが多い**ので、見た目からも見つけることができるだろう。律詩では漢詩全体の真ん中あたりにあることが多い。

問二 ——線「不及バ汪倫送ルノ我ヲ情ニ」とあるが、書き下し文の読み方になるように、返り点をつけなさい。

不及バ汪倫送ルノ我ヲ情ニ

問三 重要 次の［　］内の文章は、この漢詩の鑑賞文の一例である。［A］、［B］に入る適当な言葉を、［A］は五字以内、［B］は五字以上十字以内の現代語で書きなさい。

> この詩は、「送別」をテーマにしている。村を舟で出発しようとした李白は、［A］で汪倫が村人たちと一緒に別れを惜しんで歌う姿を見て、汪倫《おうりん》の友情の深さは、村を流れる桃花潭《とうかたん》の［B］ものであると感じ、汪倫に感謝している。

A ［　　　　　］

B ［　　　　　　　　　　］

●打ち消しの言葉

漢文の打ち消しの言葉には「不」「非」「無」などがあり、英語の not にあたる。

これらの語は、**打ち消したい言葉の「前」に出てきて、必ず返り点が付く。**

なお、「不」は必ず平仮名で書き下さなければならないので注意しよう。

●解説や鑑賞文付きの問題

漢文や漢詩に解説や鑑賞文が付いている問題もある。本文の意味内容がよくわからないときは、解説や鑑賞文を参考にしよう。

解説・鑑賞文と漢文・漢詩に同じ言葉があればヒントになることがあるだろう。

49 【古典知識・内容吟味】

次の漢詩と【現代語訳】を読んで、あとの問いに答えなさい。

*1健徳江《けんとくかう》に宿《やど》る　　*1孟浩然《まうかうねん》

移シテレ舟ヲ泊マル二煙《えん》渚《しょ》ニ一　　舟を移して
日暮レテ客《かく》愁《しう》新タナリ　　日暮れて客愁新たなり
野*3曠《ひろ》クシテ天ハ低《た》レレ樹ニ　　野曠くして天は樹に低れ
江清クシテ月ハ近シレ人ニ　　江清くして月は人に近し

【現代語訳】

舟をこぎ寄せて*4靄《もや》けぶる砂辺に泊まる。日は暮れて旅の愁《うれ》いが新たにわきおこる。原野が広がり大空は木々に垂れ、川は澄み切って月はわが近くにある。

＊1　健徳江《けんとくかう》＝建徳県（浙江《せっこうしょう》省建徳市）を流れる河川。
＊2　孟浩然《まうかうねん》＝唐を代表する詩人の一人。
＊3　曠《ひろ》くして＝何もなくがらんと開けて。
＊4　靄《もや》＝かすみ。

問一　この詩のように四句からなる漢詩の形式を何というか、漢字二字で書きなさい。

ガイド

● 起承転結

漢詩は、**三句で唐突に場面が転換する**ことがあるが、そのような漢詩の多くは、**「起承転結」**という**構成**の仕方になっている。

この構成では、第一句の起句で詩意を歌い、第二句の承句で起句を受けて発展させ、第三句の転句で詩意を転じて発展させ、第四句の結句で全体を締めくくる。

たとえば、設問の漢詩の構成は、次のようになっている。

移舟泊煙渚……起句
日暮客愁新……承句
野曠天低樹……転句
江清月近人……結句

この詩では、起句・承句の場面は砂辺の舟だが、転句の場面はがらりと変わり、原野や大空に視点が転じられている。

● 書き下し文

書き下し文を答える問題では、まず**返り点に従って漢字の読み順を決定**しよう。このあとで、**送り仮名**を補って書き下し文を作ればよい。

また、書き下し文について「すべて平仮名で」という指示があるときは、漢字の読みもすべて平仮名にしなければならない。現代仮名遣《かなづか》い・歴史的仮名遣いの指定がな

問二 [　　]には――線「泊マル㆓煙《えん》渚《しょ》ニ㆒」の書き下し文が入る。――線「泊マル㆓煙《えん》渚《しょ》ニ㆒」を書き下し文に直し、すべて平仮名で書きなさい。

問三 重要 次の文章は、ひかるさんとゆうきさんが、この漢詩について調べたあと、話し合った内容の一部である。これを読んで、あとの問いに答えなさい。

ひかるさん　作者は故郷を離れて孤独を感じているようです。この思いは辺りが暗くなる時刻を迎えたことでわきおこっていますね。

ゆうきさん　唐の時代の詩人は、定まった形式の中で工夫を凝らして表現しています。この漢詩は、[A]で内容が変化していて、表現としては、「天は樹に低れ」という比喩が独特だと思います。空が低くなってくるように感じているのでしょうか。はるか遠くにある月を「人に近し」、つまり、自分に近いと表現しているのも興味深いですね。

ひかるさん　私は、これは作者が空とともに月が近づいてくるように感じていることを表現していると考えましたが、どう思いますか。

ゆうきさん　私は、最後の句は作者の視点が近くに移っているので、空にある月ではなくて、[B]を見ているのだと思いました。

ひかるさん　なるほど、そういう捉え方もできますね。この漢詩は、目の前の情景描写を工夫することで、作者の[C]を表現しているのだと感じました。

(1) 〰〰線「辺りが暗くなる時刻を迎えたこと」がわかる言葉を、漢詩の中から漢字二字で抜き出して答えなさい。

いか、問題の条件に気をつけよう。**特に指定がない場合は現代仮名遣いでよい。**

● 設問と本文の対応

設問の問三のように、会話文が含まれる出題もある。このような設問を読むときは、**設問の情報が本文のどこに対応するかを探ろう。**

問三では、ゆうきさんの「最後の句は作者の視点が近くに移っている」という発言が、【現代語訳】の「川は澄み切って月はわが近くにある」という部分に対応している。そして、川が澄み切ると月が近くなる理由は、ゆうきさんの「空にある月ではなく」という発言から推測できる。

つまり、[B]には、どんな月を見ているのかという問いへの答えが入るのである。

設問と本文の対応関係をきちんと把握していこう。

(2)　A にあてはまるのは第何句か、書きなさい。

[　　　]

(3)　B にあてはまる適当な言葉を五字以上十字以内で書きなさい。

□□□□□□□□□□

(4)　C にあてはまる適当な言葉を、次のア〜エから一つ選び、記号で答えなさい。

[　　]

ア　自然の中でくつろぎ、旅に出た喜びを実感している気持ち
イ　大空を見ることで、孤独を忘れ去って無心になっていく気持ち
ウ　月をそばに感じ、孤独な心が癒やされていくような気持ち
エ　原野が広がった光景を前に、雄大な自然に恐れを感じる気持ち

最高水準問題

50 次の漢詩と書き下し文を読んで、あとの問いに答えなさい。（沖縄県）

解答 別冊 p.62

【漢詩】

春日憶《おも》フ二李白ヲ一　　杜甫

白《はく》也《や》詩ニ無シレ敵

*1飄《へう》然《ぜん》トシテ①思ヒ不レ群ナラ

清《せい》新《しん》ナルハ*2庾《ゆ》開《かい》府《ふ》

俊《しゅん》逸《いつ》ナルハ*3鮑《はう》参《さん》軍《ぐん》

*4渭《い》北《ほく》春《しゅん》天《てん》ノ樹《き》

*5江《かう》東《とう》日《にち》暮《ぼ》ノ雲

何《いづ》レノ時カ一《いっ》樽《そん》ノ酒

重《かさ》ネテ与《とも》ニ細《こま》ヤカニ論ゼンレ文ヲ

【書き下し文】

春日　李白を憶《おも》ふ　　杜甫

白《はく》や　詩に敵無し

飄然《へうぜん》として「　」

清新《せいしん》なるは庾開府《ゆかいふ》

俊逸《しゅんいつ》なるは鮑参軍《はうさんぐん》

渭北《いほく》　春天《しゅんてん》の樹《き》

江東《かうとう》　日暮《にちぼ》の雲

何《いづ》れの時か一樽《いっそん》の酒

重ねて与《とも》に細《こま》やかに文を論ぜん

【現代語訳】

春の日、李白のことを思う　　杜甫

李白よ　君の詩に　かなうものはない

飄然《ひょうぜん》とした発想は　ほかに並ぶものがない

その詩の新鮮さは　かの開府《かいふ》の庾信《ゆしん》のようである

その才能の非凡さは　かの参軍《さんぐん》の鮑照《ほうしょう》のようである

渭水《いすい》の北で春の木々を見る私

江東《こうとう》の地で日暮れの雲を見る君

いつの日か　酒樽《さかだる》を前に

二人で　また詩について　語ることができるだろうか

＊1　飄然《へうぜん》＝風があらゆるものを吹きぬけるように、平凡な発想を飛躍すること。

＊2　庾開府《ゆかいふ》＝中国の高名な詩人、庾信《ゆしん》。開府《かいふ》は中国の官位。

＊3　鮑参軍《はうさんぐん》＝中国の高名な詩人、鮑照《ほうしょう》。参軍《さんぐん》は中国の官位。

＊4　渭北《いほく》＝黄河の支流である渭水《いすい》の北側。

＊5　江東《かうとう》＝長江の下流にある地方。

問一 ——線①「思ヒ不レ群ナラ」を書き下し文に直しなさい。

[　　　　　　]

問二 この漢詩の形式として適当なものを、次のア〜エから一つ選び、記号で答えなさい。

ア 五言絶句　イ 五言律詩
ウ 七言絶句　エ 七言律詩

[　　]

問三 難 次の文章は、古典の授業でこの漢詩について鑑賞文を書いたときの、健太さんと明子さんのやりとりである。これを読んであとの問いに答えなさい。

健太さん　杜甫と李白は唐を代表する詩人だけど、杜甫が李白の詩を「敵無し」と言うほど評価していたとは知らなかったなあ。

明子さん　そうね。特に、三句目と四句目の「清新なるは〜」、「俊逸なるは〜」が印象的ね。比喩と、形の似ている二つの句を並べた［A］という表現方法によって、［B］がより強調されているように感じるね。この表現からも、李白の詩に対する杜甫の思いを知ることが出来るね。

(1) ［A］にあてはまる語句を漢字二字で答えなさい。 [　][　]

(2) ［B］にあてはまる語句として適当なものを、次のア〜エから一つ選び、記号で答えなさい。 [　　]

ア 李白の生き方への憧《あこが》れ　イ 李白との別離の悲しさ
ウ 李白の詩のすばらしさ　エ 二人で詩を論じた思い出

51 次の漢詩と書き下し文を読んで、あとの問いに答えなさい。（兵庫県）

【漢詩】

次ル北固山下ニ　王湾

客路青山ノ外
行舟［A］ノ前
潮平ラカニシテ両岸闊ク
［B］正シウシテ一帆懸カル
①海日生ジ残夜ニ
②江春入ル旧年ニ
郷書何レノ処ニカ達セン
帰雁洛陽ノ辺

（『唐詩選《とうしせん》』）

【書き下し文】

*1北固山《ほくこさん》下に次《やど》る《宿泊する》　*2王湾

客路青山の外
行舟［A］の前
潮平らかにして両岸闊《ひろ》く
［B］正しうして一帆懸かる
海日残夜に生じ
江《長江の》春旧年に入る
郷書《きやうしよ》何《いづ》れの処《ところ》にか達せん
帰雁《きがん》洛陽《らくやう》の辺《ほとり》

*1 北固山《ほくこさん》＝長江下流にある山。
*2 王湾＝唐の詩人。洛陽の人。

問一　この漢詩の形式として適当なものを、次のア〜エから一つ選び、記号で答えなさい。　［　　］

ア　五言律詩　　イ　五言絶句
ウ　七言律詩　　エ　七言絶句

問二　——線①「海　日　生《ジ》　残　夜《ニ》」とあるが、書き下し文の読み方になるように返り点をつけなさい。

海　日　生《ジ》　残　夜《ニ》

問三　［A］、［B］に入る言葉の組み合わせとして適当なものを、次のア〜エから一つ選び、記号で答えなさい。　［　　］

ア　A 紅山　B 水　　イ　A 緑水　B 風
ウ　A 江岸　B 月　　エ　A 客舎　B 道

問四 難　——線②「江　春　入《ル》　旧　年《ニ》」とあるが、その内容の説明として適当なものを、次のア〜エから一つ選び、記号で答えなさい。　［　　］

ア　この地は温暖で、年が改まらないうちから春が訪れる。
イ　この地は戦乱がなく、春の景色は昔と変わらず美しい。
ウ　この地は、春の様子が故郷とよく似ていてなつかしい。
エ　この地は、故郷のはるか南方で一年中春の景色である。

問五　═線「郷　書　何《レノ》　処《ニカ》　達《セン》／帰　雁　洛　陽《ノ》　辺」とあるが、ここで表現されている作者の心情として適当なものを、次のア〜エから一つ選び、記号で答えなさい。　［　　］

ア　北方の洛陽から渡ってきた雁《かり》の姿を見ると、故郷からの手紙は今どこまでやってきているだろうかと待ち遠しく感じる。
イ　北へ渡る雁同様、故郷に宛てた私の手紙がきっと洛陽まで届いているだろうと思うと、旅の寂しさも紛れる気がする。
ウ　北へ渡る雁が、今頃は洛陽のあたりを飛んでいるだろうと思うにつけ、故郷に宛てた私の手紙の行方が気がかりである。
エ　故郷に宛てた私の手紙がもう届いているのか確かめるため、北へ渡る雁に身を変えて洛陽まで飛んでいきたい思いである。

解答の方針

問三　「組み合わせ」なので［A］・［B］のどちらかが確定できればよい。対句や、［B］を含む句の「帆」という文字に着目する。

問五　「何処」は「どこ」と場所を問う疑問の言葉。「郷書」は「どこ?」と問うているのに、「雁（鳥の名）」は「洛陽辺（洛陽の辺り）」と述べている。それは、確かなことではなく推測しているからである。

3 融合問題

標準問題

解答　別冊 p.64

52　**［仮名遣い・内容吟味・古典知識］**

次の文章は、【文章Ⅰ】が『徒然草《つれづれぐさ》』の一節、【文章Ⅱ】が『孔子家語《こうしけご》』の一節を書き下し文に改めたものである。これらを読んで、あとの問いに答えなさい。

【文章Ⅰ】

ａ一道《いちだう》（一つの専門の道）に携《たづさ》はる人、あらぬ道の筵《むしろ》に臨みて（専門外の場に出席して）、「あはれ、わが道ならましかば（自分の専門の道であったら）、かくよそに見侍《はべ》らじものを（こんなに傍観しますまいのに）」と言ひ、心にも思へる事、常のことなれど、①よにわろく覚ゆるなり（まことによくないことと思われる）。知らぬ道のうらやましく覚えば、「あな（ああ）うらやまし。などか習はざりけん（なぜ習わなかったのだろうか）」と言ひてありなん。

我が智《ち》（賢いこと）をとり出でて人に争ふは、角《つの》あるものの角を傾《かたぶ》け、牙あるものの牙を咬《か》み出だす類《たぐひ》なり。

人としては善（善行を）にほこらず、物（人）と争はざるを徳（美点）とす。他《た》に勝《まさ》ることのあるは、大きなる失（短所）なり。品《しな》（家柄や身分）の高さにても、才芸のすぐれたるにても、先祖の誉《ほまれ》（名誉）にても、人に勝れりと思へる人は、たとひ言葉に出でてこそ言はねども、内心にそこばく（多く）の咎《とが》（欠点）あり。慎《つつし》みてこれを忘るべし（のがよい）。痴《をこ》（ばかげたこと）にも見

ガイド

● 解く方針と優先順位の決め方

本文を読む前に問題を先に見て、解く方針と優先順位を決めよう。

問題を見るときは、まず、次のどちらの種類の問題なのかを確かめるとよいだろう。

① 本文の内容に直接かかわらない問題

このような問題は本文を読む前に解答できるだろう。設問では、**問一**と**問五**と**問六**にあたる。つまり、これらの問題は本文の読解の前に解いてしまえばよいことになる。

② 本文の内容にかかわる問題

設問のように複数の文章があるときは、どの文章にかかわる問題なのかを確かめておこう。ここでは、【文章Ⅰ】にかかわる問題が**問二**と**問三**と**問四**、【文章Ⅰ】と【文章Ⅱ】ともにかかわる問題が**問七**である。

つまり、**問二**と**問三**と**問四**は、古文の読解問題と見なして解けばよい。**問七**は、以前に紹介した融合問題のように「共通点（と相違点）」に注目して解く問題である。

● 読みを問う問題

設問の**問一**のように、漢字の読みを問う問題で、読み仮名が振ってある場合はそれ

え、人にも言ひ消《け》たれ《非難され》、b禍《わざはひ》をも招くは、ただ、この②慢心なり。③一道にも誠《まこと》に長じぬる《本当にすぐれた》人は、自ら明らかにその非《自分の欠点》を知る故に、志《こころざし》《向上心》常に満たずして、終《つひ》に物《人》に伐《ほこ》る《自慢する》事なし。

（兼好法師《けんこうほうし》『徒然草』）

【文章Ⅱ】

*1子路《しろ》進みて曰《いは》く、敢《あへ》て問ふ、満《まん》を持《ぢ》するに道有りや《満ちた状態を保つ方法はありましょうか》、と。*2子《し》曰く、聡明叡智《そうめいえいち》なれば《賢く知恵がすぐれていると》、之《これ》を守るに愚《ぐ》を以《もつ》てし《愚かな振りをし》、④功《こう》天下を被《おほ》はば《功績が天下を覆い尽くすほどならば》、之を守るに譲《じやう》を以てし《謙譲を行い》、⑤勇力《ゆうりよく》世に振《ふる》はば《強い力が世の中を揺り動かすほどならば》、之を守るに怯《けふ》を以てし《臆病な振りをし》、富四海《とみしかい》を有《たも》たば《豊かな財産が天下を保持するほどならば》、之を守るに謙《けん》を以てす《謙虚を心がける》。此《こ》れ所謂《いはゆる》之を損《そん》して又《また》之を損するの道なり《満ちた状態を保つにはそれを抑えて、更に抑えるという方法》、と。

（『孔子家語』）

＊1　子路《しろ》＝孔子の弟子。
＊2　子《し》＝孔子。

問一 **重要** **【文章Ⅰ】**の～～線a「一道《いちだう》」・b「禍《わざはひ》」の読みを現代仮名遣《かなづか》いに直し、すべて平仮名で書きなさい。

a［　　　　］

b［　　　　］

に従って、仮名遣《かなづか》いのルール通りに現代仮名遣いで読めばよい。

読み仮名が振ってない場合は、**特有の読みを知らなければならない単語なのかを考えてみる**。特有の読みが思い当たらなければ**現代語の読み方をあてはめてみよう**。

● 傍線部の解釈を問う問題

設問の**問二**のように傍線部の解釈を問う問題は、次のような手順で解こう。

① 傍線部そのものを見る。

設問では、——線①に「わろく（＝よくない）」とあるので、褒められない内容（言動）を本文（**【文章Ⅰ】**）から探すことになる。

② 傍線部の前後や問題文からヒントを探す。

とくに、**「同じ言葉」に注目**して探そう。

たとえば、——線①の中の情報だけでは、**問二**は答えられないので、傍線部の前後や問題文にヒント（手がかり）はないか探してみるとよい。

問二では、問題文の点線囲みの中や選択肢に「専門」という語があり、本文中にも「わが道ならましかば…」と同じ意味の言葉を見つけることができる。

問三も、——線②「慢心」は**マイナスイメージの言葉**で、傍線部の**直前に「この」とあることから指示語の問題**だとわかるだろう。

問四は、問題文の「理想的」という語に注目する。これは**プラスイメージの言葉**なので、よいことを述べている部分を探せば

問二　――線①「よにわろく覚ゆるなり」と筆者が述べている行いについて、次のようにまとめた。[　　]に入る適当な言葉を、あとの**ア**～**エ**から一つ選び、記号で答えなさい。　〔　　〕

自分の専門外の場に出席したときに、[　　]ような行い。

ア　自分の専門分野の力が誇れず悔しがる
イ　自分の専門分野の知識を誇って満足する
ウ　自分の専門分野の経験が少なく不満に思う
エ　自分の専門分野の技術を自慢して得意になる

問三　――線②「慢心」の具体的内容を、「思っている心」につながるように、**【文章Ⅰ】**の本文より六字で抜き出して答えなさい。

[　][　][　][　][　][　]思っている心

問四　――線③「一道にも誠《まこと》に長じぬる人は、自ら明らかにその非を知る故に、志《こころざし》常に満たずして、終《つひ》に物に伐《ほこ》る事なし」と筆者が述べているのは、人のどのような姿勢が理想的であると考えているからか。その考えを含む一文を、**【文章Ⅰ】**の本文より十五字以上二十五字以内で抜き出して、最初の五字を答えなさい。

[　][　][　][　][　]

問五　――線④「功《こう》天下を被《おほ》はば、之を守るに譲《じやう》を以てし」とあるが、この書き下し文の読み方になるように、次の漢文に返り点をつけなさい。

功 被 天 下、守 之 以 譲

よいとわかる。

● 返り点の問題
設問の**問五**のように書き下し文を使った返り点の問題は、漢字の読み順に数字を振ってあてはめていく方法で解ける。
「レ点・一二点」のルールを思い出そう。

● 表現方法を問う問題
設問の**問六**では、表現方法が問われている。表現方法は、表現技法・表現技巧などともいわれる。
表現技法とは「外見上の見せ方」のことだと理解しておけばよいだろう。
ここでは「…ば、…以て」の**フレーズ**が**繰り返されていることを見つけられるかがポイント**となっている。
表現技法を問われたら、出題箇所をよく読んでフレーズの特徴をつかもう。

● 共通点を探す問題
設問の**問七**は共通点を探す問題である。
【文章Ⅰ】の「ほこらず」・「慎みて」と**【文章Ⅱ】**の「譲を以て」・「謙を以て」などの**共通点を見つける**ことができただろうか。
また、**問七**では、選択肢のことわざのそれぞれの意味を知っているかも問われている。有名なことわざの意味は、だいたいでよいので知っておこう。

問六　――線⑤「勇力《ゆうりよく》世に振《ふる》はば、之を守るに怯《けふ》を以てし、富《とみ》四海《しかい》を有《たも》たば、之を守るに謙《けん》を以てす」とあるが、ここで用いられている表現方法として適当なものを、次のア～エから一つ選び、記号で答えなさい。

ア 反復　**イ** 体言止め　**ウ** 係り結び　**エ** 対句　［　　］

問七　**【文章Ⅰ】**と**【文章Ⅱ】**に表されている考え方に関連のある言葉として適当なものを、次のア～オから一つ選び、記号で答えなさい。　［　　］

ア 親しき仲にも礼儀あり
イ 針の穴から天をのぞく
ウ 虎の威を借る狐《きつね》
エ 木に縁《よ》りて魚《うお》を求む
オ 能ある鷹《たか》は爪《つめ》を隠す

53

〔内容吟味・口語訳・古典知識・漢字知識〕

次の古文A・漢文Bを読んで、あとの問いに答えなさい。

A

宇治《うぢ》の関白殿《くわんぱくどの》、或《あ》る時、鼎殿《かなへどの》（宮中で食物や水を煮炊きする釜がある場所）に到《いた》りて、火を焚《た》く所を見給《たま》へば（御覧になると）、①鼎殿（鼎殿の役人）これを見て云《い》はく、「いかなる者ぞ、案内なく、御所《ごしょ》の鼎殿へ入《い》れる」と云つて、追ひ出《いだ》されし後、関白殿、先の悪《わろ》き（見ぐるしい）衣服等を脱ぎ更《か》へて、顒々《ぎようぎよう》と装束して出《い》で給ふ（暖かみのある関白の公服を着てお出でになる）時、鼎殿、遥《はる》かに見て、恐れ入りて、②逃げぬ。時に、殿下《てんが》（関白殿）、装束（着ていた公服）を竿《さを》の先《さき》に掛け、拝《はい》せられけり（頭を下げて礼をなさった）。人、その故《ゆゑ》を問ふ。答へて云はく、「吾《われ》、人に貴《たつと》びらるること（敬われることは）、我が徳に非《あら》ず。ただ、この装束故なり」と云へり。

（孤雲懐奘《こうんえじょう》『正法眼蔵随聞記《しょうぼうげんぞうずいもんき》』）

B

澹臺子羽ハ、君子之容也。仲尼幾シテ而取ルレ之ヲ、與ニ処ルコト久シクシテ、③而行不レ称ハ二其ノ貌ニ一。宰予之辞ハ、雅ニシテ而文也。仲尼幾シテ而取ルレ之ヲ、與ニ処ルニ而智不レ充ラ二其ノ弁ニ一。故ニ孔子曰ク、以テレ容ヲ取リテレ人ヲ乎、失ス二之ヲ子羽ニ一。以テレ言ヲ取リテレ人ヲ乎、失スト二之ヲ宰予ニ一。故ニ以テシテ二仲尼之智ヲ一而モ④有失実之声。

ガイド

● 解く方針の確認

問一と問二はAの古文にかかわる問題である。——線①・②を理解するには、宇治の関白殿と鼎殿のやりとりを読み取る必要がある。鼎殿に初めは追い出された宇治の関白殿が、その後どうしたら鼎殿の反応が変わったのか、Aの古文から読み取らなければならない。

● 書き下し文の利用

漢文の問題を解くときは、積極的に**書き下し文を利用**しよう。

漢字だけの漢文をそのまま読解していくのはなかなか難しく、時間がかかってしまいがちである。

しかし、**書き下し文があるならばそちらを優先して理解することが**、漢文の理解の助けになる。

この問題の場合、Aの古文とBの**【書き下し文】**という二つの文章の融合問題であると、まずは見なしてみよう。

古文と書き下し文を理解して解ける問題をまず解き、そのあとで、**漢文にかかわる問題**に取り組めばよい。

Bの**【書き下し文】**を理解したあとなら、Bの漢文の理解もスムーズにできるはずである。

● 漢文と書き下し文の照合

書き下し文を利用するときは、**書き下し**

【書き下し文】

澹臺子羽《たんだいしう》《孔子の弟子の子羽》は、君子の容《よう》なり《君子らしく見えた》。仲尼《ちゅうぢ》幾《き》して之《これ》を取る《孔子は彼に期待をしていたが》、與《とも》に処《を》ること久しくして《長く一緒に居るうちに》、行其《かうそ》の貌《ぼう》に称《かな》はず。宰予《さいよ》《孔子の弟子の宰予》の辞《言葉》は、雅にして文《ぶん》なり《美しかった》。仲尼幾して之を取る、與に処るに智《ち》其の弁に充《あた》らず。故に孔子曰《いは》く、容を以《もっ》て人を取りてや、之を子羽に失《しっ》す《子羽で失敗した》。言を以て人を取りてや、之を宰予に失すと。故に仲尼の智を以てして、而《しか》も実《じつ》を失ふの声有《な》り《もってしても、人物の真実を見誤ったのだという世間の評判は立ってしまうのである》。

（韓非《かんぴ》『韓非子《かんぴし》』）

問一 古文Aに――線①「これを見て」とあるが、その内容の説明として適当なものを、次のア～エから一つ選び、記号で答えなさい。

ア 宇治の関白殿が鼎殿の役人を見て
イ 宇治の関白殿が鼎殿にある火を焚く所を見て
ウ 鼎殿の役人が宇治の関白殿を見て
エ 鼎殿の役人が鼎殿にある火を焚く所を見て

［　　］

問二 古文Aに――線②「逃げぬ。」とあるが、鼎殿の役人が逃げたのはなぜか。その説明として適当なものを、次のア～エから一つ選び、記号で答えなさい。

ア 宇治の関白殿に着替えを命じたことを悔やみ、つらくなったから。
イ 着替えをした宇治の関白殿の真意がわからなくて、戸惑ったから。
ウ 遠方でもわかる宇治の関白殿の迫力を恐れて、助けを求めたから。
エ 宇治の関白殿を追い出すというあやまちに気づき、怖くなったから。

［　　］

文のどこが漢文のどこに対応しているのかを照合していくと、文章を理解しやすくなる。

たとえば、設問の**問三**なら、――線③の「行」が書き下し文の「行其の貌に称はず」の「行」に相当することを確かめて、書き下し文から「行」とは何かを考える。この場合、「子羽」についてのことであり、「貌」という語がヒントになる。

● 書体についての問題

設問の**問六**は、書道などで学ぶ書体についての問題である。このような問題は高校入試(特に公立高校)でよく出題される。受験する前に過去問などで出題歴があるかを確認しておこう。次に挙げる三つの書体の特徴をおさえておこう。

① 楷書

一画一画をしっかりと書いた標準的な書体。

② 行書

いくつかの部分を続けて書いており、多少の点画の省略が見られる書体。

③ 草書

点画の大幅な省略が見られる、簡略化された字体。

書体の違いのイメージをつかむため、**楷書→行書→草書の順に点画の省略が多くなる**と覚えておこう。

問三 漢文Bの――線③「行」の意味を含む熟語として適当なものを、次のア～エから一つ選び、記号で答えなさい。 〔　　〕

ア 運行　イ 行書　ウ 行為　エ 改行

問四 漢文Bの――線④「有失実之声。」とあるが、【書き下し文】の読み方になるように、返り点をつけなさい。

有 失 実 之 声。

問五 重要 次の文は、古文Aと漢文Bの話の共通点と相違点について説明したものである。［Ⅰ］、［Ⅱ］に入る適当な言葉を、それぞれ十字以内で答えなさい。

> 古文Aと漢文Bは、人を［Ⅰ］して失敗した例を用いて話が進められているが、漢文Bには、人を［Ⅱ］して失敗した例も加えられている。

Ⅰ

Ⅱ

問六 次の文字は「取」を行書で書いたものである。この中にみられる行書の特徴として不適当なものを、あとのア～エから一つ選び、記号で答えなさい。 〔　　〕

ア 点画の連続がみられる。　イ 点画の省略がみられる。

ウ 点画の変化がみられる。　エ 筆順の変化がみられる。

最高水準問題

解答 別冊 p.66

54 次の文章は、『仮名草子集《かなぞうししゅう》』からの抜粋である。これを読んで、あとの問いに答えなさい。（大阪教育大附高池田）

〔「一休和尚《いっきゅうおしょう》」は幼い時、「養叟《ようそう》和尚」のもとで修業をしていた。「旦那（特定寺院の経済的な支援者のこと）」は小僧「一休」の聡《そう》明《めい》さを気に入り、ときどき冗談を言っては問答などをしていた。〕

ある時かの旦那、皮袴《かはばかま》《皮で作った袴》を着て来たりけるを、一休門外にてちらと見、内へ走り入《い》りて、へぎ《薄い板》に書付《かきつけ》立てられけるは、この寺の内へ皮の類、かたく①きんぜいなり。もし皮の物入る時は、その身に必ず②ばちあたるべしと書きて置かれける。

かの旦那これを見て、「皮の類にばちあたるならば、このお寺の太鼓は何としたまふぞ《しなさるのか》」と申しける。一休聞きたまひ、「さればとよ《だからですよ》、夜昼三度づつばちあたる間、その方へも太鼓のばちをあて申さん《あて申し上げよう》、皮の袴着られけるほどに」とおどけられけり。

その後かの旦那、養叟和尚を斎《とき》《法要の食事》によぶとて、「一休も御供《おとも》に」と申し、③かの返報せばや《したいものだ》とたくみける。

（『仮名草子集』）

問一 本文には、「いつきうをしやういとけなきときだんなとたはむれもんだうのこと」という題が付いている。この題を、現代仮名遣いに直し、全て平仮名で書きなさい。なお、「いとけなき」とは「幼い」という意味である。

〔　　　　　　　　〕

問二 ――線①「きんぜい」を漢字に直したものとして適当なものを、次のア～オから一つ選び、記号で答えなさい。〔　　〕

ア 均整　イ 禁制　ウ 近世　エ 謹製　オ 吟声

問三 ――線②「ばち」とあるが、文中では「ばち」という語句に複数の意味を持たせている。このような技法を何というか。適当なものを、次のア～オから一つ選び、記号で答えなさい。〔　　〕

ア 枕詞《まくらことば》　イ 序詞《じょことば》　ウ 掛詞《かけことば》　エ 倒置　オ 押韻《おういん》

問四 難 ――線③「かの返報」とはどういうことか。その内容について説明した次の文の［Ⅰ］・［Ⅱ］に入る言葉を答えなさい。［Ⅰ］は本文より抜き出して最初と最後の三字を答え、［Ⅱ］は二十字以内で答えること。

> 「〔　Ⅰ　〕」という書付の内容のとおり、「〔　Ⅱ　〕」と「一休」がおどけたことへの仕返し。

Ⅰ　最初 □□□　最後 □□□

Ⅱ □□□□□□□□□□□□□□□□□□□□

問五　次の漢詩は、文中の「一休」のモデルとなった、室町時代の僧一休宗純《いっきゅうそうじゅん》の作品である。これを読んで、あとの問いに答えなさい。

春衣ニテ宿ルレ花ニ
吟行ノ客《かく》袖《しう》幾《いく》バクノ詩情ゾ
開花スル百花天地清シ
枕《ちん》上《じやう》ノ香風寐《び》耶《か》寤《ごか》
一場ノ春夢不《ず》分明ナラ

春衣にて花に宿る
花のもとで春の衣を着て一夜を過ごす
吟行の客袖幾ばくの詩情ぞ
詩を吟じ行く人の袖は詩情があふれ
開花する百花天地清し
咲いては散りゆく花で天地は清い
枕上の香風寐か寤か
枕辺に漂う花の香に眠ることもなく覚めやらず
一場の春夢分明ならず
夢うつつで過ごす春の夜

(1)　漢詩の形式として適当なものを、次のア～エから一つ選び、記号で答えなさい。
ア　五言律詩　イ　五言絶句　ウ　七言律詩　エ　七言絶句　〔　　〕

(2)　――線「一場ノ春夢不《ず》分明ナラ」とあるが、書き下し文の読み方になるように、返り点をつけなさい。

一　場ノ　春　夢　不《ず》　分　明ナラ

解答の方針

問四　誰が誰に「返報」したいのか読み取る。「返」とあるので既に何かお返し（報復）したくなるような目にあっているはずである。「かの」は「あの」という意味で、英語の「that」にあたる語である。

55

次の【文章1】・【文章2】・【資料】を読んで、あとの問いに答えなさい。（沖縄県）

【文章1】

〔浦島太郎は亀《かめ》を助けたお礼に竜宮城に招かれ、しばらく過ごしたのち、別れのときを迎えた。故郷へ帰ると、そこは荒れ果てた野原と化していた。おみやげに亀がくれた箱を開けたところ、たちまちに年をとって変わり果てた姿になってしまった。〕

さて《そして》、浦島は鶴《つる》になりて、虚空《こくう》に《大空に》飛び上がりける。そもそも、この《この》浦島が年を、《浦島の年齢を、》亀が《亀の》はからひとして、《取り扱いによって》箱の中にたたみ入れにけり。《たたみ入れてあったのだ。》さて《だから》こそ《こそ》、七百年の齢《よはひ》《寿命》を保ちける。あけて見るなとありしを、あけにけるこそよしなけれ。《かいのないことであった。》

［A］君に逢《あ》ふ夜は浦島が玉手箱
　あけて悔しき《悔しい思いをしたように》わが涙かな《私の涙が流れることだ。》

と、歌にも詠《よ》まれてこそ候《さうら》へ。《詠まれている。》①生《しやう》あるものは、《命のあるものは、》いづれも《どれも》情を知らぬといふことなし。いはんや、《まして、》人間の身として恩を見て《恩を受けて》恩を知らぬは、木石にたとへたり。情深き《情愛》夫婦は*1二世《にせ》の契《ちぎ》りと申すが、まことに《本当に》②ありがたきことどもかな。浦島は鶴になり、*2蓬萊《ほうらい》の山にあひをなす。《山で遊んでいる。》亀は、甲に三せきのいわゐをそなへ、万代《よろづよ》を経しとなり。《この世のあらゆる祝い事を刻み、長生きできるようになったという。》さてこそ《だからこそ》めでたきためし《たとえ》にも、鶴亀をこそ申し候へ。《申すのである。》ただ《ひとえに》人には情あれ、情のある人は、行く末めでたきよし申し伝へたり。《というように申し伝えている。》

（『御伽草子集《おとぎぞうししゅう》』）

＊1　二世《にせ》の契《ちぎ》り＝来世まで続く夫婦のかたい縁や結びつき。
＊2　蓬萊《ほうらい》の山＝伝説上の理想郷。仙人が住む山。

【文章2】

*1孟子《もうし》曰《い》はく、《孟子が言うには、》「仁は人の心なり。《本来の心である。》義は人の路なり。《従うべき正しい道である。》其《そ》の［Ⅱ］を舍《す》てて由《よ》らず、《（ところが人々は）捨ててしまっても従わず、》其の心を放ちて求むるを知らず。《失っても探し求めることを知らない。》哀しいかな。《嘆かわしいことだ。》人鶏犬の放るる有らば、《人は鶏や犬が逃げ出すと、》③即《すなは》ち《すぐに》知《ル》レ求《ムルヲ》レ之《ヲ》。放心有りて《心を失うことがあっても》求むるを知らず。学問の道は《方法は》他無し。④其の放心を求むるの《ただ～》み。《だけである。》」と。

（『孟子』）

＊1　孟子《もうし》＝中国の思想家。

【資料】

「情」とは人に対する思いやりや愛情のことである。『論語』で孔子のとなえた「仁」とは、広く「愛」をさしている。それを発展させたのが孟子であり、人が生まれながらにして持っている愛情ややさしさを含む。**【文章１】**に出てきた「情」も、**【文章２】**の「仁」も人間にはなくてはならない感情である。

「人、木石にあらざれば、みな情あり」『源氏物語』

「巧言令色、鮮《すく》なし仁」（うまいことをいい、表面上愛想のいい人は、愛が少ない。）『論語』

など、「情」や「仁」を大事にしながら生きていく必要があると説いた古典のその教えは、現代に生きるわれわれにも多くの示唆を与えてくれるものである。

問一　**【文章１】**の**Ａ**の和歌には「掛詞《かけことば》」の技法が使われている。それを表した次の図の Ⅰ に入る語を、**【文章１】**の本文より漢字一字で抜き出して答えなさい。

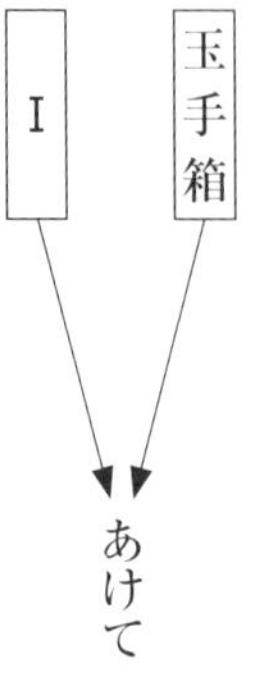

問二　――線①「生《しやう》あるもの、いづれも情を知らぬといふことなし」とあるが、「恩」や「情」がないことを具体的にたとえた表現を、**【文章１】**の本文より二字で抜き出して答えなさい。

問三　――線②「ありがたきこと」とあるが、その具体的な内容として適当なものを、次のア～エから一つ選び、記号で答えなさい。

ア　情の深い夫婦とはめったにないことである。
イ　箱を開けるとは思いもよらないことである。
ウ　蓬莱《ほうらい》の山があるのはこの上ないことである。
エ　人間の身上として喜びは限りないことである。

〔　　〕

問四　Ⅱ に入る適当な語句を、次のア～エから一つ選び、記号で答えなさい。

ア　学問
イ　鶏犬
ウ　路
エ　人

〔　　〕

問五　――線③「知ルレ求ムルレ之ヲ。」を書き下し文に直しなさい。

問六 難　――線④「其の放心を求むるのみ」とは具体的に何を求めるのか。**【文章２】**の本文より漢字一字で抜き出して答えなさい。

問七 **【文章２】**を通して孟子《もうし》が伝えたかったこととして適当なものを、次のア〜エから一つ選び、記号で答えなさい。　［　　］

ア 人が学問をするのは、本来の心を取り戻すためである。

イ 人が学問をするのは、本来の心を軽視しているためである。

ウ 人が学問をするのは、逃げた鶏や犬を捜すためである。

エ 人が学問をするのは、正しい道を踏みはずさないためである。

問八 **【資料】**を参考に、**【文章１】**と**【文章２】**から読み取れることとして適当なものを、次のア〜エから一つ選び、記号で答えなさい。　［　　］

ア **【文章１】**によると「情」とは、必ず約束を守ることである。

イ **【文章１】**によると「情」とは、広く万人を愛することである。

ウ **【文章２】**によると「仁」とは、揺るがぬ信念を持つことである。

エ **【文章２】**によると「仁」とは、元々持っている愛のことである。

解答の方針

問一 「掛詞」は一つの言葉に二つの意味をもたせる修辞（表現技法）で、「縁語」という言葉どうしの関連を用いた修辞と合わせて用いられることが多い。「玉手箱」以外に「あけ」るものを和歌の中の言葉から探そう。

問六 「心」と「放」に注目。同じ言葉を探す問題である。解き方のお手本となる基本的な問題なので、落ち着いて考えてみよう。

問八 **【資料】**の現代語と**【文章１】**・**【文章２】**を照らし合わせ、それぞれの語について書いてある内容を判断しよう。

第2回 実力テスト

時間 30分
目標 35点
得点　　／50
▼解答→別冊 p.69

1 次の【漢文】と【書き下し文】を読んで、あとの問いに答えなさい。（広島県）

【漢文】

伏《スコト》久《シキ》者《ハ》、飛《ブコト》必《ズ》高《ク》、開《クコト》先《ナル》者《ハ》、謝《スルコト》独《リ》早《シ》。知《ラバ》レ此《これヲ》、可《ベク》三以《もつテ》免《まぬかル》二 *1 蹭蹬《そうとう》之《の》憂《ヒヲ》一、可《シ》三以《テ》消《ス》二 *2 躁急《さうきふ》之《の》念《ねんヲ》一。

【書き下し文】

伏すこと久しき者は《長く地上に伏せて力を養っていた鳥は》、飛ぶこと必ず高く、開くこと先なる者は《他よりも先に咲いた花は》、謝すること《散ってしまうこと》独り早し。[　　]、以て蹭蹬の憂ひを免るべく《避けることができ》、以て躁急の念を消すべし《消すことができる》。

（洪自誠《こうじせい》『菜根譚《さいこんたん》』）

＊1 蹭蹬《そうとう》＝足場を失ってよろめく。
＊2 躁急《さうきふ》＝あせって、気持ちがいらだつこと。

問一 [　　]に入る書き下し文を答えなさい。（3点）

［　　　　　　］

問二 ――線「飛《ブコト》必《ズ》高《ク》」とあるが、次の文は、これが何を例えているかを述べたものである。[Ⅰ]に入る適当な表現を、現代の言葉を用いて十字以内で答えなさい。（3点）

> 人が[Ⅰ]を、「鳥が高く飛ぶ」という表現で例えている。

問三 田中さんの学級では、国語の時間に、【漢文】の内容を踏まえて、新聞の「お悩み相談」に掲載された記事の投稿者に返事を書くという課題に取り組むことになった。次の【記事】は、新聞の「お悩み相談」に掲載された記事で、【生徒の会話】は、この課題に取り組む過程で、田中さんの班が行ったものである。これらを読んで、あとの問いに答えなさい。

【記事】

中学生　十四歳

私は中学校に入学して、陸上競技部に入りました。特に力を入れて取り組んだ種目は走り幅跳びです。毎日休まず練習したけれど、三年生になってからは、走り幅跳びの自己ベスト記録を一度も更新することができませんでした。先週の中学校での最後の大会でも、私は自己ベスト記録を更新することができませんでした。大会が終わると、引退の寂しさとともに、悔しさで涙があふれました。そして、このまま高校で陸上競技部を続けても、結果は出せないのではないかと思うようになりました。でも、先日の放課後、グラウンドの近くを通りかかり、陸上競技部の後輩たちが一生懸命に練習している姿を見ると、やっぱり私は陸上競技が好きだと思いました。だから、今は、高校でも陸上競技部を続けるのか、他のスポーツにチャレンジしてみるのかを悩んでいます。高校に入学するまで、しっかり考えてみようと思うのですが、よいアドバイスがあればお願いします。

【生徒の会話】

田中　新聞の「お悩み相談」に掲載された記事の投稿者へのアドバイスは、どんな風に書いたらいいのかなあ。【漢文】の内容を踏まえて、書くんだよね。

木村　【漢文】の筆者が伝えたいことは、［Ⅱ］ということだよね。だから、高校でも陸上競技部を続けるかどうかについては、［Ⅲ］という内容を伝える返事を書きたいな。

(1)　［Ⅱ］に入る適当な表現を、現代の言葉を用いて三十字以内で答えなさい。（3点）

(2)　［Ⅲ］について、あなたならどのような内容を伝えるか。［Ⅲ］に入るように、【漢文】と【記事】の内容を踏まえ、現代の言葉を用いて七十字以内で答えなさい。（5点）

2　次の文章を読んで、あとの問いに答えなさい。（佐賀県）

〔孔子《こうし》の弟子の子貢《しこう》はある時、瓶《かめ》を使って少しずつ井戸水をくみ出して畑に注いでいる老人を見て、あることを提案した。〕

圃《ほ》を為《つく》る者仰ぎて之《これ》を視《み》て《畑を作る老人が顔を上げて子貢を見て》曰《いは》く、「奈何《いかん》せん《どうするのかね》。」と。曰く、「木を穿《うが》ちて機と為《な》す《木を細工して道具を作る。》。後《うしろ》は重く前は軽し。水を取ること抽《ひ》くがごとく、速やかなること洪湯《いったう》のごとし《軽いものを引き出すように水をくめるし、水が勢いよくあふれ出るようである。》。其《そ》の名を①槔《かう》と為す。」と。圃を誇る者忿然《ふんぜん》とし《むっとして》て色を作《な》して《顔色を変えたが》笑ひて曰く、②吾之を吾《われ》が師に聞《わ》けり。機械《機械的な道具が》有る者は、必ず機事《道具による仕事が》有り。機事有る者は、必ず機心《道具に頼る心が》有り。機心胸中に存せば、則《すなは》ち純白《すみきった心の状態が》備はらずんば《備わらなければ》、即ち神生《しんせい》定まらず《精神が安定しない。》。神生定まらざる者は、道の載らざる所なり《自然な生き方ができなくなる。》。吾知らざるに非《あら》ず《私はその道具のことを知っているが、》、③恥ぢて為《な》さざるなり。」と。④子貢瞞然《まんぜん》として恥ぢ、俯《ふ》して《顔を真っ赤にして恥じ入り、うつむいて》対《こた》へず。

（『荘子《そうじ》』）

問一　——線①「槹《かう》」について、この道具の図として適当なものを、次のア～エから一つ選び、記号で答えなさい。（3点）　［　　］

ア

イ

ウ

エ

問二　——線②「吾之を吾《われ》が師に聞《わ》けり」とあるが、老人はどのようなことを聞いたのか。その説明として適当なものを、次のア～エから一つ選び、記号で答えなさい。（3点）　［　　］

ア　他人の言うことをうのみにしていると、自分の考えが持てなくなり、主体的な生き方ができなくなるということ。

イ　機械的な道具に頼っていると、人をすぐに頼るようになり、楽をして生きたいという欲望が生まれるということ。

ウ　他人から提供された機械的な道具を使用し続けると、自分ひとりで生きていくための力が育まれないということ。

エ　機械的な道具を使うと、道具に心がとらわれてしまい、その結果、人間らしい生き方ができなくなるということ。

問三　——線③「恥ぢて為《な》さざるなり」とあるが、どういうことか。それを説明した次の文の［　　］に入る適当な語句を、十五字以内で書きなさい。（3点）

槹を使うことが［　　］ということ。

問四　——線④「子貢瞞然《まんぜん》として恥ぢ、俯《ふ》して対《こた》へず」とあるが、それはなぜか。その理由として適当なものを、次のア～エから一つ選び、記号で答えなさい。（3点）　［　　］

ア　老人に自分が発明した道具のことを教えたものの、老人はそのことを他人から聞いており、すでに使っていたから。

イ　深い考えがあって道具を使わない老人に向かって、物知り顔で道具について説明した自分の浅はかさに気づいたから。

ウ　老人を助けたいと思って自分の知識を授けようとしたが、教え方が下手で老人に十分に理解してもらえなかったから。

エ　便利な道具を使っていた老人に、それ以上に役立つ道具を教えることができなかった自分の無知を思い知ったから。

3　次の文章を読んで、あとの問いに答えなさい。

（東京・東京学芸大学附高）

*1項県《こうけん》の民姚牛《えうぎう》、年《とし》十余歳にして、①父郷人《きやうじん》の殺す所と為《な》る。牛*2常《かつ》て衣物を売りて*3刀戟《たうげき》を市《か》ひ、図りて*4報讐《ほうしう》せんと欲す。後に*5県署の前に在りて相遇《あ》ひ、手づから之《これ》(a)を衆中に刃《き》る。*6吏《り》は捕へ得《う》るも、②*7官長深く孝節なるを矜《あはれ》み、為に其《そ》の事を*8推遷《すいせん》し、*9赦《しゃ》に会ひて免《まぬか》るるを得《う》。又《ま》た*10州郡の救ふことを*11論ずる為に、③遂《つひ》に他《た》無きを得。

*12令《れい》後に猟に出《い》づるに、鹿を逐《お》ひて草中に入《い》る。古き*13深穽《しんせい》数処有り、馬将《まさ》に之(b)に趣《おもむ》かんとす。忽《たちま》ち④*14一公《いつこう》の杖《つゑ》を挙げ馬を撃つを見る。馬驚きて避け、鹿に及ぶを得ず。令怒り、弓を引きて将に之(c)を射《い》んとす。公曰《い》はく、「此《こ》の中《うち》に穽有り。君の堕《お》つるを恐るるのみ。」と。令曰はく、「汝何人《なんぢなんぴと》為《た》るか。」と。*15翁《おきな》跪《ひざまづ》きて曰はく、「*16民は姚牛の父なり。君の牛を活《い》かすに感じ、故《ゆゑ》に来《きた》りて［　X　］」と。因《よ》りて滅して見えず。⑤令身《みづか》ら冥事《めいじ》に感じ、官に在ること数年、多く民に恵《けい》す。

（劉義慶《りゅうぎけい》『幽明録《ゆうめいろく》』）

*1　項県《こうけん》＝河南省の県の名。
*2　牛《ぎう》＝姚牛のこと。
*3　刀戟《たうげき》＝刀やほこなどの武器。
*4　報讐《ほうしう》＝復讐すること。
*5　県署＝県の役所。
*6　吏《り》＝役人。
*7　官長＝県の長官。
*8　推遷《すいせん》＝審理を延長すること。
*9　赦《しゃ》＝恩赦。天子の特別の情けによって罪を許すこと。
*10　州郡＝県を所管する上位の行政単位。
*11　論＝判決を下す。
*12　令《れい》＝「官長」と同一人物。
*13　深穽《しんせい》＝野獣を捕獲するために掘られた深い落とし穴。
*14　一公《いつこう》＝一人の老人。
*15　翁《おきな》＝「一公」と同一人物。
*16　民＝ここでは「翁」の自称。わたくし。

問一　══線「鹿を逐《お》ひて草中に入《い》る。」とあるが、これは「逐鹿入草中。」を書き下し文にしたものである。本文の読み方になるように、返り点をつけなさい。（3点）

逐　鹿　入　草　中。

問二　──線①「父郷人《きやうじん》の殺す所と為《な》る。」とあるが、どういうことか。その説明として適当なものを、次のア～オから一つ選び、記号で答えなさい。（3点）［　　］

ア　父が同郷の人を殺した。
イ　父の同郷の人が殺された。
ウ　父が同郷の人に殺された。
エ　父が同郷の人に人殺しをさせた。
オ　父の同郷の人が牛を殺そうとした。

問三　〰〰線a～cの「之《これ》」は、それぞれ何を指すか。その組み合わせとして適当なものを、次のア～オから一つ選び、記号で答えなさい。（3点）［　　］

ア　a 深い落とし穴　b 鹿　c 鹿がいる草むら
イ　a 老人　b 役人　c 深い落とし穴
ウ　a 役人　b 深い落とし穴　c 馬
エ　a 同郷の人　b 鹿がいる草むら　c 馬
オ　a 同郷の人　b 深い落とし穴　c 老人

問四　――線②「官長深く孝節なるを矜《あはれ》み」とあるが、官長は具体的にどのような行為を「孝節（親孝行）」だとしてあわれんだのか。その説明として適当なものを、次のア～オから一つ選び、記号で答えなさい。（3点）［　　］

ア　姚牛が無実の父親を助けるために、自ら真犯人を斬りつけ役人に捕らえられた行為。
イ　姚牛が父の公平な裁判をしてもらうために、不正をしている役人を斬りつけた行為。
ウ　姚牛が同郷の人に申し訳なく思い、罪を犯した父親を正義のために殺そうとした行為。
エ　姚牛が十数歳にもかかわらず、衣服などを売ってまで親の敵討ちをしようとした行為。
オ　姚牛が罪を犯した父親をかばうために、父親の代わりに犯人として捕らえられた行為。

問五　――線③「遂《つひ》に他《た》無きを得《う》。」とあるが、どういうことか。その説明として適当なものを、次のア～オから一つ選び、記号で答えなさい。（3点）［　　］

ア　姚牛は何のおとがめも受けなかったということ。
イ　州や郡以外の役所の判決は受けなかったということ。
ウ　姚牛は手痛い刑罰を受けたが、命だけは救われたということ。
エ　審理を延長し恩赦を受ける以外の方策はなかったということ。
オ　他の部署から姚牛の件に関する長官への指示はなかったということ。

問六　――線④「一公《いつこう》の杖《つゑ》を挙げ馬を撃つを見る。」とあるが、老人が「杖を挙げ馬を撃」った意図と、これを見て長官がどのように感じているかについて、その説明として適当なものを、次のア～オから一つ選び、記号で答えなさい。（3点）［　　］

ア　老人は馬を暴走させてその隙に鹿を助けようとしたが、長官は老人が猟の邪魔をしたことに腹立たしさを感じている。
イ　老人は長官が落とし穴に落ちるのを助けようとしたが、長官は追い詰めた鹿を捕り逃がしたことに怒りを感じている。
ウ　老人は長官を落とし穴に落とそうとしたが、長官はそれに気づかずあくまでも鹿に逃げられたことを悔しく感じている。
エ　老人は長官の馬を杖でせかして鹿を捕まえやすくしようとしたが、長官は大切な馬を傷つけられたことに怒りを感じている。
オ　老人は馬が落とし穴に落ちるのを助けようとしたが、長官は大切な馬が落とし穴に落とされそうになったことに憤りを感じている。

問七　［ X ］に入る語句として適当なものを、次のア～オから一つ選び、記号で答えなさい。（3点）［　　］

ア　恩を謝す　**イ**　恨みを晴らす　**ウ**　願いを述ぶ
エ　憎しみを捨つ　**オ**　喜びを分かつ

問八　――線⑤「令身《みづか》ら冥事《めいじ》に感じ」とあるが、ここでの「冥事（あの世のこと）」とはどういうことか。その説明として適当なものを、次の**ア**～**オ**から一つ選び、記号で答えなさい。（３点）［　　］

ア　長官を危険にさらしたのは、処刑された郷里の人の怨霊であったということ。

イ　落とし穴に長官を誘いこもうとしたのは、姚牛の父の怨霊であったということ。

ウ　落とし穴が消えたのは、姚牛の父が身につけた不思議な霊力であったということ。

エ　長官を危ないところで救ってくれたのは、姚牛の亡くなった父であったということ。

オ　長官が生き返ることができたのは、命を助けた姚牛の父のおかげであったということ。

□ 編集協力　㈱オルタナプロ　加藤陽子　藤岡まや子
□ デザイン　CONNECT

シグマベスト
最高水準問題集
中学古文・漢文

編著者　入試問題研究調査会国語科
発行者　益井英郎
印刷所　株式会社天理時報社
発行所　株式会社文英堂
〒601-8121　京都市南区上鳥羽大物町28
〒162-0832　東京都新宿区岩戸町17
(代表)03-3269-4231

●落丁・乱丁はおとりかえします。

ΣBEST
シグマベスト

最高水準
問題集

中学 古文・漢文
解答と解説

文英堂

1 古文の読解

01

1 古文の基礎

問一 いたる
問二 B・D（順不同）
問三 ウ
問四 天より人間（5行目）
問五 [例]尊い考えに心中で深く感服した（14字）

解説

問一 歴史的仮名遣いを現代仮名遣いに直す際の原則は、次の通り。
① 語頭以外の「は・ひ・ふ・へ・ほ」は「わ・い・う・え・お」に直す。
② 「ゐ・ゑ」は「い・え」に直す。
③ 「ぢ・づ」は「じ・ず」に直す。
④ 「～a音＋う」は「～o音＋う」に直す。[例]「かう（ka＋う）」は「こう」
⑤ 「～e音＋ふ」は「～ょう」に直す。[例]「けふ（ke＋ふ）」は「きょう」
ここでは②が使われる。仮名遣いの問いは頻出なので間違えないようにしたい。

問二 古文・漢文では登場人物の省略が非常に多いので常に主語（～が・は）と目的語（～に・を）を補って読むことに努めたい。ここでは、雲門大師《うんもんだいし》が大根の葉を流したが拾った。眺めていた庄屋《しょうや》が、3行目にあるように「天下の名僧とも～なさるるや」と、4行目「詰りけり」、つまり責めたのでAの主語は庄屋。大師は拾い上げた大根の葉を指さして、4行目以降で「一茎の～」と言い返したので、Bの主語は雲門大師。雲門大師の言葉の中の5行目「天より人間を養ひくだされん」は「天が人間を養ひくだされん」と言い換えられるのでCの主語は天。庄屋に向かい、7～8行目で「いかに足下はこの感あらざるや」と、雲門大師が「問はれ」たのに対して、庄屋は8行目「返す言葉もな」かったのだから、庄屋に向かって8行目のDの「問はれ」という動作をしたのは雲門大師。

問三 庄屋が2行目「之（これ）」を3行目で「奇とし（不思議に思い）」たのは、その直前に「眺め」ていたことに原因がある。庄屋が見たのは、雲門大師が大根の茎を洗い、一葉を流し、その一葉を追いかけて拾ったことである。さらに大根の葉一枚を追いかけて拾ったことに、3行目で「吝嗇《りんしょく》の振る舞ひ（けちな振る舞い）」と言っている。

問四 雲門大師の言葉に注目する。雲門大師は一葉を指さして、4～5行目で「一葉の微なるも～賜物《たまもの》なり」と言っているので、この部分が解答するべき部分となる。一葉は賜物なので5行目「賜物」からさかのぼり、設問の条件の二十四字を抜き出せばよい。

問五 ――線④の直前に「その後」とあるので、庄屋が雲門大師の教えを受けるようになる前に、8行目「返す言葉もなく、心中深くその知識達徳に感服し」ていたのだから、庄屋は雲門大師の「心中で尊い考えに感服した」のである。

現代語訳

雲門大師が門前の川で大根の茎を洗っていたところ、誤って一枚の葉を流してしまった。大師は川の流れに従ってこれを追いかけ、やっとこれを拾い上げたところ、傍《かたわ》らに立ち止まって眺めていた村の長《おさ》はこれを不思議に思い、「天下の名僧とも言われる大師が、どうしてこのようなけちな振る舞いをなさるのか。」と責めた。大師は不審な顔をしながら、拾い上げた一枚の葉を指さして、「大根の大きい一茎もわずかな一葉も、等しく天が人間を養ってくださろうとして生育なさった賜物だ。したがって一葉を何の役にも立たないと考えて、これを流してこれを捨てて気にとめないのは、これは天の恩を忘れて人の道に背くものだ。」と拾い上げた一枚の葉を捧《ささ》げ持ち恭《うやうや》しく天を拝む。（大師は）振り返って村の長に向かい、「どうしてあなたはこのように思わないのか。」と問いなさったところ、村の長は返す言葉もなく、心の中で深くその尊い考えに感服し、その後は大師の教えを受けたということだ。

得点アップ

▼問二でも述べたが、古文・漢文では登場人物の省略が非常に多い。普段の学習においても教科書で十分なので、常に「〜が・〜は」、「〜を・〜に」を補って（できる限り書き込んでしまって構わない）読む習慣をつけると読解がしやすくなるはずである。登場人物と述べたが、必ずしも人間とは限らず、神や仏だったり、動物だったりすることもあるので柔軟に対応してほしい。また、登場人物の省略とともに、助詞の「が・は・を・に」なども省略されることが多いのでこれらも常に補うように努めてほしい。

02

問一 ア

問二 エ

問三 一族皆よせて披露し、振舞わめきけり（17字・3行目）

問四 イ

解説

問一 絵と本文の一致する部分を探してみる。一コマ目の絵は1〜2行目「鴈《がん》を棚に〜買い」の部分、二コマ目の絵は2行目「『是は』ととふに、『我等《ら》の道にて仕《つかまつり》たる』」の部分、三コマ目の絵は3行目「一族皆よせて〜わめきけり」の部分、とそれぞれ一致する。四コマ目の絵としては最後の5〜6行目「塩鯛《しほたい》に矢をつらぬき持《もち》きたれり。」の部分と一致するアの絵が正解となる。

問二 聟《むこ》は舅に鴈のことを尋ねられ、2行目「我等の道にて仕たる」と言っているので、大地くんの「聟が鴈に矢を刺したのはなぜですか」という問いの答えは、エの「鴈を仕とめたように見せかけるため」が該当する。

問三 雪菜さんの「だまされているとも知らずに大喜びする舅《しうと》」という言葉の「大喜びする」が、本文の3行目「大に悦喜《おほいえつき》し、」に一致するので、「大に悦喜し」たのは舅であり、その直後に3行目「一族皆よせて披露し、振舞《ふるまい》わめきけり」という行動をしたのも舅である。解答は、句点を入れて「一族皆よせて披露し、振舞わめきけり。」（18字）としても可。

問四 一度鴈に矢を刺して持って行ったところ舅が喜んだので、聟はもう一度鴈に矢を刺して持って行こうとして、家の子（家来）に買ってこいと命じるも家来は塩鯛に矢を刺して持ってきてしまう。本文はここで終わっているので、塩鯛を前に聟や舅がどのような反応をしたのかは書かれていない。いわゆるオチの部分は読者の想像に任せる終わり方となっている。

現代語訳

聟がいる。妻の父（舅）のところへあいさつしようとして、ある町を通ったところ、新しい鴈を棚に出して置いてある（売っている）。（聟は）二百で買い、矢を通して（家来に）持たせて行く。舅は聟に会い鴈を見て、「これは」と問うと、聟は「私たちの道中で仕とめました」と答えたので、舅は大いに喜び、一族を皆寄せ集めて鴈を披露し、振る舞って大騒ぎした。聟は調子に乗り、「もう一度鴈を持たせて参上しよう」と家来に示し合わせて、「私は先に行こう。あとから買ってこい」と言い捨てて、先に舅に会うと同じように「いやおどろいたことにわたしはしあわせもので、また鴈を仕とめました」と言う。舅はやりたち自慢げにしている。家来が、塩鯛に矢を刺して持ってきた。「それでは今回の矢は当たらなかったのか」。「だから、鴈には外れて、塩鯛に当たりました」。

得点アップ

▼新傾向・思考力の問い

今後は本文をもとに会話が繰り広げられてその会話と本文の内容を対比・一致させていくものや本問のように絵をもとに本文の内容を把握していく問いが増えていく傾向がうかがわれる。本文そのものは長くなくても、設問に付随する会話が長いものもあり得るので、まずは設問をふくめた全体量を見ておきたい。さらにイラストなどの資料を参照する設問に対処できるよう練習をしておきたい。その際のコツは設問の資料と本文の一致する部分を探し出すことである。資料と本文の一致点から本文の大まかな展開を把握しておくことができればその他の設問を解くときにも役に立つだろう。

03

問一　いいこしらえる
問二　イ
問三　小首かたぶけてしばし沈吟しける（6〜7行目）
問四　a　例 初句の「しら露を」を無断で「月影を」に書き換える（24字）　b　妙案（14行目）　c　重宝（16行目）

解説

問一　仮名遣いについてはp.2の通り。漢字の読みは我々が現代語で読む読み方を用いておいてよい。

問二　古文だけを頼りに解くならば、══「彼」の直前の10行目「せんすべなくて（どうしようもなくて）」と直後の10〜11行目「性質ものぐるほしければ（性格がどうかしているので）」から、性格がどうかしているような、どうしようもないことをしたのは誰か、を追うと、芭蕉《ばしょう》の句を消して書き換えてしまった其《き》角《かく》ということになる。または、**問四**の哲也さんの「其角の行動が、諸侯や周りの人々を怒らせていました」という言葉から、どうしようもない、取り返しがつかない、ことをしたのは其角だということを見出すこともできるだろう。

問三　設問の「芭蕉の俳句について、深く考え込んでいる其角の様子」から、本文5行目芭蕉の「しら露を〜」の句のあとの其角の行動に注目したい。本文では6〜7行目「其角ことさらに感じ入りたる体《てい》にて、小首かたぶけてしばし沈吟しけるが、何思ひけむ、側《そば》の硯《すずり》なる筆押し取り〜」とある。其角が考え込んでいる部分かつ設問の「具体的な動作」にあてはまるのは6〜7行目「小首かたぶけてしばし沈吟しける」の部分である。

問四　この設問も会話を先に見ておいて本文と一致する部分を見出しておくと全体的に解きやすくなる。其角が芭蕉の句に対してしでかした行為は、本文の7〜8行目「しら露をの五《いつ》文字を抹却して、月影をと書き改め」たことである。つまり、師匠である芭蕉の句を弟子の其角が勝手に書き換えたことである。会話部分で先生が「其角が示した考えを〜褒めていましたね。」哲也さんが「諸侯は、機嫌を直したのでしょうね。」と話していることから、空欄bに該当する本文の部分は12〜13行目「芭蕉常よりも心よげに〜この五文字其角が妙案と書きそへてければ、候も御気色《けしき》なほらせたまひしとぞ。」となり、評価した二字の語は「妙案」となる。また、最後の明子さんの「その画幅を〜大切にしている」は、本文の最後の15〜16行目「画幅とて、かの御家の重宝の一つなりとかや。」が一致する部分となり、空欄cの二字は「重宝」となる。

現代語訳

昔、芭蕉の弟子の宝井《たからい》其角がある大名の御前にお呼ばれになって俳諧をしたときに、大名がこれを見よと言って一幅の掛け軸にしてある絵を出して、其角にお見せになったので、（其角が）さらさらと開いて見ると、なんとかという絵描きが、萩《はぎ》に月を最も趣深く描いてあるところに、芭蕉の添え書きする言葉があり、

白露を含んだ萩の花は風が吹いてもうねって露をこぼさないのだなあ

と読み終わって、其角は特別に感動した様子で首を傾けて考え込んでいたが、何を思ったのだろうか、側の硯にある筆を奪い取り、しら露をの五文字を消して、月影をと書き換えた。大名は非常に機嫌を損ねた様子にお見えになったので、大名の近くに仕える人々もその（其角の）失礼を怒るけれども、其角は平然として、すこしも屈服する様子がなかったので、今となってはどうしようもなくて、彼は性格がどうかしているのでなどと言いつくろう者がいて、（其角は大名の）御前から退出した。そして、後に芭蕉をお呼びになり、先ほどの話をお話しになったところ、芭蕉はいつもよりうれしそうに、掛け軸にしてある絵を開いて微笑みながら、筆に（墨を）つけて月影をと書いてあるそばに、この五文字其角の妙案と書き添えたので大名のご機嫌も直りなさったということだ。この一幅（の掛け軸）は今に（なっても）芭蕉と其角の書き損じの掛け軸にしてある絵として、その大名家の貴重な宝物の一つだということだ。

得点アップ

▼「俳句」と「短歌」…「歌」の変遷

江戸時代、松尾芭蕉によって「俳諧」が流行し、現代の「俳句」となっている。「俳諧（俳句）」が生まれた背景には「歌」の歴史がある。古くは奈良時代からあった「長歌」である。長歌は「五音・七音」を繰り返し（何回でもよい）終わりを「七音・七音」で締めくくる。「万葉集」にはこの形の歌が多く収録されている。平安時代に「五音・七音」を二回までにして、締めく

くりの「七音・七音」を組み合わせて「五・七・五・七・七」の形にした。「古今和歌集」以降はほぼこの形となった。和歌のことを現代語で短歌というのはこのためである。平安時代後期から上の句の「五・七・五」と下の句の「七・七」を別々に作りつなぎ合わせる「連歌」という遊びが生まれ、鎌倉時代から室町時代にかけて流行する。江戸時代には上の句だけで完結させる形が生まれたが、新ルールの「季語」を搭載することにした。これが「俳諧（俳句）」の生まれた経緯とされている。

04

問一　エ
問二　⑴　僧
　　　⑵　例上のうすに物をためることができない（17字）
問三　イ

解説

問一　――線①の直後の2行目「杵一つにて、うす二つをつく」とある。イとウは「杵《きね》一つ」になっていないので誤り。また、その続きに3～4行目「一つのうすをば常のごとく置き、一つのうすをば下へ向けて吊《つ》るすべし。さて杵を上げ下ろさむに、二つのうすをつくべし」とあるのでこの発言に合致するのはエの図である。

問二　⑴　――線②の前で弟子が5行目「上のうすに～つき候はめ」と発言したために、弟子と会話をしている「誰か」は言葉に詰まってしまったのである。本文冒頭に「僧の弟子どもにいはく」とあるので、弟子と会話をしているのは「僧」だとわかる。「僧の弟子ども」の「の」はここでは主語を表す「が」に置き換える。

⑵　弟子の発言の中に――線②の「難（＝欠点）」の指摘があるはずである。弟子は5行目「上のうすに物がたまり候《さうら》ふべくはこそ（＝上のうすにもし、物をためることができるのでしたら）」と言っているので、実際には「上のうすに物をためることができない」、「上のうすのものが落ちてしまう」から杵でつくことはできない、ということである。「上のうすに物が残らない」、「上のうすのものは下に落ちる」という内容であれば正解である。

問三　この話の、杵一つでうす二つをつく方法は現実的には不可能な理屈の上だけのことである。これに合致することわざはイ「机上の空論」である。

現代語訳

あるとき、僧が弟子どもに言うには、「世間の人は愚《おろ》かで思いもよらないことを、私は思いついた。杵一つで、うす二つをつく方法があるぞ。一つのうすをいつものように置き、一つのうすを下へ向けて吊るすのがよい。そうして杵を上げたり下ろしたりしたら、二つのうすをつくことができる」と言う。弟子が言うには、「上のうすにもし、物をためることができるのでしたら、私がつきましょう」と言うので、（僧は）「その欠点があったな」と言って、（言葉に）詰まってしまった。

05

問一　イ
問二　ア
問三　エ

解説

問一　――線①の前に2行目「木の末にのみ住み」とあり、――線①のあとに3行目「栖《すみか》（住んでいる所）あまりに危ふく見えて」とある。また、――線①の「鳥の巣」は普通どこにある物なのか。これらを考え合わせればイの「樹上」が正解だとわかるだろう。

問二　――線②で白楽天《はくらくてん》が三礼して去ったのはその直前の和尚《かしょう》の言葉を聞いたからである。白楽天は和尚の発言に感銘を受けた、ということである。だとすればウの「同じ考え」「仲間意識」は適合しない。また、7～8行目の和尚の発言「知れることは～まどへり」には詩作の話題や仏教を軽んじる内容はないのでイとエは除外できる。よって解答として残るものはアしかない、ということになる。

問三　和尚の発言「知れることは～まどへり」に着目したい。7～8行目「～

三歳の嬰児《えいじ》（＝幼い子）も知れり。～八旬（＝八十歳）の老翁もまどへり」と「子供でも知っているが、老人でも～」とあることから、「まどへり」の内容は「（知っていても）することができない」ということとなる。つまり「誰でも知っているが実行できない」と述べているエが正解ということになる。「まどふ」は「うろたえる・思い悩む」と現代語の「とまどう」に近い意味の古文単語である。

現代語訳

中国で道林禅師《どうりんぜんじ》という人は、この世があまりにはかないことに耐えられなくなって、木の先端にだけ住んでいましたのを、白楽天が見まして、鳥の巣の禅師などと名付けて、「和尚の住んでいる所はあまりに危なく見えますものだなあ」と言うと、和尚は答えて、「お前がこの世を忘れて、人と交わり暮らしていることがもっと危ない」と言った。また、楽天が問うには、「どのようなものですか、仏法とは」と。和尚は答えるには、「もろもろの悪を行うな、もろもろの善を行え」。楽天が言うには、「その道理は、三歳の幼い子も知っている」。和尚が言うには、「知っていることは、三歳の幼い子も知っている。実行することは、八十歳の老人も思い悩む（途方に暮れる）」と言ったところ、白楽天は三礼して去っていった。

得点アップ

▼古文の時代の平均寿命

平安時代の平均寿命は三十～四十歳くらいで江戸時代でも三十歳代だったそうだ。現代では人生百年などと言われるので古文の時代は現代の我々の倍以上の速さで生きていたことになるのだ。古文の時代では十代半ばには結婚、出産を迎えるが、現代でいえば二十代後半から三十代初めくらいに相当するので平均寿命から考えると不自然ではなかったことがわかってもらえるだろう。これが世代を超えて受け継がれると、古文の時代では三十代にもなると自分の子供に子供が生まれて、自分はおじいちゃん、おばあちゃんになってしまう。八十歳というのはかなりのご長寿ということになる。

2 物語

06

問一　よさそう
問二　ウ
問三　イ
問四　ア

解説

問一　「～a音＋う」は「～o音＋う」となるので、2行目「良ささう」の下の「さ」について、「～さ（sa）＋う」が「～そ（so）＋う」になる。

問二　――線②を分解してみると、「羽づかひが／かやうでは、／飛ばれまい」となり、2行目「羽づかひ」とは「羽の使い（方）」のことであるので、ウがあてはまる。3行目「飛ばれまい」の「れ」は現代語の「れる・られる」にあたり、「可能（＝～できる）」の意味を表す。

問三　――線③の前に、4行目「亭主これを見て、『あれ見給へ（＝あれを見なさい）。～』」とあるので、絵描きが見た5行目「これ」は亭主が見た4行目「これ」と同じものである4行目「本《ほん》の白鷺が四五羽うちつれて飛ぶ」様子である。

問四　本物の白鷺が飛ぶのを見たにもかかわらず、絵描きは「いやいや～それがしが描いたやうには、得飛ぶまい」と自分の非を認めようとしないのである。

現代語訳

ある者が、座敷を作ってふすまに絵を描かせた。白鷺だけを描いた絵を望んだ。絵描きは、「わかった」と言って焼き筆で下絵を描いた。亭主が言うには、「どれも良さそうだけれども、この白鷺が飛びあがっているのは、羽の使い方がこのようでは飛ぶことはできないだろう」と言う。絵描きが言うには、「いやいやこの飛び方がもっとも優れたところだ」と言ううちに、本物の白鷺が四五羽連れ立って飛ぶ。亭主がこれを見て、「あれをご覧なさい。あのように描きたいものだ」と言うと、絵描きはこれを見て、「いやいやあの羽の使い方であっては、私が描いたようには、飛ぶことはできないだろう」と言った。

得点アップ

▼古文の「る・らる（れ・られ）」は現代語の「れる・られる」

古文で主にa音に「る・れ」がついているときの「る・れ」は現代語の「れる・られる」に相当することが多い。設問を解くのに特に必要ないときや時間がないときは「れる・られる」をはさんでおけば大体は通じるが一般的なルールを紹介すると、

・下（真下とは限らず多少離れてもよい）に打消の語があるときの「る・らる」は「可能（＝〜できる）」の訳をとる。
・心の動きを表す言葉に「る・れ」がつくときは「自発（＝自然と〜してしまう）」の訳をとる。
・上に「××によって（英語の受動態で出てくる「by ××」）」があれば（ない場合でも補えるときは）「受身（＝〜される）」の訳をとる。
・ここまでの三つにあてはまらないときは「尊敬（＝〜なさる）」の訳をとる。
としておけばよい。

07

問一　a 喰らへ　b すくめ
問二　X イ　Y ア
問三　i オ　ii ウ
問四　エ
問五　例 鳥もちに捕まった小鳥がばたばたして体中もちまみれになり、動けなくなり人間に捕まってしまうこと。
問六　例 鳥もちから逃れることができた鵯は、そのことを自慢したが、その慢心が仇となり、人間の二重の計略によって、鵯は人間に捕まってしまう。

解説

問一　古文の動詞の活用はおおむね現代語と同じように考える。aの「喰らふ」は「喰らは＋ない」、「喰らひ＋ます」、「喰らふ＋。」、bの「すくむ」は「すくめ＋ない」、「すくめ＋ます」、「すくむ＋。」、となり、aは真下に*4*行目「ども」があるので「喰らへ＋ども」、bは真下に*4*行目「て」があるので「すくめ＋て」とすればよい。

問二　X　鵯《ひよどり》が小鳥どもに語っていることをおさえたうえで*7*〜*8*行目「汝ら《なんぢ》は、黏《もち》にかかりたる時〜動くこともならずして、とらへらるる、」とあるので主語は「汝ら（＝あなたたち）は」になり、この「汝ら」は小鳥たちのこととなる。

Y　傍線部のあとに、*11*行目「さすがの鵯殿も、あわてさわぎ給《たま》ふ」とあることから、*10*〜*11*行目「下なるはごを、せなかに付け」るのは鵯であるとわかる。鵯の語りに対して鷦鷯《みそさざい》が言い返しており、*10*〜*11*行目「例のごとくぶらさがりて、下へ落つれば、下なるはごを、せなかに付け、」は鵯の言葉の*6*行目「ぶらさがり居れば、はごは上に残り、身ばかり下に落つる」への反論である。ぶら下がっていればはごは上に残って自分の体は下に落ちると言う鵯に対して、下に落ちると下にあるはごをせなかに付けることになると鵯に反論しているのである。

問三　i　*8*行目「才智」は「才能・知恵」から「賢い・賢明」が推測できるだろう。「〜がましく」は「〜っぽく」程度におさえると「賢いっぽく・賢明っぽく」となり、オ「利口ぶって」が導ける。また、鵯の言葉に鷦鷯が異論を唱えていることからも鵯の言葉は賛同に値しないものであったということになる。

ii　*14*行目「いたづらに」は「むだに」という意味の古文単語。類義語に「はかなく」などもある。そこから派生して「いたづらになる・はかなくなる」で「死ぬ・亡くなる」という語もある。

問四　――線①の前で、鵯は南天の実を食べ、小鳥たちは畑の作物や庭の菓を食べている。鵯は*4*行目「亭主知る事なし。」と気づかれずに食べることができているが、小鳥たちは*2*行目「さわぐによりて」人に気づかれ、*2*〜*3*行目「網をはり、黏を置く」という対策（工夫）をされてしまうのである。

問五　直前の*7*〜*8*行目「（小鳥たちは）動くこともならずして、とらへらるる」ことが――線②「不調法の至り」なので、小鳥たちがどうして人間に捕まってしまうかをまとめればよい。

問六　*15*行目「仇」は「今までの才覚の巧」、つまり鳥もちから逃れる工夫である。また、鵯は鳥もちから逃れ、人間に捕まらなかった話をしていたので、鷦鷯

の言う15行目「禍」は「鳥もちから逃れることができず人間に捕まってしまうこと」である。

現代語訳

　鵯が、小鳥どもを集めて言うには「あなたたちは畑の作物に取りつき、または庭の果物を食べるのに、いらない大声で友を呼んで騒ぐことによって人が小鳥の来て集まるのを知って、網を張り、鳥もちを置くのだ。私は冬になり、山に食い物がないときは人家に来て、縁先にある南天の実を食べるけれども、亭主が知る事はない。あまりのおかしさに、飛び立つ瞬間に、大きな鳴き声で、礼を言って帰るのだ。万一鳥もちにかかっても、少しも騒がず、身をすくめて、そっと仰向けになって、ぶらさがっていれば、はご（鳥もちをつけた道具）は上に残り、体だけが下に落ちるときに、こそこそと飛んでいくのだ。あなたたちは、もちに掛かったときに、慌てて騒いで、ばたばたするから、体全体にもちを塗りつけて、動くこともできなくなって、捕らえられてしまう、過ちの極みだ」と利口ぶって語る。

　末座にいた鷦鷯という小鳥が、笑って言うには、「人は鳥より賢くて、一度このような目にあった者は、下にも細いはごを置いて、いつものようにぶらさがって、下へ落ちると、下にあるはごを、背中に付けて、思いもよらないことなので、さすがの鵯殿も、慌てて騒ぎなさるせいで、体全体にもちを塗って捕らえられてしまうことは同じことだ。世間の小賢しい人は、皆鵯のようだ。自分の才覚を用いて、一旦成し遂げたことがあると、自分で満足して、いつもこのようなものだと思ってしまう。天下の人はどうして皆おろかであろうか、いやそうではあるまい。人はその巧みさを知り念のための二重の計略をうつことで、今までの才覚の巧みさがむだになって、かえって仇となって、災いを招くことを知らないのだ」。

得点アップ

▼古文の動詞の活用

解説で述べたようにおおむね現代語と同じように扱えばよい。ざっくりとした法則として、「て」の手前は連用形、「で」の手前は未然形、「ど」の手前は已然形、「と」の手前は終止形、と覚えておこう。連用形は真下に「ます」をつけるときの言い方、未然形は真下に「ない」をつけるときの言い方、已然形は現代語にはない活用形だが、仮定形と似た形になることが多い。終止形は「。」をつける、辞書を引くときの言い方、などとしておけばよい。

08

問一　イ

問二　ア

問三　c

問四　黒

問五　例 檜垣の御の詠んだ見事な歌に込められた落ちぶれて老けこんだ境遇をかわいそうに思ったから。

解説

問一　――線①の直後に2～3行目「純友《すみとも》が騒ぎにあひて」とあるので、それ以前の様子が設問の「もともと」、――線①の「かくて」の内容となる。直前に1～2行目「いとらうあり、をかしくて世を経たる」とあり、「世を経（たる）」とは「生きる・暮らす・生活する」という意味の言葉なので、2行目「かくて」は1行目「いとらうあり、をかしくて」である。「らうあり」は「物事によく通じている・経験を積んでいる」という意味の語なので解答は**イ**となる。

問二　――線②の「いみじ（う）」は「たいそうな・はなはだしい」という意味の語でプラスマイナスどちらでも使える語。ここでは直前に2～3行目「純友が騒ぎにあひて、家も焼けほろび、物の具もみな取られ果てて」と明らかにマイナスにはなはだしい状況である。家も物の具も失ったことを表す選択肢は**エ**以外だが、物の具を「火消しの道具」と限定している**ウ**と、「騒乱に出兵した」と本文には書かれていないことを述べている**イ**を除外して解答を**ア**とする。

問三　古文・漢文において、登場人物と助詞を補う習慣は常にもちたい。4～6行目に「野大弐《やだいに》（は）～ありしわたりを、たづねて、『檜垣の御と～住むらむ』とのたまへば』とあるので、aとbの主語は野大弐。一般的に「動作＋て、」の形は同じ主語の動作が継続することが多い。逆に「動作＋ば、」の形は主語が交代することが多い。ただし、「感情＋ば、」の形は同じ主語の動作が継続することが多い。野大弐の言葉のあとに「供なる人」が登場し、さらに9行目「嫗《おうな》」が登場する。誰かが9～10行目「家に入りける」が、野大弐は6行目「いづくにか住むらむ（＝どこに住んでいるのだろう）」と言い、供なる人も6行目「このわたりに～（この辺りに～）」と檜垣《ひがき》の御《ご》の家を知らない様子なので家に入るのは野大弐でも供なる人でもないことがわかる。dの主語は、檜垣の御をお呼びになった人物なので、野大弐である。よって、主語となる人物が異なるのはcとなる。cの主語は8～9行目「かしら白き嫗《おうな》の、水汲《く》める」である。また、家に入った誰かについて、～～線cの直後に10行目「ある人」が10行目「これなむ檜垣の御」と言っているので、家に入った嫗の正体は檜垣の御ということになる。

問四 12行目「むばたまの」は「黒」などの語を導く枕詞。枕詞は和歌の修辞（表現技法）の一つで、決まった語を下に伴う五音の句である。また、空欄の直後の12行目「髪は白川の」から、髪や頭についての記述を探すと8～9行目「かしら白き嫗」が見つかる。どうだった髪は「白」になったのか。「黒」かったということが推測できるだろう。

問五 檜垣の御が詠んだ12行目「むばたまの～」の歌に対する報酬であることは確かではあるが、13行目「あはれがりて」の内容にも触れたい。「あはれ（なり）」は直訳すれば「しみじみ思う」となるので、「しみじみ思ったから」でも一応の解答とはなるが、この「しみじみ」には問二の「いみじ（う）」同様にプラスとマイナスの思いがあり、ここでは歌にある「水は汲《く》むまでなりにける」、白髪になるまで年老いても自分で水くみをしている落ちぶれた生活（境遇）に対して憐《あわ》れむ感情が13行目「あはれがりて」に込められており、檜垣の御を気の毒に思って衵《あこめ》をプレゼントしたと考えられる。

現代語訳

筑紫にいた檜垣の御といったのは、様々なことに経験を積み、風流な暮らしをしていた者だった。長い間このように暮らし続けていたが、純友の騒ぎに遭い、家も焼けてなくなり、調度品もみな取られきってしまい、ひどいこと（とても貧しい暮らし）になってしまった。このようなこととも知らないで、野大弐が、討ち手の使いで下りなさって、その人の家があった辺りを訪ねて、「檜垣の御といった人にどうにかして会いたい。どこに住んでいるのだろうか」とおっしゃると、「この辺りに住んでいました（はずです）」などと、お供の人も言った。「ああ、このような騒ぎで、どうなったのだろう。ぜひ訪れたいものだな」と（野大弐が）おっしゃっていると、頭が白い（白髪の）お婆さんで、水を汲んでいるお婆さんが、前を通りみすぼらしい家に入った。ある人がいて、「これが檜垣の御」と言った。（野大弐は）たいそうしみじみ（気の毒に）お思いになって、お呼びになるが、（檜垣の御は）恥ずかしがって出て来ないで、このように言った。

（私の）黒かった髪は白川のように白くなり（それだけ年老いてしまい）、
（純友の騒ぎのせいで）白川の水を（自分の手で）汲むまで落ちぶれてしまいました。

と詠んだので、しみじみと気の毒に思い、着ていた衵を一重ね脱いで（檜垣の御に）与えた。

得点アップ

▼はっきりしないときは一旦置いておく

問二のようにやや紛らわしい選択肢に迷ったときは、まず一旦置いておくのがよい。そのうえで選択肢に述べられている言葉をよく見て、その言葉に相当する表現が本文中に書かれているかを検討しよう。原則は「書いてないことは嘘《うそ》」。最後の二択で失敗してしまうケースのほとんどは最後のツメで感覚や話の流れという根拠のない考えに惑わされてしまっているのである。選択肢に騙《だま》されないようにする秘訣は、選択肢の言葉に注目することである。また、**問三**のように「異なるものを一つ」という問いでも、わかりそうなところから手をつけてみよう。同じものが見つかれば少なくともその二つは解答から除外できる。「異なるもの」の設問は2：1を作り出すことで正解に近づくはずである。

09

問一 エ

問二 (1) イ

(2) a ア

b 例 (雪と涙にぬれた袖を)絞ることができないくらいの悲しみ。(17字)

問三 ウ

問四 イ

解説 **問一** ――線①の直前で3行目「～叶《かな》ふまじ」と言っていることから男は聞き入れず拒否する姿勢であることがわかる。「まじ」は現代語の「まい」に相当する語(助動詞)で、否定を表すことがわかればよい。この段階で解答は**イ**か**エ**に絞られる。ここで**イ**の「教え諭して」という動作はしていないことがわかれば解答は**エ**となる。さらにその前で2～3行目「謀叛《むほん》の人の妻子にてぞましますらん」と言っている。この部分の「らん」の「ん」は「む」が変化したもので「む」や「らむ」はいわゆる推量を表す語だと気づくことができれば、「謀叛の人の妻子?」と怪しんで疑っていることが読み取れる。このことからも**エ**を導くことができるだろう。

問二 (1) **ア**の「対句」とは、似た形やリズムの文・フレーズを並べて表す表現技法のこと。**イ**の「係りの助詞」とはいわゆる係り結びに用いる助詞のこと。**ウ**の「文末を体言に」というのは、体言止めと呼ばれる表現技法。**エ**の「倒置法」は言葉の順序をわざと逆にして表す表現技法。ここでは係りの助詞「ぞ」が用いられており、似た形のフレーズは並んでいない、文末は体言(名詞)ではない、言葉の順が逆になってもいない、ことから**イ**しか解答の候補がない。

(2) この問いは**b**を先に処理したほうがよいだろう。「～かねる」は現代語でも使う表現で「～できない」という意味になる。絞ることができないのは「雪と涙にぬれた袖」であるが、「絞ることができないくらいの涙」とはどのような感情か。悲しみ、辛さ、でよいだろう。では、そのような悲しみに涙している人は誰か。ここで4行目「降る雪」がヒントとなる。「絞ることができない雪」ということは屋外にいる登場人物に他ならない。主の男は家の中に入り、主の女は家の中から出てきたのだから、このとき屋外にいたのは常葉《ときわ》だけである。

問三 主の女の発言、中でも――線④のあとに注目したい。7行目「女はひとつ身なり。入らせたまへ(＝同じ女どうしです。お入りください)」と主の男は入ることを拒否したが、主の女は入ることを許したのである。これが設問の「異なる対応」のこと。また、――線③のあとでは6～7行目「謀叛の人に同意したりとて、とがめなどはよもあらじ。(＝謀叛の人に味方したからといって、責められることはまさかないだろう)」とあることもヒントとして、選択肢を検討しよう。本文に該当する語や表現がない、となれば正解にはならない。

問四 7行目「高き」「いやしき」が何を表しているのか。共通するものさしは「身分」である。「上下」とは何の上下か、という問いもあるので物理的なものでなければ通常は身分のこととしておけばよい。

現代語訳

ある小屋に立ち寄って、「宿をお借りしたい」と言うと、主人の男が出てきて(常葉を)見て、「今時、夜が更けてから、幼い人々を引き連れて迷われなさるのは、謀叛を起こした人の妻子でいらっしゃるのだろう。(願いは)叶えられまい」と言って男は内へ入ってしまった。(常葉は)落ちる涙も降る雪も、左右の袖をぐっしょりぬらし、柴《しば》の編戸《あみど》に顔をあてて、(袖を)絞ることもできないで立っていた。主人の女が出てきて(常葉を)見て言ったのには、「私たちは頼りになるような身分ではないので、謀叛の人に味方したからといって、責められることはまさかないだろう。身分が高い人も低い人も同じ女どうしです。お入りください」と言って、常葉を内に入れて、様々にもてなしたので、(常葉は)生きた心地になった。

得点アップ

▼係り結びについて

文中に「ぞ・なむ・や・か・こそ」という「係助詞」があると文末の語を「ぞ・なむ・や・か」のときは連体形に、「こそ」のときは已然形(現代語の「仮定形」)にするという文法の決まりである。原則として「ぞ・なむ・こそ」の係り結びは特に訳す必要はないが、「や・か」の係り結びの際は現代語訳の末尾に「〜か」とつけて疑問文の訳にすると比較的きれいに訳ができる。問に係助詞をはさんで文末の形を変えることで強調する狙いがあったが、古文が現代文に変わった明治時代に係り結びは廃止されてしまい、現代語でその名残を見ることは極めて少なくなってしまった。

10

問一　ア
問二　3
問三　a ア　b エ　c ウ
問四　例落ち着かなかった（ということ。）（8字）
［別解］例安心できなかった（ということ。）（8字）
問五　イ
問六　例道に迷わないように、老馬を先に追い立てて山中を進ませるという対策。（33字）
問七　エ
問八　(1) イ　(2) a ×　b ○　c ×　d ×　(3) ウ

解説　**問一**　旧暦は知っておいて損のない知識の一つである。一月から順に「睦月《むつき》・如月《きさらぎ》・弥生《やよい》・卯月《うづき》・皐月《さつき》・水無月《みなづき》・文月《ふづき》《ふみづき》・葉月《はづき》・長月《ながつき》・神無月《かんなづき》《かみなづき》・霜月《しもつき》・師走《しわす》」と呼ぶ。

問二　係り結びは係助詞「ぞ・なむ・や・か・こそ」が文中にあり、文末が「ぞ・なむ・や・か」のときは連体形に、「こそ」のときは已然形に、それぞれ変化する文法の決まりである。一番簡単な見つけ方は係助詞「ぞ・なむ・や・か・こそ」があれば係り結びを疑うことである。その視点で二重傍線部を見ると、3だけ「こそ」が使われていることがわかる。

問三　単語などの知識では解決しない場合は傍線部などの設問箇所の前後からヒントを探して推測するのが有効である。**a**「悪所」は、「悪い所」だが、何がどう悪い所なのか。══線3の直後に8〜9行目「悪所におちては死にたからず。あつぱれこの山の案内者やあるらん」と「山」についてのことであるとわかる。「山の悪い所」という視点で選択肢を検討すれば**ア**「道の険しい」が推測できよう。**b**「まことし（から）」は「本当だ」、「ず」は「ない」なので、「本当ではない」が直訳となる。**c**の「やさし（う）」は古文単語として、「優美だ」という訳語があてはまるが、ここでは別府小太郎《べっぷのこたろう》の言ったことを認める姿勢を表すために使われた言葉だと気づきたい。そこから、ネガティブな表現の**イ**と**エ**は除外、別府小太郎は、父の義重《よししげ》法師が言っていたことを伝えただけなので**ア**「親孝行」はあてはまらない。

問四　──線①の直前に2行目「今や寄する、今や寄すると」とあり切迫、緊張した状況がうかがえる。このことを前提に──線①を改めてみてみると2〜3行目「やすい心」の「やすい」は「安心・安全」でよいので「安心する心」、3行目「もなかりけり」は「もなかった」でよく、組み合わせれば「安心する心もなかった」となる。「安心できなかった」でも正解だが、設問に「どういうこと」とあるので表現を変えて解答できれば優れた解答になる。

問五　──線②の「傍若無人」とは「勝手に振る舞うさま・無遠慮な言動をする様子」という意味の言葉なので**イ**の「無遠慮に」があてはまる。

問六　──線③の直前で22〜23行目「白葦毛《あしげ》なる老馬に鏡鞍《かがみぐら》置き、白轡《しろぐつわ》はげ、手綱むすんでうちかけ、先に追つ立てて」とあるので、「老馬を先に追い立てて」山に入ることである。これは別府小太郎に父の義重法師が教えた言葉の18〜19行目「老馬に手綱をうちかけて、先に追つ立ててゆけ。」を受けたものである。

問七　兵者どもの8〜9行目「あつぱれこの山の案内者やあるらん（＝ああ、この山の案内者はいるだろうか）」という疑問に対して、平山武者所《ひらやまのむしゃどころ》は10行目「季重こそ案内は知つて候へ（＝季重（私）が道を詳しく知っております）」、別府小太郎は17〜18行目「父で候ひし義重法師が教へ候ひしは〜」とそれぞれ対策を発言している。このことから**エ**「貢献しようと」があてはまる。**イ**はこの二人の発言から「無益な戦いを避けよう」ということを読み取ることができない。

問八 (1) ——線Xの言葉を平山武者所はどのような意図で言ったのか。*13*〜*14*行目「吉野、泊瀬の花をば歌人が知り、敵のこもつたる城の後ろの案内をば、剛《かう》の者が知る候ふ」から、「吉野、泊瀬の花は歌人が知っている、敵のいる城の後ろの案内は武士が知っている」と、物事はその分野の専門家が知っているということを言いたかったと考えられる。また、——線Xの前で「季重こそ案内は知つて候へ」に対して、御曹司が*11*行目「わ殿(=あなた)は東国育ちの者の、今日はじめてみる西国の山の案内者、〜」と言ったように、初めて来た西国にもかかわらず平山武者所はなぜ「知っている」と断言できたのか。それは、吉野、泊瀬の花を歌人ならば誰でも知っているように、敵のいる城の後ろの様子は勇敢な武士ならば誰でもが知っている、ということを言いたかったのである。

(2) 内容一致の設問の解法の原則は「選択肢の言葉と同じ言葉を本文中から探し、その前後を手掛かりに真偽を判定する」ことである。aから順に検討すると、aは「吉野に住むようになった」とあるが、Bさんが見つけた記述の*2*〜*3*行目「吉野山を恋ひ、〜住み給ひしかば」を手掛かりにすると、住んだのは吉野ではなく京の町だと気づくことができる。b「桜を植えて住んだ場所は、人々から桜町と呼ばれる」は*2*〜*3*行目「町に桜を植ゑならべ、〜住み給ひしかば、〜見る人、桜町とぞ申しける。」に合致する。c「せめて七日咲き続けるようにと神に祈った」について*4*〜*6*行目「桜は咲いて七か日に散るを、〜天照御神《あまてるおほんがみ》に祈り申されければ」を手掛かりに考えるが、「七日」なのは「咲き続けるようにと」祈った期間ではない。「七日で散る」のを名残惜しんでそれ以上咲き続けるよう祈ったということなので誤り。d「天皇は、自らも神に祈り桜の寿命を延ばしてもらった」は*6*〜*7*行目「君も賢王にてましませば、神も神徳を耀《かがやか》し〜」が手掛かりになるが、天皇が祈った記述はないので誤りとなる。

(3) 選択肢の中に出てくる作品名がヒントになる。「万葉集」は奈良時代、「古今和歌集」は平安時代、「新古今和歌集」は鎌倉時代。この知識があれば、平安時代末期の「平家物語」は**ウ**の位置にあてはまる。

現代語訳

源氏はあそこに陣をとって馬を休め、ここに陣をとって馬にえさをやることなどしていたが、急がない。平家の方では、今や寄せてくる、今や寄せてくると、安心できなかった。

六日の明け方に、九郎御曹司は、一万余騎を二手に分けて、まず土肥二郎実平《とひのじろうさねひら》を七千余騎で一の谷の西の平家の軍勢にさし向ける。自分自身は三千余騎で一の谷の後、鵯越《ひよどりごえ》を落とそうと、丹波路《たんばじ》から敵の背面に回られた。武士どもは、「ここは有名な道の険しい所だそうだ。敵と戦って死にたいけれども、道の険しい所に落ちて死にたくはない。ああ、この山に詳しい者はいないのか」と、それぞれに申したので、武蔵国住人平山武者所(平山季重《すえしげ》)が進み出て申したのは、「季重が道を詳しく知っております」。御曹司、「お前は東国育ちだが、今日初めて見る西国の山の案内(など)、大いに本当らしくない(できるとは思えない)」とおっしゃると、平山が重ねて申したのは、「殿のおことばとも思われませんなあ。吉野や泊瀬の花を歌人が知り、敵が籠もっている城の後の案内を、剛の者(武士)が知るものです」と申したところ、これがまた、傍若無人に聞こえた。

また武蔵国住人別府小太郎といって、生年十八歳になる若者が進み出て申したのは、「父でありました義重法師が教えましたのは、『敵に襲われたにせよ、山越えの狩りをもしたにもせよ、深山に迷ったようなときは、老馬に手綱を掛けて、先に追い立てて行け。必ず道に出るぞ』と教えました」。御曹司は、「感心《けなげ》にも申したものだな。『雪が野原を埋め尽くしても、老いた馬だからこそ道を知っている』というたとえがある」といって、白葦毛の老馬に鏡鞍を置き、白く磨いた轡《くつわ》をかませ、手綱を結んで掛け、先に追い立てて、まだ知らない深山へお入りになる。季節は二月初めの頃なので、峰の雪はまばらに消えて、花かと見える所もある。谷の鶯が訪れて(鳴き)、霞みに迷う所もある。

【Bさんが見つけた記述】

そもそもこの成範卿を、桜町の中納言と申し上げたのは、とりわけ風流に心を寄せなさっている人で、いつも吉野山を恋い、町に桜を植え並べ、その中に邸を造って、お住みになったので、毎年春ごとに、桜を見る人たちが、桜町と申しあげた。桜は咲いて七日で散るのを、名残を惜しんで、天照大神《あまてらすおおみかみ》に(もっと散らないで残っていてと)祈り申し上げられたので、二十一日まで名残を止めていたのであった。天皇も賢王でいらっしゃるので、神も神徳を発揮され、花にも心があったので、二十日《はつか》の命を保ったのだった。

11

問一 オ
問二 ウ
問三 ア
問四 ウ
問五 エ
問六 イ
問七 イ

解説 **問一** ──線①の直後の1〜2行目「ふたぎてさぶらへど」の現代語訳「袖でかくして〜」から、突然現れた相手に袖で隠すものは「顔」であると判断する。古文では女性は顔面を他人にさらすことをはしたないとする考えがあったという古典常識を知っておきたい。

問二 ──線②のあとの2〜3行目「めでたくおぼえさせたまひて（＝すばらしいとお思いになって）」を修飾しているのが──線②「類なく」なので、この「類なく」は「とても・たいそう」という意味で解釈できる。それにあてはまるのは**ウ**「抜群に」である。

問三 登場人物を初めから追うのが一般的な方法だが、登場人物の判定法としては以下のような方法もある。それは、尊敬語（給ふ・おはす など）を使っている人物と、使っていない人物に分けるやり方である。常に完全にできるわけではないが、**問三**の選択肢を見ると、**イ**は「たまひ」、**ウ**は「おはしまさ」、**エ**は「たまふ」、**オ**は「思し」と尊敬語が使われているが、**ア**だけは尊敬語がない。このことから、**ア**だけは違う人物の動作であることが推測できる。また、本文で、帝が1〜2行目「逃げて入《い》る袖《そで》をとらへたまへば、面をふたぎてさぶらへど（＝奥へ入る（かぐや姫の）袖を捕らえなさると、面を袖でかくしておそばに控えているけれども）」と、帝には1行目「たまへ」と尊敬語が用いられているが、捕らえられた相手のかぐや姫には尊敬語が用いられていないことがわかる。

問四 設問の「そうではございませんので」が入るということは、各選択肢の前に述べたことを否定したことが理由となり、各選択肢のあとにその結果が続く箇所ということになる。**ア**は1〜2行目「面をふさぎてさぶらへど（＝面を袖でかくしておそばに控えているけれども）＋「そうではございませんので」→2行目「初めよくご覧じつれば（＝初めによくご覧になっていたので）」…面を袖でかくして控えているけれどもそうではないので、初めにご覧になってだと、つじつまが合わない。**イ**は3行目「率《ゐ》ておはしまさむとするに（＝連れていらっしゃろうとすると）」＋「そうではございませんので」→「かぐや姫答えて」…連れていらっしゃろうとするとそうではないので、かぐや姫が答えるとすると、これもつじつまが合わない。**ウ**は4〜5行目「この国に生れてはべらばこそ、使ひたまはめ（＝この国に生まれますならば、宮仕えさせることもおできになるでしょうが）」＋「そうではございませんので」→5行目「いと率ておはしましがたくやはべらむ（＝連れていらっしゃるのはとても難しくございましょう）」…この国に生まれていないので、連れていらっしゃるのは難しいとなり、これはつじつまが合う。**エ**は6行目「御輿《おほんこし》を寄せたまふに（＝御輿をお寄せになると）」＋「そうではございませんので」→7行目「このかぐや姫、きと影になりぬ。（このかぐや姫は急に影になった。）」…御輿をお寄せにならないのでかぐや姫は影になった。これもつじつまが合わない。**オ**は8行目「げにただ人にはあらざりけりと思して（＝ほんとうにふつうの人ではなかったよとお思いになって）」＋「そうではございませんので」→9行目「さらば、御供《とも》には率て行かじ。（それならば、御供には連れて行くまい）」…ふつうの人ではなくない（＝ふつうの人だ）ので、連れて行かないとなり、これもつじつまが合わない。

問五 ──線③「いと率て〜（＝連れていらっしゃるのはとても難しくございましょう）」の通りに、6〜7行目で帝が「御輿を寄せたまふ（＝御輿をお寄せになる）」と、「このかぐや姫、きと影になりぬ（このかぐや姫は急に影になった）」のだが、その理由は**問四**で検証した「かぐや姫はこの国に生まれていない」からである。

問六 かぐや姫が8行目「ただ人（＝ふつうの人）」でないと帝が思ったのは、7行目「このかぐや姫、きと影になりぬ（このかぐや姫は急に影になった）」という出来事によるものである。

問七 帝はかぐや姫に出会って顔を確かめるまでもなく3行目『ゆるさじとす』として、率ておはしまさむとする（＝「逃がさないぞ」とおっしゃって、連れていらっしゃろうとする)」という行動をしているので**イ**があてはまる。

現代語訳

(帝は)これがあのかぐや姫であろうとお思いになって、逃げて輿《こし》へ入ろうとする(かぐや姫の)袖をとらえなさると、(かぐや姫は)顔を袖でかくしておそばに控えているけれども、(帝は)初めに(かぐや姫の顔を)よくご覧になっていたので、抜群にすばらしいとお思いになって、「逃がさないぞ」とおっしゃって、連れていらっしゃろうとすると、かぐや姫が答えて申し上げる。「私の身は、この国に生まれたのでしたら、宮仕えさせることもおできになるでしょうが、(そうではございませんので)連れていらっしゃるのはとても難しくございましょう」と奏上する。帝は、「どうしてそのようなことがあろう。やはり連れておいでになろう」とおっしゃって、御輿を(屋敷に)お寄せになると、このかぐや姫は、急に影になってしまった。(見えなくなってしまった。)

(帝は)あっけなく、残念だとお思いになって、ほんとうにふつうの人ではなかったよとお思いになって、「それならば、お供には連れて行くまい。もとのお姿になってください。せめてそれを見てから帰ろう」とおっしゃると、かぐや姫は、もとの姿になった。

得点アップ

▼特殊な係り結び

本文の「この国に生まれてはべらばこそ、使ひたまはめ、」の部分では、「こそ~已然形」の係り結びになっているが、已然形の部分が文末の句点(「。」)ではなく読点(「、」)になっている。「こそ~已然形、」の形のときは読点のところに「けれども」と逆接を伴う解釈となる。この知識があれば問五の「そうではございませんので」という逆接を補うべきは「こそ~已然形、」の直後であることは容易につかめる。

12

問一 a イ　b エ　c ア　d イ
問二 ア
問三 ウ
問四 イ
問五 ウ
問六 ウ
問七 エ

解説

問一 a 古文の「かたち」の現代語の「姿・容貌」である。b「内《うち》」は「内裏」と書くこともあり御所・宮中を表す語である。c「返し」はリターンのことだが、ここでは「返し」に和歌**Y**を詠んでいるので「返歌」としたい。和歌**Y**は和歌**X**に対する返歌なのであてはまるのは**ア**「返答」となる。dの「言ひ」と「たまふこと」は全選択肢の「言い」と「なさること」に相当するのでここでの問題は「たがへ」のみとなる。「たがへ」は「たがふ(違ふ)」のことで、漢字の通り「違う」のことである。

問二 助動詞などの活用形がわからなくても、――線①「める」の上の係助詞「ぞ」が確認できれば係り結びにより「める」は連体形であることがわかる。選択肢を検討すると**ア**だけが「こそ~已然形」になっている。

問三 指示語の内容が必ず前にあるとは限らない。――線②を含む部分*6*~*7*行目「かく(=このように)仰せられけるとか(=おっしゃったとか)」のおっしゃった内容はそのあとの*8*行目「生きて世の…」の和歌である。

問四 和歌の意味内容の把握は和歌中の語を拾い出してつないでみることでできることが多い。**X**では*8*行目「生きての世」「死にての後《のち》の後の世も」…生きていても死んだ後も、「羽をかはせる鳥となり」…夫婦が仲睦まじい、要は生きていても死んだ後も夫婦仲睦まじくしたい、という歌。**Y**は*10*行目「我もかはせる枝となり」…私も夫婦仲睦まじくしたい、と答えたやりとり。**X**の*8*行目「羽をかはせる鳥」が後注の「長恨歌」をもとにした表現で、**Y**はその「長恨歌」がもとであることを見抜いて*10*行目「かはせる枝」と同じく「長恨歌」をもとにした表現で返している。

問五 ――線③のあとに何が行われたかを確認すると、帝が女御《にょうご》（芳子）には*13*行目「見せさせたまはで（＝見せなさらないで）～問はせたまひけるに（＝問いなさったところ）」、女御（芳子）は*14*～*15*行目「言ひたがへたまふこと（＝言い間違えなさること）」は*15*行目「詞《ことば》にても歌にてもなかりけり。（＝詞書《ことばがき》でも歌でもなかった。）」と女御（芳子）は古今和歌集を間違えることなくマスターしていたということがわかる。

問六 ――線④のあとに「父大臣は聞きたまひて、～誦経《ずきょう》などし、念じ入りてぞおはしける。（＝父の大臣は聞きなさって、～お経を読むなどして、お祈りをしていらっしゃった。）」とある。父大臣が祈るのは何のためか。それは帝が娘の女御（芳子）に古今和歌集の問いかけをしているから（娘の芳子が答えられずに負けることがないように）祈っていた、ということである。

問七 歌のやり取りからもわかるように帝と女御が仲睦まじい関係であったことは明らかだが、女御（芳子）の古今和歌集の知識が優秀だったことも帝が女御（芳子）を寵愛していた理由である。

現代語訳

（藤原師尹の）ご息女は、村上天皇の御代の宣耀殿の女御で、容貌が美しくかわいらしくいらっしゃった。宮中へ参内なさるといって、お車にお乗りになったところ、自分のお体は（お車に）お乗りなさいましたけれど、お髪の毛の先は、（まだ）母屋の柱のもとにおありでした。（また、このお方の髪の）一筋を陸奥紙に置いたところ、（紙全体が真っ黒になって）少しも隙間が見えなかったと申し伝えているようだ。お目尻が少し下がっていらっしゃるのが、いっそうかわいらしくていらっしゃるのを、帝は、たいそうご寵愛なさって、このようにおっしゃったとか。

　現世においてはいうまでもなく、死んでからの来世までも、（いつも羽を並べて飛ぶという）比翼の鳥となり（離れないで暮らし）たいものだ

（その）お返し（の歌として）、女御が、

　秋になって木の葉の色が変わるように、人の心にも飽きがくると、（前に契った）言葉も変わるものですが、もし今のお言葉にお変わりさえなければ、私も（枝を連ねて生えているという）連理の枝のようになり（いつまでも一緒にい）たい

（この女御が）『古今和歌集』を暗記していらっしゃるとお聞きになって、帝が、試しに（『古今和歌集』の）本を隠して、女御にはお見せにならないで、（仮名序の）「やまと歌は」とあるのを初めとして、和歌の初句の言葉をおっしゃっては（以下の句の言葉を）お尋ねになったところ、（女御が）言い間違えなさることは、詞書でも歌でもなかった。こういうことが（行われている）と、父の大臣（＝師尹）はお聞きになって、正装して手を洗い清めなどして、あちらこちらの寺々に読経などをし、（ご自分でも）心をこめて祈っていらっしゃった。

得点アップ

▼古文の時代の教養と勉強

古文の時代の教養は、和歌や楽器の演奏などさまざまではあるが、なかでも昔の和歌集の和歌や漢詩の暗記は必須だった。そしてこの本文の女御のように問われれば素早く正確に答えられること、また、ある物や状況に出くわしたときにその物や状況に即した和歌や漢詩をつぶやくことができると賢い人という評価となった。覚えるべき和歌や漢詩はそれこそ無数にあったので、もしかしたら現代の我々よりも暗記については厳しい時代だったのかもしれない。こうして暗記した昔の和歌の一部を利用して自分の作として和歌を詠む技法を「本歌取り」といい、現代では著作権法違反となりうるかもしれないが、当時は取ったほうも取られたほうも褒められたのであった。

13

問一 例強風で舟が壊されて出航することができない。
問二 A ウ　B ア
問三 オ
問四 例退くことを考慮せず、攻めることしか考えないような、一方にだけ考えが偏って融通が利かないこと。

解説 問一 ——線①の「いだす」は「出だす」のこと。——線①の前に「舟ども」の様子が述べられているのでここで「出だす」ものは船である。解答例では「出航」としたが「舟を出す」でもよいだろう。また、——線①の前後の2〜3行目「北風〜はげしう吹きければ、大浪《おほなみ》に舟どもさんざんにうち損ぜられて」、4行目「修理のために〜とどまる」から、——線①の「及ばず」は不可能の意味の「できない」があてはまる。

問二 A ══線Aの前に「大名小名《だいみやうせうみやう》寄りあひて〜」とあるので、集まって話し合っていたことになる。また「評定」自体が「相談して決める」という意味の言葉でもある。

B ══線Bを含む判官《ほうがん》の発言に注目する。13行目「いくさといふ物は」と戦についての話で、14行目「あはひあしければ引く」の「あし」は「悪し」と書いて「悪い」の意味の語。「あはひ」が「悪い」と「引く」のだから、「あはひ」は戦のア「状況」ということになる。

問三 ——線②の直前に10行目「舟はきっと（＝すばやく）おしもどすが大事」と述べており、舟の移動を素早く行うことが目的であることがわかるのでエの「攻守の切り替え」はあてはまらない。——線②のあとでは梶原《かじわら》と判官が「引く」ことと「攻め」ることについて話し合っていることを読み取ることができれば、オの「攻めたり退いたり」のための舟の移動であることがわかる。

問四 ——線③「片趣《かたおもむき》」の「片」は「片方」の「片」ということ。問三の解説のように梶原と判官は戦で「引く」ことと「攻め」ることについて話し合っているが、梶原が——線③を含む部分で20〜21行目「片趣なるをば、〜よきにはせず」と否定しているのに対して、判官は22行目「いくさはただ平攻《ひらぜめ》に攻めて、勝ったるぞ心地はよき」と「攻め」ることしか考えていない。梶原が否定している「片趣」とは、退くことを考えず攻めることしか考えていない偏った思考のことである。梶原からすれば進退両面に考えが及ばない判官は「融通が利かない、頭が固い」ということになるだろう。

現代語訳

十六日、渡辺《わたなべ》、神崎《かんざき》の二か所で、この数日でそろえた舟（数隻）に、艫綱《ともづな》をすでに解こうとしている。そのとき北風が木を折って（しまうほど）激しく吹いたので、大波に舟はさんざんに打ち壊されて、出航することができない。修理の為にその日は留まる。

渡辺では兵を有する御家人たちが寄り合って、「そもそも舟の戦のような訓練はまだしていない。どうしたらよいだろうか」と、話し合う。梶原が申し上げたことには、「今度の合戦では、舟に逆櫓《さかろ》を付けたいものです」。判官は、「逆櫓とは何だ」。梶原は、「馬は駆けようと思えば、左へも右へも回しやすい。舟はすばやく押し戻すのが大事です。舟の前後に櫓を互い違いに付け、脇にも楫《かじ》を付けて、どちら（の向き）にも容易に押すようにしたいものです」と、申し上げたところ、判官がおっしゃるには、「戦というものは、一歩も引くまいと思うときでさえも状況が悪ければ引くのがいつもの習慣だ。もともと逃げる用意をしてはどうしてよい（こと）だろうか。まずは戦いの門出（の縁起）が悪いぞ。逆櫓を付けようと、逆さまに櫓を付けようと、あなたがたの舟には百挺《ちょう》でも千挺でもお付けなさい。義経はもとの櫓でいましょう（戦いましょう）」とおっしゃるので、梶原が申し上げたことには、「よい大将軍と申し上げる者は攻めるべき所では攻め、引くべき所では引いて、身を全うして（身の安全を保って）敵を滅ぼすことによって、よい大将軍とするのです。一方にだけ偏るのを、猪武者といってよいものにはしないのだ」と申し上げると、判官は、「猪や鹿は知らないが、戦はただ攻めに攻めて、勝ったのが気持ちがよい」とおっしゃると、侍たちは、梶原を怖がって大声では笑わないが、目くばせをしたり鼻先で合図をしたりして、ひしめき騒ぎあった。

3 説話

〈14〉

問一　D
問二　イ
問三　翁
問四　例 陽成院が立てた札だとは書かずに陽成院が立てた札だと人々に思わせた点。
問五　ウ

解説

問一　「の」は、「が」・「で」・「のもの（のこと）」に置き換えてみて違和感なく日本語として通じればそれでよい。「が」・「で」・「のもの（のこと）」のどれも違和感がある場合の「の」は置き換えができず「の」のままとなる。〰線Aは「陽成院《やうぜいのゐん》『が』物（を）ご覧になるべき〜」、〰線Bは「この翁《おきな》『が』札を立てて〜」、〰線Cは「人『が』多くおります〜」、〰線Dだけは「妻《め》『が』おばあさんに〜」ではなく「妻『の』おばあさんに〜」となる。

問二　3行目「気色」は「けしき」と読み、意味は「様子」である。「きしょく」と読まないように注意したい。

問三　8行目「汝《なんぢ》」は「あなた」という意味の語。——線②の直前で「翁参りてけり。院司《ゐんのつかさ》承はりて、（翁が参上した。院司が引き受けて、）」のあとに話した言葉は院司が翁に話した言葉となる。そこで「汝（あなた）」と呼ばれているのは「翁」である。「翁」は、7行目「西八条の刀禰」であることが明らかにされているが、設問に「三字以内で」という条件があるので、「翁」が正解。

問四　——線③を含む会話は16行目「陽成院これをきこしめし（陽成院がこれをお聞きになって）」とあるように陽成院が16行目「これ」を受けて言ったもので、16行目「これ」はその前の翁の会話を指している。翁の会話から主張を拾うと11行目「『院より立てられたる札』とは、更に書き候はず。（『院より立てられた札』とはまったく書いておりません。）」とある。本文の前の〔　〕内のこれまでの話と合わせると、翁は院が立てた札だと書いていないにもかかわらず人々に院が来ると思わせたことになる。これを陽成院は——線③で「賢き奴」と褒めたのである。

問五　**ア**は、**問四**からもわかるように、翁は院の名を書いてはいない。**イ**は、〔　〕内のこれまでの話にあるように、翁が現れたときに人々は場所を空けてはいない。**ウ**は、翁は12〜13行目「孫に候ふ男の、〜見まほしく思ひ〜（孫であります男が、〜見たく思い〜）」と札を立てたわけを話している。孫を見るための策略が陽成院の名を書かずに札を立てて場所取りをしたことである。**エ**は、陽成院は翁に——線③を含む言葉を言ったあとに17〜18行目「感ぜさせ給ひて、（感心なさって、）」という反応をしているので責めてはいない。**オ**は、翁が孫について話したのは第二段落で院司や陽成院のいるところへ移動したあとであり、人々は——線①の前で「人口々に心得ずいひ合ひたりけるに、（人は口々にわけがわからず言い合っていると、）」とはあるが非難したことは判断できない。

現代語訳

すると人々は、「陽成院が物（祭）をご覧になるはずだったのに、不思議にもいらっしゃらなかった」。「なんでご覧にならないのだろうか」。「札を立てるのにいらっしゃらなかった、不思議なことだなあ」と、人は口々にわけがわからず言い合っていると、またある人の言うには、「この見物しているおじいさんの様子は不思議なものだなあ」。「こいつが、院が立てられた札だと人に思わせて」。「このおじいさんが札を立てて、自分の場所を取って見物しようとしてやったのだろうか」など、様々に人が言い扱ったところ、陽成院がたまたまこのことをお聞きになったので、「そのおじいさんを間違いなく召し取って尋問せよ」とおっしゃるので、そのおじいさんを探しだしてみると、それは西の八条《はちごう》の刀禰《とね》（地区の長）であった。

そこで院から下役人を派遣したところ、おじいさんが参上した。院の役人が引き受けて、「おまえは何を思って『院が立てられた札』と書いて、一条大路に札を立てて人を脅して、得意顔で見物をしていたのだ」と、「その理由をしっかり申し上げろ」と問うと、おじいさんは「札を立てたのは私めがしたことです。ただ『院が立てられた札』とは、まったく書いてはいません。私めはすでに年齢が八十にもなっておりますので、祭り見物をしようという気持ちはありません。それが、私めの孫が今年蔵司《くらのつかさ》の小使になり、行列に出て通るのです。それをとても見たく思いましたので、出かけて拝見しましょうと思いましたが、『年を取って老いてしまった、人が多くおりますような中で見物していたら、踏み倒されて死んでしまうでしょう、（それでは）甲斐がなかっただろう』と思いまして、人が寄って来ないような所で安心して拝見しましょうと思いついて立てました札です」と述べたところ、陽成院はこれをお聞きになり、「このおじいさんは、よくぞ思いついて札を立てた。孫（の晴れ姿）を見ようと思ったのは、まったく道理だ。こいつは極めて賢いやつであるなあ」と、感心なさって、「早く退出して帰れ」とおっしゃったので、おじいさんは得意顔の様子で家に帰って、妻のおばあさんに「私がたくらんだことがどうして悪かったのか、いや悪くない。院もこんなに感心なさるのだ」と言って、自分で大したものだと思っていた。

得点アップ

▼助詞について「同じものを選べ」「異なるものを選べ」という問いには技術的に有効な手段がある。それは、「ほかの言葉や言い方に置き換えてみる」ことである。その前後と合わせて読んでみて違和感なく日本語として通じればそれでよし、とすればよい。**問一**の「の」は頻出なので「が・で・のもの（のこと）・の」となるパターンは知っておいてもよいだろう。高校入試においては「が」か「の」になるケースが多い。なお、和歌の中で「の」が問われたときに「のように」と置き換える特殊なケースもある。「の」以外の助詞についてはその場の雰囲気で試してみればよい。たとえば、「徒歩より参る」は「徒歩で参る」、「門より入る」は「門から入る」などとすればよい。

15

問一 a オ　b エ　c ア
問二 ① ウ　③ オ
問三 例 柿の木の上に現れる仏が本物なのかを確かめること。
問四 例 柿の木の上に現れた仏は偽物だったこと。（19字）
問五 エ

解説

問一 a 2行目「こぞりて」は現代語の「こぞって」と同じ意味で「みんなで一斉に」という意味の言葉。ここでは〰〰線aの前後で2行目「京中の人」・2行目「馬、車も立てあへず、人もせきあへず（馬、車も止めることができず、人も抑えることができず）」とあることからも、人々が皆一斉に柿の木に殺到していることがわかる。

b 8行目「しわび（しわぶ）」を「し」と「わび（わぶ）」に分けると、「し」は「する」、「わび（わぶ）」は「困る」となるので、「するのに困る」つまり「やりようがない」ということになる。

c 11行目「ののしり（ののしる）」は「騒ぐ」という意味の単語。「ののしる」には**エ**のような「非難」あるいは「糾弾」というような人を責める意味はない。

問二 現代語訳や解釈を問われたときは単語の訳と文法上訳さなければならない箇所に注目したい。

① 4行目「心得ず」は「わからない」なので、**イ**と**エ**は除外する。「思し給ひ（思し給ふ）」は尊敬語なので、**ア**と**オ**は除外する。「心得ず」を「納得できない」と訳し、尊敬の意味を明らかにした**ウ**が正解。

③ 7行目「まもりて」は「見つめて」なので、**ア**と**ウ**は除外。7行目「あからめ」は「よそ見」のことで、現代語の「あきらめる」「しかめる」の意味はないので、**イ**と**エ**も除外される。よって、**オ**が正解となる。

問三 ――線②の直前で4～5行目「まことの仏の、～出で給ふべきにあらず。（本当の仏が～出なさるはずがない。）」と言っていることから、出てきた仏が本当の仏ではないと疑い、その疑いをはっきりさせるために――線②「試み」るのである。解答としては「仏が本物か」ということがあればよい。

問四 **問三**の続きで、仏が本物か疑った右大臣殿は試みるために柿の木にやって来る。そして柿の木を見つめていると最終的に8行目「糞鳶《くそとび》」が落ちてきて、仏だと思われていた物の正体がわかる。つまり「仏は偽物だった」、「仏の正体は糞鳶だった」、「仏が来たのではなかった」ということが答えられればよい。

問五　人物像や性格、心情は、その人物の態度、行動、会話といった読み取れる外面を証拠として考える。2行目「京中の人」が仏が現れたと騒いでいる中、右大臣殿だけがそれを疑い、嘘《うそ》だったことを解き明かしたのである。疑うのに4〜5行目「まことの仏の、〜出で給ふべきにあらず。（本当の仏が〜出なさるはずがない。）」とその理由を述べ、柿の木にやって来てからは7行目「まもりて（見つめて）」いたのだから、エ「理性的」、「冷静」が選択できる。

現代語訳

昔、醍醐《だいご》天皇の治世に、五条の天神のあたりに、大きな柿の木で実がならない柿の木があった。その木の上には仏が現れていらっしゃる。京中の人は一人残らず参拝をした。馬、車も止めることができず、人も抑えることができず、拝み騒いでいた。

こうしているうちに、五六日過ぎたが、右大臣殿は納得できないとお思いになったので、「本物の仏が世の末に出なさるはずがない。自分が行って調べてみよう」とお思いになり、宮中に出仕するときの装束をきちんとして檳榔《びろう》の車に乗って、先払いの供を大勢連れて、集まっていた者どもを退散させ、車から牛を外し、榻《しじ》を立て、柿の木の梢を瞬きもせず、よそ見もしないでじっと見つめて、約二時間ほどいらっしゃったが、この仏は、しばらくは花を降らせ、光をも放ちなさったが、あまりにも長い間じっと見つめられ、どうしようもなくて、大きな糞鳶で羽の折れた糞鳶が、地上に落下してあわてふためいて（バタバタして）いるのを、子どもたちが寄り集まって打ち殺してしまった。大臣は「やはり思った通りだった」ということで帰りなさった。

そこで、当時の人たちが、（右大臣殿は）たいそうかしこい人でいらっしゃると騒いだ。

得点アップ

▼「べし」の訳しかた

「べし」は訳しにくい助動詞である。位置づけとしては「べし」は「む」よりも強い推量や意志を表すものである。「む」は「〜だろう・〜しよう」と訳しておけばだいたい通じるはずである（文中に出てくる「む」を「〜ような」とすることがあるがこれは気にしなくてよい）。では「べし」はどう訳せばよいかといえば、設問に問われない限りは「〜べき」としておけばよい。「む」よりも強いニュアンスで「〜のはず・〜にちがいない・〜しなければならない」とできればきれいな現代語訳になるだろう。

16

問一　イ

問二　3

問三　②そのゆえは　③御はからい

問四　初め　あは（6行目）　終わり　王や（6行目）

問五　(1)　A　南大門（4行目）　B　草の字の額（5行目）

(2)　エ

解説

問一　――線①の直前からの3行目「真草両様に書きて」と注の「真は楷書、草は草書」によって、楷書と草書の二枚を書くことになるので、「どちらか」となっているウとエは除外される。3行目「真草両様」の前には2行目「額二枚〜一枚は南大門、一枚は西門」とあるので額の総枚数は二枚である。アの「二枚ずつ」では総枚数が四枚になってしまう。

問二　醍醐天皇が小野道風《おののとうふう》に書を書いて献上せよと命令したことを前提として踏まえておく必要がある。命令に従って書いたのは小野道風なので**1**と**2**の主語は小野道風。小野道風の書を7行目「うたれ（＝掲げなさる）」たのは受け取り手の醍醐天皇。「れ」は尊敬の助動詞である。よって**3**がいわゆる仲間外れとなる。この話に登場しているのは小野道風と醍醐天皇の二人であるが、**4**の「ほめ申す」には謙譲語が使われているので、主語が小野道風であることがわかる。

問三　仮名遣いの基本、「ゐ・ゑ」は「い・え」、単語の初めと助詞以外の「は・ひ・ふ・へ・ほ」は「わ・い・う・え・お」に直す。

問四　発言の場所を探すときの基本は、「言う」＝「say」にあたる言葉を探すこと、「と・とて・など」からかぎかっこの終点を捕まえることである。ここでは

5~6行目「道風これを見て、あはれ賢王やとぞ申しける。」の部分を見つけることができたか。**問二**の「ほめ申す」の「ほめ」は「褒める」のことなので褒めている言葉を探すルートもある。6行目「申し」の前の「と」の前が会話部分の終点。始点は明らかに会話ではない所までさかのぼってから探せばよい。ここでは「見て」は明らかに言っている部分ではないので「あはれ」が始点だとわかる。あとは設問の条件である「初めと終わりの二字」を抜き出せばよい。

問五 **問四**の続きで、道風が6行目「あはれ賢王や」と褒めたのは、その前に道風が5行目「草の字の額を、晴れの門にうたれたりけり」であるのを見たからである。「晴れ」という語には「正式・公の」という意味があり、南大門と西門では南大門がいわゆる正門となる。そのことを知らなくても、さらにその前に4行目「真に書きたるは南大門の料」とあるので、真＝楷書の額が南大門に掲げられるはずなのに草書の額が掲げられていた、ということがわかればよい。そのことをなぜ道風が8行目「ほめ申」したのか。それは道風が立派に書けたと思っていた草書の額を醍醐天皇が7行目「儀あらたまりて（＝作法を改めて）」掲げたことにより、醍醐天皇も道風の草書の額が優れていることを見抜く感性があることが明らかになったためである。

現代語訳

醍醐天皇が、醍醐寺《だいごじ》を御建立《こんりゅう》のときに、小野道風朝臣《あそん》に額を書いて差し上げよというようなことを仰って、額を二枚くださった。一枚は南大門、一枚は西門に掲げるためのものだ。楷書、草書の二つの書体で書いて奉納せよという天皇の命令があったので、仰せに従って二つの書体で書いて献上したのを、楷書で書いたものは南大門に掲げるべきものであったのを、草書の字の額を、晴れの門（南大門）にお掲げになった。道風はこれを見て「ああ賢明な王（天皇）だなあ」と申し上げた。その理由は、草書の額は特に立派に書けたと思われていたのが、天皇のお考えにかなって、このように今までの作法を改めてお掲げになった、ほんとうに畏れ多いご配慮にちがいない。それをほめ申したにちがいない。

17

問一 a・b・d（順不同）
問二 ウ
問三 ア→ウ→エ→イ

解説

問一 「すべて」選ぶことに注意する。中心となる登場人物は1行目「博《はく》雅三位《がのさんみ》」と2行目「直衣《なほし》着たる男」。「直衣着たる男」が現れる前に〰線a「遊び」、〰線b（笛を）「吹」いていたのは博雅三位。〰線cの前の2~3行目「直衣着たる男の、笛吹きければ」の「の」は主語を表す「が」に置き換えることができるので〰線cの動作は「直衣着たる男」の動作。その「直衣着たる男」を3行目「たれならむ（誰だろう）」と4行目「あやしく（不思議に）」思い、〰線d「見」たのは博雅三位。博雅三位が亡くなったあと、その笛を〰線e「召し」たのは帝である。

問二 博雅三位が直衣着たる男を3行目「たれならむ（誰だろう）」と思っていることから、二人の間に面識がないことになり、**X**に「待ち合わせて」が入る可能性は薄いと考えられる。また、枠囲みの部分の末尾で6行目「月の夜ごとに、行きあひて、吹くこと、夜ごろになりぬ。（月夜のたびに、行き会って、笛を一緒に吹くことが、幾夜にもなった。）」とあるが、「月の夜ごとに」の「ごとに」が英語でいう「every」に当たると気づけば**Y**は「幾夜にもなった」が決まる。この二点から**ウ**を選びたい。

問三 本文と選択肢の一致する共通部分を探していく。必ずしも選択肢順、本文の展開に合わせる必要はなく、確実にわかるもの（部分）から進めていけばよい。たとえば**エ**「笛を返すように言われなかったので」は本文の10~11行目『もとの笛を返し取らむ』ともいはざりければ」が該当する。**イ**の「素晴らしい音を出すことができる笛吹はいなかった」が本文末尾12~13行目「その音を吹きあらはす人なかりけり」が該当する。**ウ**は「試しに」が本文の8行目「こころみに」と一致する。**ア**は「素晴らしく聞こえた」が本文の4行目「めでたく聞えければ」が一致する部分となり、本文中の位置を並べると、**ア**→**ウ**→**エ**→**イ**となる。

現代語訳

博雅三位が、月が明るかった夜に、直衣姿で、朱雀門《すざくもん》の前に散歩しにいき、一晩中笛をお吹きになったところ、同じように直衣を着た男性が、笛を吹いていたので、（博雅三位は）「誰だろう」と思っていると、その笛の音が、この世に例がないほど素晴らしく聞こえたので、不思議に思って、（その男性に）近づいて見ると、今まで見たことのない人だった。自分（博雅三位）も何も言わず、その人も何も言うことはない。このように、月夜のたびに、行き会って、笛を一緒に吹くことが、幾晩にもなった。

その人の笛の音が、特にすばらしかったので、（博雅三位は）試しに、自分の笛とその人の笛とを交換して吹いたところ、この世にまたとないほどの笛である。その後も長い間、取り替えたままで数か月になって、二人は互いに行き会って一緒に笛を吹いたのだが、「もとの笛を返してもらおう」とも（その人は）言わなかったので、長く笛を交換したままになってしまった。博雅三位が亡くなったのちに、帝《みかど》はこの笛をお召しになって、当時の笛吹たちに吹かせなさったが、博雅三位が出したような音を出せる者はいなかった。

18

問一　ウ
問二　エ
問三　例燃え移っていた火を消さなかったこと。（18字）
問四　不動尊の火炎（12行目）
問五　イ
問六　ア
問七　イ
問八　ア

解説

問一　小野宮右大臣《おののみやのうだいじん》が賢人と言われるようになったのは第二段落の11行目「賢者の名あらはれて」以降のことである。その前の第一段落では家が火事になった話が書かれているので、賢者になったのはこの火事が何らかの要因になっていると考えられ、それが選択肢となっている。第三段落で14行目「ある人」の「そのゆゑを尋ね奉りければ（その理由を尋ね申し上げたところ）」という問いかけに14〜15行目「わづかなる走り火の、思はざるに燃え上がる、（少しの走り火が、思いもかけずに燃え上がる）」とあるので、**ア**の「予見」は不適。さらに15〜16行目「〜天の授くる災《わざはひ》なり。人力にてこれをきほはば、これより大きなる身の大事出で来べし。（天が授ける災いである。人の力でこれに争うならば、これより大きなわが身の一大事が出てくるだろう。）」と先の火事が15行目「天の授くる災」だったと答えている。また、人力で争ってもさらに大きな身の大事が出てくるとも述べているので、16行目「身の大事」よりも「火事」でまだましだったということになり、**ウ**の「天の災い」「抵抗しなかった」に適合する。

問二　──線②の「数にもあらざり」は「物の数ではない＝どうでもよい」という意味の表現である。何が「どうでもよい」のか。すぐ前に「家一つ焼けむこと」とあるので家を失う以上に価値のあることは何かを考える。家を焼け失ったのは第一段落にある通り小野宮右大臣である。小野宮右大臣が望んでいたのは「賢人・賢者」の「名を得ること」である。つまり第一段落で家を焼け失った小野宮右大臣は、その火事が原因で第二段落で11行目「賢者の名」を手に入れたのである。

問三　指示語の問いは一旦その先まで読んでヒントを得ることができたらさかのぼるのが手際よく正解するコツである。――線③以下14行目「ゆゑを尋ね」と何かの理由を質問し、その返答に「わづかなる走り火の、思はざるに燃え上がる〜天の授くる災なり。」と言っているので第一段落の火事の出来事についてのことだとわかる。では、火事が起こったとき、小野宮右大臣はどうしたのか。8行目「消さざりけり」だったのだ。この理由を「ある人」は小野宮右大臣に問うていたのだ。「消火しなかった（させなかった）・火事を放置した」という内容であれば可。

問四　――線④を含む**【文章Ⅱ】**9行目「あはれ、〜」と良秀《りょうしゅう》が（ただしここでは良秀だとわからなくてもよい）言ったのに対して、「とぶらひ来たる者ども」が11行目「こはいかに。〜」と問いかけ、その返答に9行目「あはれ、〜」を言った人物が――線④と同じことを12〜13行目「年ごろ不動尊の火炎を悪しく書きけるなり。」と言っているのだから、10行目「わろく書きける」ものは12行目「不動尊の火炎」となる。

問五　11行目「かくて」は「こうして」という指示語に相当する語。指示語から考察してもよいが、ここではもっと簡単に「あさましき（あさまし）」という単語が「驚きあきれる」という意味になることで**イ**を直接選びたい。「あさまし＝驚きあきれる」は頻出の単語であるのでこの機会にぜひとも覚えておこう。

問六　――線⑥のあとで14〜15行目「仏をだによく書き奉らば、百千の家も出で来たりなむずる」と仏をかくことがポイントとなっている。また、良秀が**【文章Ⅱ】**の冒頭で1行目「絵仏師《えぶっし》」と紹介されていることからも13行目「この道」は「絵仏師の道」であることがわかる。

問七　二つ以上の文章が出題されたときに心がけるのは、それらの文章の「共通点」を探すことである。**【文章Ⅰ】**と**【文章Ⅱ】**に共通しているのはまず「火事」であり、さらにその火事を「消そうとしなかった」という普通ではありえない火事への対応だったことである。したがって解答は**イ**となる。このことで**【文章Ⅰ】**では16〜17行目「賢者の名あらはれ」となり、**【文章Ⅱ】**では16〜17行目「良秀の『よぢり不動』とて、人々めであへりけり（人々が称賛し合った）」と、二人とも名誉を手に入れたのである。**【文章Ⅱ】**の末尾で、良秀の出来事が18行目「右府（小野宮右大臣）の振舞に似たり」とまとめられているところを入り口にしてもよいだろう。

問八　**ア**「平家物語」は平安時代末に平家が滅びてから書かれた軍記物語というジャンルの作品で成立は鎌倉時代。**イ・ウ**は平安時代、**エ**は江戸時代の成立である。文学史は国語の教科書に載っている作品や、社会科の資料集などに出ている作品名に見覚えがある、という程度の経験値を備えておきたい。

現代語訳

【文章Ⅰ】

　小野宮右大臣（実資《さねすけ》）といって、世間では賢人右府と申し上げる。若いころからお思いになったことは、身に優れている才能がないと、何事につけても、その徳は（世間に）あらわれにくい。本当に賢人のふるまいをして、名声を上げることを願って、ひたすら清廉潔白の振る舞いをなさった。こうではあるけれど、人は全く認めない。かえってあざける者たちもいるうちに、（実資は）新しく家を造って、引越をなさった夜、火鉢の中の火が、御簾《みす》のへりに燃え移ったが、すぐに消えなかったのを、しばらくご覧になっていたうちに、しだいにくすぶって、だんだん燃え上がるのを、人がびっくりして（火を消そうと）近寄ったのを制止して、消さなかった。火が、大きくなったとき、笛だけを持って、「車を寄せろ」と言って、（邸を）お出になった。少しも物を取り出すことはない。

　これ以来、自然と賢者の名声があらわれて、帝をはじめとし申し上げて、格別に感じ入って、（賢人として）処遇なさった。このようなことにつけては、本当に家一つ焼けるようなことは、あの殿の身にはものの数でもなかったのだろうよ。

　ある人が、後にその理由をお尋ね申し上げたところ、「少しの走り火が、思いもかけずに燃え上がる（というのは）、ただごとではない。天が授ける災いである。人の力でこれに争うならば、これより大きなわが身の一大事が出てくるだろう。どうして、むやみに家一つを惜しむのに値するだろうか。（いや、値しない）」とおっしゃった。

【文章Ⅱ】

　絵仏師良秀という僧がいた。家の隣から火が発生した。炎が家を覆ったので、（良秀は）大通りに出てきた。人が書かせていた仏（の絵）も（家の中に）いらっしゃった。また衣服を着ていない（良秀の）妻や子なども、すべて家の中にいた。（良秀は）それを知らず、自分だけ、ただ一人逃げ出したことをなすべきことと考えて、向かいの側に立っていた。

　火は、すでに我が家に燃え移って、煙、炎がくすぶっているのを見て、総じて何事もないように（その様子を）眺めていたので、親友たちが見舞ったけれども、（良秀は）騒がなかった。「どうしたのか」と（親友たちが）見ると、（良秀は）向かいに立って、家が焼けるのを見て、うなずき、うなずきして、ときどき笑って、「ああ、うまく手に入れた儲けだなあ。長年下手に描いてきたものだなあ」と（良秀が）言うので、見舞いに来た人たちが、「これはどういうことか。このようにして（立って）いては驚きあきれることだなあ。何か霊がお憑きになったのか」と言ったところ、（良秀は、）「どうして霊が憑くことがあろうか（いや、ない）。長年不動尊の（背景の）炎を下手に描いていたのだ。もはや、見て取った（理解した）。これこそ儲けだよ。この道（絵仏師）で身を立てて、生きていくなら仏様さえうまくかき申し上げれば、百軒千軒の家もきっと建つだろうよ。お前たちこそこれといった才能もお持ちでないので、物を惜しみなさい。」と言って、馬鹿にして笑って立っていた。その後だろうか、良秀の「よじり不動」として、人々が（彼の絵を）称賛し合った。

　ばかばかしく聞こえるけれども、（良秀の振る舞いは）実資の振る舞いに似ている。

19

問一 ウ・オ（順不同）
問二 エ
問三 ア
問四 ウ
問五 a 江湖（11・13行目）　b 一提ばかりの水（15行目）
c 千金（19行目）　d 食物（2行目）

解説 **問一** 『宇《う》治拾遺《じしゅうい》物語』は物語とついていても説話と呼ばれるジャンルの作品。説話とは昔話や伝説などを集めた本のこと。仏教的な教訓を含む仏教説話という派生したジャンルもある。平安時代に『今昔《こんじゃく》物語集』が作られ、鎌倉時代に『宇治拾遺物語』、『十訓抄《じっきんしょう》』、『古今著聞集《ここんちょもんじゅう》』、『沙石集《しゃせきしゅう》』などが残された。

問二 ――線①の「おはせよ」は「おはす（＝いらっしゃる）」を命令した言い方（正しくは「命令形」）である。活用形がわからなくても「～せよ」という言い方から命令のニュアンスをつかみたい。**ア**と**エ**が解答の候補となるが、**ア**の「歩いて」に相当する語は傍線部にふくまれていないため、**エ**が正解となる。

問三 ――線②の直後に5～6行目「やむごとなき人に（高貴な人に）～おのが恥なるべし（自分の恥になるにちがいない）」と今日食べる粟を差し上げないわけを話している。

問四 「え～打消」と上下セットで「～できない」という表現になる。「まじ」は打消を表す助動詞で、「～まい」と訳せばよい。これだけでも解答は決まるが、ここでは「さらに～打消」で「まったく（決して）～ない」と二重に上下で挟み込む表現となっている。

問五 鮒《ふな》の12行目「助け」の要求は、江湖へ連れて行ってもらうことではなく、15行目「一提《ひとささげ》ばかりの水」だったことを読み取らなければならない。その「一提ばかりの水」が荘子にとっての3行目「今日食ふべき料の粟」であり、江湖へ連れて行ってもらうことが19行目「後の千金」にあてはまる。設問の条件の文字数に注意して本文中から抜き出すと、aは11・13行目「江湖」、bは15行目「一提ばかりの水」、cは19行目「千金」だが、dは「粟」では条件の二字にならない。粟が「今日食ふべき料（今日食うための）粟」＝2行目「今日の『食物』」と見つけることができれば正解となる。

現代語訳

今となっては昔のことだが、唐（もろこし）に荘子という人がいた。家はひどく貧しく、今日の食物もなくなってしまった。隣にかんあとうという人がいた。その人の所へ、今日食うための粟をくれるように頼んだ。

あとうが言うには、「もう五日たってからおいでください。千両の金が入る事になっています。それを差し上げよう。どうして、高貴なお方に、今日召し上がるだけのわずかな粟を差し上げようか（いや、差し上げるなどできない）。返す返すも私の恥になるにちがいない」と言うので、荘子が言うには、「昨日、道を通ったら、後ろの方から呼ぶ声がする。振り返って見ても誰もいない。ただ車の轍跡のくぼんだ所にわずかなたまり水があり、鮒が一匹ばたばたと跳ねている。どのような鮒だろうかと思って、近づいて見ると、わずかばかりの水たまりに、たいへん大きな鮒がいるのだ。（私が）『（お前は）どのような鮒か』と問うと、鮒が言うには、『私は河の神の使いで、江湖に行くのだ。ところが飛びそこなって、この溝に落ち込んだのだ。喉が渇いて死のうとしている。私を助けて欲しいと思って、呼んだのだ』と言う。私が答えて言うには、『私は、あと二、三日たってば、江湖という所に、遊びに行こうとしている。そこに持って行って放してやろう』と言うと、魚が言うには、『決してそれまで待つことはできないだろう。ただ今日、提《ひさげ》一杯ほどの水で私の喉をうるおしてくれ』と言ったので、そうして助けた。鮒が言ったことは我が身にも思い知った。決して今日の命は、物を食わずには生きてはいられない。後からの千両の金は何の役にも立たない」と言った。

それから、「後の千金」という言葉が有名になったのである。

20

問一　a ウ　b エ　c ア
問二　エ
問三　イ
問四　③ア　④ウ
問五　猛き武士の（15行目）
問六　イ・オ（順不同）
問七　ウ

解説

問一　5行目「とく」は「早い」、5行目「年ごろ」は「長年・数年来」、10行目「めでたき（めでたし）」は「すばらしい」という意味になる古文単語である。

問二　和邇部用光《わにべのもちみつ》が船に乗って安芸《あき》の国のなにがしの港にいるときに海賊が襲ってきたところで、——線①の直後3行目「防ぎ戦ふ」立場にあるのは和邇部用光である。和邇部用光は本文冒頭で「楽人《がくにん》」と紹介されているので楽器は扱えたが弓矢は扱えなかった。

問三　「ず」があれば打消、とするのは早計である。「むず（んず）」という表記の「ず」は絶対に打消にしてはならない。したがって「むず（んず）」が含まれる部分に「〜ない」という打消の訳はあてはまらない。正しくは「むず（んず）」は「む」と同じ助動詞である。——線②の前から状況を整理すると、海賊が襲ってきたところで和邇部用光には3行目「防ぎ戦ふに力なく」、——線②を含む3行目「『今は疑ひなく殺されなむず』と思」ったのである。防戦できなければどうなるか。和邇部用光は殺されることを予想したのである。

問四　——線③・④ともに、「涙」したのは誰か、また、「涙」の原因は何か、を読み取らなければならない。——線③は直前に9〜10行目「用光、今はかぎりとおぼえければ（用光は今は限界と思われたので）」とあるので、「涙」したのは用光で、「涙」の原因は「限界」を思ったから、である。では用光にとっての「限界」とは何の限界か。海賊に襲われている中での限界は、「命」の限界である。つまり用光は海賊に殺されることを思って涙した、ということで、死んでしまえば楽器を演奏することができなくなってしまう悲しみから出た涙だということになる。——線④は直前に14行目「曲の声に」とあるので、用光の演奏した曲に対しての感動の涙だとわかる。

問五　段落分けの問い。場面が変わるところで段落は変わるといわれるが、場面というのが曖昧に感じる人も多いだろう。**場面が変わるとは「時間・場所・出てくるモノ」が変わる**としておこう。ここでは、安芸の国のなにがしの港で和邇部用光が海賊に襲われるも難を逃れる話が描かれているが、本文の末尾では15～16行目「和歌には限らず。～管絃《くわんげん》の徳なり。（和歌にはかぎらない。～音楽のおかげである。）」と、和邇部用光と海賊の出来事のまとめとなり、場所が安芸の国のなにがしの港ではなくなっているうえに出てくるモノから和邇部用光や海賊がいなくなっていることがわかる。では、本文のどこまでが安芸の国のなにがしの港だったのか。どこまで和邇部用光や海賊がいたのか。それは海賊が15行目「漕ぎ去りぬ。」したところまでである。よってその直後の15行目「猛き武士の」からが新しい段落となる。

問六　内容一致の問いは**選択肢中に書かれた言葉が本文中に出てきていないか**を探して、その前後からヒントを探ってみよう。その際のコツは、真偽がはっきりしないときは「保留」しておくことである。**ア**「用光は海賊たちに聞かせるために、」とあるが、用光は海賊が来ることを知らなかったはずである。**イ**は、海賊の首領が13～14行目「君が船に心をかけて（あなたの船を目指して）」と言っているので、「狙いを定めて」襲撃しようとしたという説明は正しい。**ウ**「楽器」は（＊6）「篳篥《ひちりき》」が出てくるが、それ以外の楽器は出て来ないうえに、用光が5行目「なにものをも取り給《たま》へ（何でも取りなさい）」と言っていることから船には楽器以外の「もの」があったことになる。**エ**「琵琶《びは》」が出てくるのは（＊10）のあとだが、中国の「潯陽江」の昔話が引き合いに出されているに過ぎず、本文中の誰かが琵琶を奏でているわけではない。**オ**は**問四**の③に関わる選択肢。用光は9行目「今はかぎり」と命の限界、つまり死を覚悟したものと判断できる。**カ**については、曲を聞き終えた海賊がとった行動は「漕ぎ去りぬ」であり、そのあとのことはわからない。こうして本文の内容に合致するのは**イ**と**オ**ということになる。

問七　本文の末尾付近15～16行目「猛き武士の心をなぐさむること、和歌には限らず。～管絃の徳なり。（獰猛な武士の心を慰めるのは、和歌には限らない。～音楽のおかげである。）」から、**ウ**の「音楽の力は～人の心を動かし」があてはまる。

現代語訳

和邇部用光という楽人がいた。土佐の土佐神社の祭に（招かれて）下って、（任務を終えて、土佐から都へ）上ったところ、（途中の）安芸の国の、なんとかという港で、海賊が襲いかかって来た。（用光は楽人なので）弓矢の使い方も知らないので、防戦の力もなくて、今にもきっと殺されるだろうと思って、篳篥を取り出して、船の屋根の上に座って、「そこにいる海賊どもよ。今はもう何を言っても仕方がない。早く何でも（欲しい）物を取りなさい。ただし、長年、（私が）思いをこめている篳篥の、『小調子』という曲を、吹いてお聞かせしよう。そういうことがあったと、あとで語り草にもしてください」と言ったので、海賊の首領が、大きな声で、「みなさん、しばらくお待ちなさい。（あの男が）このように言うのだ。（その音楽を）聞け」と言ったので、（海賊たちが）船を押さえて、みんな静まったところ、用光は、これが最期と思われたので、涙を流して、すばらしい音を吹き出して、澄んだ清らかな曲を吹いた。折しも、その楽の調べは、波の上に響いて、あの潯陽江《じんようこう》のほとりで（白居易が）、琵琶を聞いた昔話にそっくりだった。海賊は（感動のあまり）、静まって、何も言わない。よくよく聞いて、曲が終わって、さっきの（首領の）声で、「あなたの船を目指して、襲いましたが、（すばらしい）楽の音に（感動の）涙が落ちて、（だから）よそへ行こう」と言って、漕ぎ去った。獰猛な武士の心を慰めるのは、和歌には限らない。これらは、すべて音楽のおかげである。また、このことは鬼神が感じたことではないけれども、命を助けることは霊験あらたかなことなので、ついでに記し申し上げる。

21

問一 例 陰陽師の術を習おうといって晴明に近づき、晴明の陰陽師としての実力を試すため。

問二 a イ　b エ

問三 物よむ（21行目）

問四 ② エ　④ ア　⑤ ウ　⑧ ア

問五 例 供として連れてきた二人の童がいなくなったので探している。

問六 晴明

問七 例 陰陽師にとって式神を使役することは簡単だが、晴明のように他の陰陽師が使役する式神を隠すのはまったくできることではないということ。

解説

問一 初めに老僧は3行目「陰陽師《おんやうじ》を習はん志（陰陽師の術を習おうという気持ち）」と言っているが、それは表向きの嘘《うそ》の理由で、後半で23行目「まことに試み申しつるなり（本当に試し申し上げてしまった）」と言っていることから、老僧の真の目的は「晴明の陰陽師としての実力を試そうとした」ことだとわかる。

問二 〰線a「とく」は「早く」という意味の語。最も近い言い換えはイの「直ぐ」。〰線b「ひとへに」は「ひたすら」という意味の語。

問三 ——線③「呪《じゅ》を唱ふ」は文字通り「呪文を唱える」で、晴明が陰陽師の術をかけるときに唱えるいわば魔法の言葉である。後半で晴明が消えた童を戻すのに**21**行目「物よむ」動作をしたあとに童が戻ってきたので、9行目「呪を唱ふ」＝21行目「物よむ」ということになる。「物よむやうにして」まであってもよい。

問四 ——線②の「悪く・悪かる」は「わろし」という語で、意味は「良くない」。また、——線②の「それに」の「それ」はその直前の6行目「我を試みんとて来たる者」なので、「私を試みようとして来た者に良くなく見えては良くないだろう」というのが——線②の直訳となる。相手に良くなく見えるというのは、相手に軽んじられるということなので、解答は**エ**「馬鹿にされるようでは〜良くない」となる。

——線④のあとで11行目「手を摺りて額に当てて」と相手を拝む動作をしていること、また、——線④はその前の10〜11行目「〜教へ奉らん（教え申し上げよう）」を受けて言っている会話なので、感謝の意を表す表現が妥当である。

——線⑤の「往《い》ぬ」は「出ていく・いなくなる・帰る」という意味の語。

——線⑧の「ことわり」は「道理」という意味の語だが、「道理」とは「当然の理論」ということで、ここでは晴明が言った**15〜16**行目「御坊は稀有の事〜」の発言に老僧が「道理だ」＝「当然だ」と認めて同意しているのである。

問五 ——線⑥の直前で13行目「法師とまりて」とあるので——線⑥の動作は法師＝老僧の動作で、直後の14行目「いふやう」に続く「この供に候ひつる童の〜」という発言も法師＝老僧のものとわかる。老僧は供の童を探していたのである。

問六 ——線⑦「あが君」は「あなた様」という意味の語。晴明と老僧の会話で老僧が「あなた様」と呼びかける相手は晴明である。

問七 ——線⑨には何を「使ふ」のか、何を「隠す」のか、という目的語が欠けているのでわかりにくくなっている。本文中に「使ふ」「隠す」物を探すと、——線②のあとに7〜8行目「式神を使ひて〜式神ならば召し隠せ」とあることから、——線⑨に「式神を」を補って解釈すればよい。解答の根幹は「式神を使う事は易しいです。人が使った式神を隠す事は、まったくかなわない（＝できない）」となり、解答例としては「式神を使うのは簡単だが、他人が使っている式神を隠すのはまったく不可能だ。」となる。

現代語訳

昔、晴明が住んでいた土御門《つちみかど》の家に老いて白髪の老僧がやって来た。十歳ぐらいの童を二人連れていた。晴明が、「どういうお方でいらっしゃるか」と聞くと、老僧は、「播磨の国の者です。陰陽師の術を習おうという気持ちでございます。（あなた様は）この道に特に優れておられることをお聞きしまして、少しお教えいただこうと思い参りました」と言うので、晴明が思うには、「この法師は賢い人であるようだ。私を試そうと思ってやって来た者だ。そのような者に馬鹿にされるようでは後々良くないだろう。この法師を少しなぶってやろう」と思って、「連れている童は、式神を使って連れて来たもののようだな。式神ならば取り隠せ」と心の中で念じて、袖の中で印を結び、ひそかに呪文を唱える。それから法師に言うには、「早くお帰りなさい。あとでよい日を選んで、あなたが習おうとしている事などをお教えいたそう」と言うと、法師は、「おお、ありがたや」と言って、手を摺《す》って額《ひたい》に当てて立ち去った。

「もう帰った頃だろう」と思っていると、法師は立ち止まっては、しかるべきところ、車宿などを覗いて歩いて、また前に寄って来て言うには、「私の供に連れていた童が、二人とも消えてしまいました。それをいただいて帰ろう」と言うので、「御坊はとんでもないことを言う御坊だなあ。私が何のために人の供である者を取るだろうか」と言った。法師が言うには、「まったく、あなた様、全くその通りです。しかしながら、（試そうとしたことを）ただお許しください」と詫びたので、「よしよし、御坊が、人を試そうとして、式神を使ってやって来るのが、羨ましくも、異様に思われたが、他の人にこそそういう試しをなさっても、この晴明にはそんな事をなさってはいけません」と言って、物を読むようにしてしばらくすると、外の方から童二人が走り入って、法師の前に出て来たので、そのとき、法師が申し上げるには、「本当に試し申し上げてしまった。式神を使う事は易しい事です。（しかし、）人が使っている物（式神）を隠すのはまったく不可能な事です。これからはひたすらあなた様の弟子になってお仕え致します」と言って、懐《ふところ》から服従を誓う名札を取り出して渡したのだった。

22

問一　a　イ　　b　エ
問二　ウ
問三　オ
問四　ア
問五　イ
問六　例 宿の主人の主張をそのまま利用して、主人のやったことが間違ったことだとわからせる機転の利いた判決を下した点。（53字）

解説

問一　a　〰〰線aの前の2〜3行目「富貴《ふうき》の人とても、へつらふ色もなく」と〰〰線aを含む3行目「貧賤《ひんせん》の者とても、くだせる体なし」が対句表現になっていることに気づきたい。対句とは、よく似た形や調子の文あるいは句を並べて表す表現方法で、対句の部分は近い内容か対照的な内容になることが多い。ここでは「…とても〜なく」「…とても〜なし」と似た形の句が並べられ、「富貴の人」と「貧賤の者」、「へつらふ色」と「くだせる体」が対照的な内容となっている。b　〰〰線b「さるほどに」は「そうしているうちに」という意味の語ととらえる。

問二　——線①の直前の5〜6行目「一滴舌上《ぜつじやう》に通じて、大海の塩味《えんみ》を知る」の「一滴舌上」が「金語《きんご》の端」、「大海の塩味」が6行目「余」に対応する比喩（たとえ）となっている。「一滴舌上〜」の前では板倉伊賀守《いたくらいがのかみ》の京都所司代《しよしだい》としての優秀な仕事ぶりが4〜5行目「裁許をよろこんで〜、讃嘆する人、ちまたにみてり。」と紹介されているので、この比喩（たとえ）は板倉伊賀守の仕事の一端を知るだけで、板倉伊賀守のすべての仕事の優秀さがわかるということを表している。

問三　「組み合わせ」の問いは確実にわかるものからふるいにかけていく。══線2を含む前後、10行目「亭主帰りても、刀を返すことなし。」から、刀を返さなかったのは「亭主」、つまり宿の主人となるので、**ア・ウ・オ**が残る。また、

══線3を含む14行目「双方江戸に参り」とあるが、次の段落で15行目「板倉伊賀守、下向あり、」とあるので、══線3の「双方」に板倉伊賀守は含まれない。よって**ア**・**オ**が残る。══線2の部分で「返さなかった」とあるが、返すつもりもない人にとっての「返さない」はそもそも借りる（あるいは盗む）ことをしなければ生じないはずである。══線1の前の9行目「借りて行き」という行動をした者が══線1の「帰らざる」間に徳政の札が立った。そのあとを読むと10行目「亭主帰りても」と続くので、帰らなかったのは「亭主」、宿主ということになり、**オ**が残る。

問四　──線②の後半「さらさら返すまじき」に注目。「さらさら～打消」で「決して・まったく～ない」という上下でセットになる言い方である。この言い方は現代語でも使われる言い方で、13行目「さらさら返すまじき」は「決して返す（つもりは）ない」となる。なお、「まじ」、「じ」は「ず」のように打消の意味を含む助動詞だということは知っておきたい。

問五　──線③の「造作もなき」は、現代語の「造作（も）ない」と同じく「たやすい・簡単だ」という意味の言葉である。板倉伊賀守は16行目「造作もなき（簡単な）～」と発言したのちに大相国《だいしょうこく》（家康公）が「御感《ぎょかん》はなはだし（大いに感心なさった）」なほど19行目「当意即妙（機転を利かせた）の下知《げち》」をしたのである。家康公の問いかけ（ここでは誰からの問いかけかがわからなくてもかまわない）は15～16行目「この裁許いかに（この判決はどうか）」とだけなので**ア**の「とがめる」、**エ**の「誰にまかせるべきか」は本文の内容に合致しない。また、徳政《とくせい》令を利用したのは山伏《やまぶし》ではなく宿の主人なので**ウ**も本文の内容にあてはまらない。

問六　**問五**の設問から、──線④の「当意即妙（機転を利かせた）の下知」の内容は直前の17～18行目「札の上にて、～みな山伏がに仕るべきものなり」である。この内容をまとめると「徳政令で、宿の主人が借りた刀を流すのでしたら、また山伏が借りた家をも山伏の物に（なる）」ということで、徳政令で宿の主人が借りた刀を返さないなら、山伏が借りた宿も返さなくてよい、ということである。こうして、宿の主人のやり方を逆手にとって、宿の主人が言い逃れできないように懲らしめる判決を出そうとした板倉伊賀守の機転の利いた発想を──線④で「当意即妙」と評しているのである。

現代語訳

家康公が天下を治めなさる。このご治世に賢い家臣や忠義を守る武士が多い中に、板倉伊賀守は、京都の所司代として訴えを聞き、道理にかなっているかいないかを決断なさる（判決を下しなさる）のに、金持ちの人といっても、へつらう様子もなく、貧しい人といっても、軽んじる様子はない。そうしている間、身分が上の人も下の人もすべての人が、（板倉伊賀守の）決裁（判決）をよろこんで、珍しいなあすばらしいなあと、賞賛する人が世間に満ちていた。「一滴舌の上に海水を乗せただけで大海の塩味を知る」とあるが、その金語の端（板倉伊賀守の判決の一部）を言うと、その他を（板倉伊賀守の優秀さを）きっと知るにちがいない。

そんなとき、越後で、山伏が、宿を借りた。そのとき、国主の迎えに、宿の主人も出かけるのに、あの山伏がさしていた刀で、見た目といい、作られ方といい、とてもすばらしい物（である刀）を借りて行き、まだ宿に帰っていない間に、越後の国に徳政（借金や借財を貸主に返さなくてもよいという政令）の札が立った。そうしているうちに宿の主人は帰っても、刀を返すことはない。山伏は我慢できず、しきりに返すよう求める。主人は、返事をするには、「あなたの刀を、借りたことは、間違いなく事実である。しかし、徳政の札が立った以上は、この刀も流れた（返さなくてよくなった）のだ。さらさら返す気などない」と言う。訴訟沙汰になったので、双方が江戸に出向いていて、家康公の御前の裁判になった。

そのとき、板倉伊賀守が、江戸に参上し、（家康公の）御前に控えていた。「この判決はどうか」と（家康公の）お言葉があるのに、（板倉伊賀守は）謹んで、「簡単なことだと存じます。幸い、（徳政の）札の上にて（札によって）、主人が借りた刀を流しますならば（返さなくてよくなりますならば）、また山伏が借りた宿（家）をも、みな山伏の物であるべきだ」と申し上げたので、家康公は、大いに感心なさった。（板倉伊賀守の）当意即妙な（機転を利かせた）裁きだったなあ。

4 随筆・日記・紀行

23

問一 いわせぬ
問二 ウ
問三 例さっと立ち上がって酒や水を振りかける（18字）

解説 **問一** 歴史的仮名遣いから現代仮名遣いへの変換の原則は、単語の初め以外の「は・ひ・ふ・へ・ほ」は「わ・い・う・え・お」に、「ぢ・づ」は「じ・ず」に変換することである。

問二 主語とは「～が・～は」に当たる登場人物。ここでは「陰陽師《をんやうじ》」と「小《こ》童《わらはべ》」が登場するが1行目「陰陽師のもとなる小童」＝「陰陽師のもとにいる小童」とあるので、1行目「知り（知る）」の主体は「小童」となる。よって解答は**ウ**または**エ**となる。また、1～2行目「祭文《さいもん》などよむ」の「祭文」は後注に「神仏に告げる言葉」とあり、神仏に関わることを行うのは「陰陽師」なので、正解は**ウ**となる。

問三 設問の「『小童』の具体的な様子」から小童がとった動作を挙げればよい。また、設問の枠の「陰陽師に指示されなくても」の部分は、本文中の2行目「『酒、水、いかけさせよ』ともいはぬに」または3行目「いささか主に物いはせぬ」が該当する。また、空欄の直後「様子」が本文中の3行目「しありくさま」の「さま」に対応していることからでもよい。小童がとった動作は「しありく（さま）」となり、具体的に述べているのはその前の部分2行目「ちうとたち走りて、…」となり、指示されなくても「し」たことは酒、水を振りかけて「ありく＝歩く」こととなる。「ありく」は傍訳の「まわる」でもよく、「ちうと＝さっと」と「ありく＝歩く」は解答できなくてもよい。

現代語訳
陰陽師のもとにいる小童はすばらしく物を知っている。神に祈って災いを除く行事などをしだしたところ、（陰陽師が）祭文などを読むのを、（他の）人はただ聞いているだけだが、（小童は）さっと立ち上がって走って、（陰陽師が）「酒、水などを振りかけなさい」とも言わないのに、それをしてまわる様子が、やるべきことをわきまえ、少しも主人（である陰陽師）に物を言わせないことがうらやましい。こういう気のきく者を使いたいものだ、と思われる。

得点アップ
▼随筆・日記の読解の注意点
随筆や日記では、筆者である「私」が登場しても、「私は・私に」は普通書かれない。本文中で誰を表しているのかがわからなくなったときは、そこに「給ふ・のたまふ・おはす」などのいわゆる尊敬語が使われていないならば「私」の存在を疑うとよいだろう。また、これらの作品では、筆者にとっては当たり前になっている物事（たとえば自分の主人の名）も省略されることが多いので、作品の背景や作者の身辺の情報があると読みやすくなることがある。

24

問一 ウ
問二 イ
問三 エ

解説 **問一** ――線①の「わづらひ」は「病気・心配」や「苦労・難儀」を表す語。ここでは――線①の直前の3行目「泥土の」とあるので、泥土によって蹴鞠《けまり》ができなくなる**ウ**「支障」を答える。

問二 ――線②を含む3行目「人感じ合へりけり（感心しあった）」は、その直前の「取り溜《た》めけん用意」に対して「ありがたし（めったにない）」と感心しあったのである。「取り溜め」ていたというのは、佐々木隠岐入道《ささきのおきのにゅうどう》が鋸《のこぎり》の屑《くず》を取り溜めておいたことである。

問三 一見すると、佐々木隠岐入道の機転で終わりそうな話だが、次の段落で吉田中納言《よしだのちゅうなごん》が4行目「乾き砂子の用意」に言及しており、そのあとに5行目「鋸の屑、いやしく、異様の事なり（おがくずであるが、いやしく、異様な事であった）」と鋸の屑に否定的な表現があり、本文末尾で6行目「乾き砂子を設くるは、故実なりとぞ（乾いた砂を用意しておくことは、古くからのしきたりだということだ）」と砂の用意はされているべきものであることが述べられている。本来用意されているべき砂がなかったので鋸の屑がすばらしく見えただけだったということになり、**エ**の「価値を見誤る」が最適なものとなる。

現代語訳

鎌倉中書王の御所で蹴鞠の会があったとき、雨が降ったあと、いまだに庭が乾かないので、どうしようと相談することがあったところ、佐々木隠岐入道が、おがくずを車に積んで、多く献上したので、庭一面にお敷きになって、泥の支障がなくなった。「おがくずを取り集めておいた用意のほどは、めったにない（立派さだ）」と、人々は感心しあった。

この事をある者が言い出したところ、吉田中納言が、「乾いた砂の用意はなかったのか」とおっしゃったので、恥ずかしかった。すばらしいと思ったおがくずであるが、いやしく、異様な事であった。庭の整備を担当する人は、乾いた砂を用意しておくことは、古くからのしきたりだということだ。

25

問一 a ウ　b エ
問二 ア
問三 イ
問四 ア
問五 エ
問六 ウ
問七 (1) ウ　(2) エ

解説

問一 a「やうやう」は「しだいに・だんだん」という意味の語。b「煩《わづら》ひ」は「病気・心配」や「苦労・難儀」を表す語。ここでは〰線**b**を含む10行目「往来の煩ひなし」から行き来する＝通行するのに関連する言葉として最も適当なものを検討する。**ウ**「危険」をどのように解釈するかで疑問が生じる可能性があるが、ここでは往来の体力的負担がない、という程度にとらえて、解答を**エ**「苦労」とする。

問二 ＝線**3**から、9〜10行目「みづから草を刈り、土石を担ひ、泥濘《でいてい》をかわかせ」たのは9行目「遊行《ゆぎやう》二世の上人《しやうにん》」なので、**ア・ウ**に絞られる。また、＝線**2**で7行目「気比の明神に夜参」してその様子を見たのは、筆者である「私」すなわち芭蕉である。＝線**1**はその前後の会話に注目する。5行目「あすの夜も…」と言う誰かに6行目「越路の習ひ（北陸の習慣では）〜はかりがたし（予測はつかない）」と応じているので、前の会話は北陸にやってきた人、あとの会話は北陸にいる（あるいは北陸をよく知っている）人と推測できる。北陸にやってきたのは旅人の芭蕉である。

問三 ——線①の直前の5行目「あすの夜も」に注目する。「あすの夜も」と言うのであれば、今日の夜はどうなのか。さらにその前で5行目「その夜、月殊《こと》に晴れたり。」とあるので、「あすの夜も」に続く——線①の「かく」の内容は「月殊に晴れ」ることである。

問四 「習ひ」が「教わる」の意味では整合しない場合は「慣れ」と言い換えると解釈しやすい。ここでは「慣れ」＝「習慣」とするのがよい。「習慣」ということは「いつものこと」となる。同じように「求む」が「要求する」の意味では整合しない場合は「探す」と言い換えると解釈しやすい。

問五 ——線③の「〜がごとし」は「〜（の）ようだ」と訳せばよい。——線③を含む8行目「白砂霜《しも》を敷けるがごとし」は「白砂は霜を敷いたようだ」となる。

問六 ——線④は、「古くからのならわしが今でも絶えていない」と解釈する。「古例」は、9行目「遊行二世の上人」が10行目「土石を担《にな》ひ、泥濘《でいてい》をかわか」したことであり、それにならって11行目「神前に真砂《まさご》を担ひたまふ」ことが今も続いているのである。

問七 (1) 季語の問い。15行目「名月」…お月見は「秋」のものなので、選択肢の中から秋にありそうなものを選べばよい。

(2) ——線⑤の「定めなき」に注目したい。「定めなき」とは「決まっていない」ということでエの「安定しない」を選べばよい。

現代語訳

だんだんと白根《しらね》が岳《たけ》が見えなくなって、比那《ひな》が岳《たけ》が見えるようになる。あさむづの橋を渡って、玉江の蘆《あし》は穂を実らせている。鶯《うぐいす》の関を過ぎて、湯の尾峠を越えると、燧《ひうち》が城、帰山《かえるやま》に雁の初音を聞いて、十四日の夕暮れ、敦賀の津《つ》で宿をとった。

その夜の月は特に見事だった。「明日の夜もこのようであるのだろうか（今夜と同じように月がきれいに見えるのだろうか）。」と言うと、「越路（北陸）ではいつも、明日の夜のくもりと晴れは予測がつかない。」と、主人に酒を勧められ、気比《けひ》神宮に夜参した。仲哀《ちゅうあい》天皇をおまつりしてある。社殿の前がおごそかで、松の梢の間に月の光が漏れている。神前の白砂は霜を敷き詰めたようだ。「その昔、遊行二世の上人が、大きな願いを思い立たれ、自ら草を刈り、土石を運んできて、ぬかるみを乾かして、（現在では）参詣の行き来に全く困らない。

この先例が今でもすたれず、（代々の上人が）神前に砂をお運びになる。これを遊行の砂持ちと申し上げております。」と亭主が語った。

その昔、遊行二世上人が気比明神への参詣を楽にするために運んだという白砂の上に清らかな月が輝いていて、砂の表面に月が反射するのが美しい

十五日、亭主の言葉どおり、雨が降った。

今夜は中秋の名月を期待していたが、あいにく雨になってしまい、北国の天気は変わりやすいものなのだな

26

問一 もうけらるべし

問二 ① エ ③ イ

問三 最初『むま（11行目） 最後 とう』（12行目）

［別解］最初 むまの（11行目） 最後 んとう（12行目）

［別解］最初『むま（11行目） 最後 申す事（12行目）

問四 ア

問五 エ

問六 そぞろごと（5行目）

解説

問一 仮名遣いのルールとして「〜a音＋う」は「〜o音＋う」にする。よって「まう」は「もう」になる。

問二 ① ——線①の「答へ申さざら」で「答え申し上げない」とするのがこの問いの罠（トラップ）である。——線①を含む発言2行目「何事なりとも答へ申さざらん」が「答え申し上げない」であれば、3行目「いかが侍らん（どうでしょう）」という会話には違和感があるし、さらにそのあとに3〜4行目「あらがひ給へ（言い争いなさい）」と、答えないと言っているのに言い争いなさいと言われるのは明らかにおかしい。何事でも答えると言ったことで言い争いなさいとなったとするのが自然であるから、——線①は「何事でも答える」となるものが正解となる。

③ ——線①同様に、——線③を含む部分6〜7行目「何事なりともあきらめ申さん」のあとに8行目「興あるあらがひなり（面白い言い争いだ）」と続くのでここもやはり「何事でも答える」と解釈する。7行目「あきらめ」は途中でやめる「諦める」ではなく、明らかにする「明らめる」が正解となる。

問三 ——線②の「おぼつかなき（おぼつかなし）」は「はっきりしない」という意味の語。また、——線②を含む「おぼつかなき事をこそ問ひ奉らめ」と言って、そのあとに12行目「〜承らん」と質問しているので、問うたことは12行目「承らん」の前の11〜12行目「『むまの〜んとう』と申す事」の「心（意味）」である。

問四 登場人物はできるだけ本文の初めから追うのがよいが、途中でわからなくなったときは一旦置いておいてわかるところから戻ってつじつまを合わせる方法もある。資季《すけすえ》大納言入道が「答える」と言うのに対して具氏《ともうじ》宰相中将が問いかける役回りであることをつかんでおく。問いかけるAと返答する（ことができなかった）Bということである。

問五 問二で——線①と③の前に「何事なりとも」という共通の語句があった

ことを援用してみる。――線④の「本より深き道は知り侍らず」が本文前半の4行目「はかばかしき事は片端も学び知り侍らねば」とほぼ一致する。そこから14行目「深き道」4行目「はかばかしき事」であり、学ぶものであると考えられるので、エ「学問」を選ぶことができる。

問六　もともと具氏は5行目「おぼつかなき事（はっきりしない事）」を問うことを言っていた。その「おぼつかなき事」はその直前に5行目「そぞろごとの中に」とあるので、「そぞろごと」の一部に「おぼつかなき事」があるということである。設問の条件「五字」に適合するのは「そぞろごと」である。

現代語訳

資季大納言入道とか申し上げた人が、具氏宰相中将に逢って、「あなたが問われる程度のことは、何事であっても、答え申さないことがあろうか」と言われたので、具氏は「どうでしょう」と申されたのを、「それならば私と言い争いなさい」と言われて、「きちんとした事は、私は少しも学び知りませんので、尋ね申し上げるまでもない。何でもないどうでもいい事の中に、はっきりしない事を質問申し上げよう」と申された。「まして身近でつまらない事なら、何事であっても明らかに（して）申し上げよう」と言われたので、側近の人々、女房なども、「面白い言い争いだ。同じことなら帝の前で争われるべきだ。負けた人は、ごちそうを用意なさるのですよ」と決めて（約束して）、帝の前でお呼び合わせて（勝負させたところ）、具氏が、「幼い頃から聞きなれておりますが、その意味を知らないことがございます。『むまのきつりやう、きつにのをか、なかくぼれいりくれんとう』と申す事は、どんな意味でしょう。お聞きしよう」と申されたところ、大納言入道はぐっと詰まって、「これはつまらない事なので、わざわざ言うまでもない」と言われたのを、「もともと深い事（大事な事）は知りません。つまらない事を尋ね申し上げようと決め（約束）申し上げた」と申されたので、大納言入道の負けになって、盛大にごちそうなさったということだ。

27

問一　a ウ　b エ　c ア
問二　1 オ　2 エ　3 イ
問三　エ
問四　わづらふ（13行目）
問五　オ
問六　例 猫の姿に生まれ変わったということ。（17字）
問七　最初　おのれ（15行目）　最後　きこと（18行目）
問八　イ

解説

問一　a 2行目「手」は「文字・筆跡」という意味の語である。「手紙」と訳してはならないことに注意しよう。b 11行目「らうたがる」はもともと「らうたし」という語が動詞化したもので、「らうたし」は「いとしい・かわいい・（経験を積み）手慣れた」などの賞賛する意味の語である。ここではエ「かわいがる」があてはまる。c 12行目「かしがましく」は「かしがまし」という語が活用したもので「やかましい・うるさい」という意味の語。

問二　1 ══線1までに登場した人物は1行目「乳母《めのと》」、2行目「侍従の大納言の御むすめ」が書かれているが二人とも「なくなり」とあるので故人である。故人が4行目「起き」ることはできないのでこの二人は除外される。日記や随筆では「たまふ・おはす」などの尊敬語が用いられず、人物が特定できない場合、主語は筆者である「私」とすることが原則である。2 ══線1のあとに4行目「猫」が現れ、6行目「姉なる人」が7行目「飼はむ（＝飼おう）」と言う。そして7〜8行目「人なれつつ、かたはらに（人に慣れながら隣に）うち臥《ふ》し」ていたのは「猫」である。3 6行目「姉なる人」が話している中で14〜15行目「夢にこの猫の〜」と姉が夢で見たことが語られている。「おどろきて」は「目を覚まして」という意味になることから、夢を見ていた姉が19行目「うちおどろきたれば（＝目を覚ますと）」したことになる。

問三　――線①「尋ぬる人やある」は直訳すると「尋ねる人がいるか」となり、

やって来た猫を勝手に飼うことにした筆者たちは元の飼い主が探しに来るのではないかと案じているのである。この猫が飼い猫であったであろう証拠は――線①の前の7行目「人なれつつ」ということである。

問四 ――線②「なやむ」は「病気になる」という意味の語であるので、「病気」の意味の語を探せばよい。また、――線②の直前に11行目「姉の」とあるので「姉」の状態を表す部分を探すと――線③のあとに13行目「わづらふ姉」とあるのでそこから「わづらふ」を抜き出す。

問五 ――線③の「なほ」は「やはり」という意味の語なのでそれだけで解答できなくはない。――線③の直前に12～13行目「鳴きののしれども」と猫が鳴いていることが書かれていることから、――線③の「さる（そのような）」は、猫が鳴くことを「猫とはそのように鳴くものだ」と猫の習性として受け入れているのである。

問六 ――線④の手前から、夢に猫が出てきて15～16行目に「おのれは侍従の大納言の御むすめの、かくなりたるなり（私は侍従大納言の娘がこのようになったのだ）」とある。侍従大納言の娘は既に亡くなっているので、この猫は侍従大納言の娘が猫に生まれ変わった（転生した）ということになる。

問七 設問の「夢の中で猫が語った」から――線③のあとの14～15行目「夢にこの猫のかたはらに来て、」の部分に注目したい。また、═線3の前に18行目「～といひて、いみじう鳴くさまは」とあるので、猫が語ったのは「と」の直前の18行目「わびしきこと」が終点となり、語り始めたのは15行目「来て、」の直後の15行目「おのれは」が起点となる。会話部を探す際は、終点を先に見つけてから起点へ戻って探すのが得策である。

問八 **ア** **問六**にかかわるが猫の正体は侍従大納言の娘であり、猫を（大切に）飼ったのは筆者たちである。また、この本文に侍従大納言は出てきていない。**イ**は、4～5行目「来つらむ方も見えぬに、～をかしげなる猫あり」と合致する。**ウ** 猫を飼うことを言い出したのは姉である。═線1のあとに6～7行目「姉なる人、「あなかま～飼はむ」」とある。**エ** 猫を北面に入れたのは、飽きたからではなく姉が病気になったからである。〰線bのあとに11～12行目「姉のなやむことあるに、ものさわがしくて、この猫を北面にのみあらせて呼ばねば、」とある。**オ** **問七**にかかわるが猫が自分のことを語ったのは姉の夢の中である。

現代語訳

花が咲き散るころごとに、乳母が亡くなった季節だよとだけしみじみと感じていると、同じころにお亡くなりになった侍従の大納言の姫君の筆跡を見つつ、むやみにしみじみ寂しくなっていると、五月ごろに、夜が更けるまで、物語を読んで起きて座っているところに、やって来たであろう方角は見えないが、猫がとてものどやかに鳴いているのを、はっとして見ると、たいそうかわいらしい猫がいる。どこから来た猫だ（ろう）と見ると、姉である人が、「しっ、静かに。人に聞かせるな。とてもかわいらしい猫だ。飼おう」と（言うと）、（猫は）たいへん人になれて、私のそばで寄り添って寝ている。（猫を探して）尋ねる人がいるかと思い、これを隠して飼っていたが、猫はまったく使用人などの下賤な者のところにも寄りつかず、じっと私たちの前にだけいて、食べ物も汚らしいものには、よその方に顔を向けて食べない。私たち姉妹の中にさっとまとわりついて、（私たちは）かわいらしく思い、かわいがっていたが、姉が病気になることがあって、家の中がなんとなく騒がしくて、この猫を北側の部屋にのみいさせて、こちらに呼ばないでいると、猫はやかましく鳴き騒ぐ。やはりそのように鳴くのだろうと思っていると、病気の姉が目を覚まして、「どこですか、猫は。こっちへ連れて来なさい」と言ったので、（私が）「どうして」と問うと、姉は「夢でこの猫がそばに来て、私は侍従の大納言の娘がこのような姿になっているのである。こうなるはずの前世からの因縁がちょっとあって、ここの次女（＝筆者である「私」）がむやみにしみじみと感じて私のことを思い出しなさるので、ただしばらくここにいたのを、このごろは下賤な者のいる所にいて、たいへんつらいことだと言って、たいそう泣く様子は、高貴でかわいらしい人に見えて、目を覚ましたところ、この猫の声であったのが、たいそうしみじみと感じるのだ」と語りなさるのを聞いて、（私も）しみじみと感じた。

得点アップ

▼内容一致問題の対処法

内容一致問題では選択肢に書かれた語が本文中に書かれていないかを探してみよう。見つかればその前後を手がかりにして、選択肢に書かれていることと合っているかを検討すると解きやすくなる。時間と労力を省くためにも内容一致の問題の選択肢は本文を読む前に見ておくとよい。すべてがそれで解決するわけではないが、あっと気づくこともある。たとえば**問八**の選択肢を先に見てから本文を読めば、猫を「飼はむ（飼おう）」と言っているのは誰なのかに注目しながら本文を読むことができる。

28

問一 よわ

問二 イ

問三 例 休んで疲れをとることができれば、身分の低い者たちが辛くないだろうと思った（から）

問四 例 人が寝るころ合いではないので寝ることができない

問五 ウ

問六 (1) イ・ウ（順不同）

(2) 例 上の立場の一方的な主観で下の立場の者へ優しさだと思うことをするが、下の立場の者の事情や気持ちを理解していない（から）

解説

問一 「現代仮名遣いを用いて」と設問にあるが「やはん」と読むと「平仮名二字」にならない。古文で「夜半」は「よは」と読み、意味は現代語と同じ「夜中」。「よは」を現代仮名遣いに直せば「よわ」となる。

問二 1行目「やんごとなき（やんごとなし）」は「高貴な」という意味の語。本文中に2行目「下」・6行目「下の者」と出てくるのでここでの――線①「やんごとなき人」は「上」・「上の人」という解釈でよい。

問三 ――線②で述べている「早く宿を出て早く宿に着く」のは、――線②の初めの「さらば（それならば）」によって、その前が理由あるいはきっかけとなる。1～2行目「疲れをだに休めなば、下が下までも、憂きことはあらじ」の部分から「疲れをとる、休む、下まで＝下の身分の者まで、憂き＝つらい、あらじ＝あるまい（ないだろう）」、これが1行目「やんごとなき人」の考えである。

問四 ――線③を分解しながら単語と文法を確認してゆく。6行目「人の」の「の」は「が」と置き換えて「人が」、6行目「寝ぬる」は「寝る」でよい。7行目「ころ」は「ころ（頃合い）・時分」、「ならでは」の「で」が打消の訳になって「ころではない」とつなげる。7行目「寝ね」は「寝る」、「がたし」は「できない・難しい」。これらをつなげていけばよい。

問五 誰かが、――線④「寝ねん（寝よう）とするころ」に、9行目「その君」は9行目「起き出で」るのだから、寝ようとしたのは6行目「下の者」である。さらに、――線③の「寝ねがたし」だった「人」が――線④で寝ようとするころに9行目「その君」は起き出してしまう。そして「夜半（夜中）に供をそろへて発つ」のだから、9行目「供」であるはずの6行目「下の者」も9行目「その君」に合わせて起きざるを得なかったはずである。なお、8行目に「世の人に背きて」とあるので、**オ**「（世の）人」は除外される。

問六 (1) ――線⑤の直前に10行目「上の心もて下をみる」とあるので、「上」と「下」による10行目「たがふ」だとわかる、「下」はずばり**ウ**となり、**ウ**の6行目「下の者」が出てくるのは第二段落なので、「上」にあてはまる人物は、**イ**「その君」になる。

(2) ――線⑤の直前10行目「上の心もて下をみる」と直後11行目「めぐむ心ありて、下の事しらねば」をまとめて、「上の心で下を見る」、「恵む＝優しくしよう、慈しむ、労わる、心はある」、「下のことを知らない」、これらを骨格に組み立てればよい。

現代語訳

ある身分の高い人が「旅の道中は早く寝て、疲れをさえ休めたら、一番低い身分の者まで、つらいことはないだろう。それなら早く宿を出発して、早く宿に着くのがよい。これが下の身分の者を慈しむやり方なので、きっと喜ぶだろう。」と言った。

まずその君（話を聞いた人）は、早く宿に着いて、格子《こうし》を下ろし、明かりをつけて、昼の最中のころから寝るのだが、下の身分の者は自分の思いのままではなく、世の人が寝るころ合いではなくて寝るのは難しい。特に昼のうちは騒がしく通行人も絶えないのを、世の人に反して「夜だなあ」ともいうことはできず、寝ようとするころに、その君はもはや起きだして、夜中に供をそろえて出発するようだ。

　下の身分の者を憐れむ気持ちはあるのだが、上の身分の者の立場から（一方的に）下の身分の者のことを考えるから、このようにすれ違うのだ。慈しむ心があっても、下の身分の者の事情を知らないと、このようなことになるのだ。

29

問一　A ア　B ウ　C ア　D イ
問二　御経した（4行目）
問三　② ウ　⑧ オ
問四　ア
問五　④ イ　⑦ エ
問六　例 涙をぬぐうため。（8字）
問七　例 鳥羽天皇に気づかれたくなかったから。（18字）
［別解］例 鳥羽天皇に泣き顔を見せたくないから。（18字）

解説　**問一**　人物を決めるときに有効な手助けとなるのが「尊敬語の有無」である。原則として「たまふ・おはす・のたまふ」などの尊敬語を使う登場人物はずっと尊敬語を使い、尊敬語を使わない登場人物はずっと尊敬語を使わない。ここでは〜〜線Bにだけ尊敬語を使わず、〜〜線A「おほせ」、〜〜線C「たまへ」、〜〜線D「おほせ」と尊敬語を使っている。尊敬語を自分自身に使う事はないので、〜〜線Bの主語は作者である「私」になる。本文の前書き「堀河天皇崩御」「幼い鳥羽天皇」から、過去時制ならば堀河天皇、現在時制ならば鳥羽天皇となる。〜〜線Bを含む6行目「〜御ことは、思ひいでらるる（御ことは、思い出される）」とあるので、「〜御こと」までは思い出としての過去時制になるので、〜〜線Aの主語は堀河天皇である。また、〜〜線Cを含む9〜10行目「〜楽を書きて、おしつけさせたまへりし笛の譜の、おされたるあとの、かべにあるを、見つけたる（曲を書いて、貼っていらっしゃった笛の譜面が貼りつけられた跡が、壁にあるのを見つけた）」の10行目「あとの、かべにある」に注目したい。「あと」なのだから、過去に貼ってあった「跡」ということなので、〜〜線C「おしつけ（貼りつけ）」たのは過去時制の堀河天皇、ということになる。〜〜線D「おほせらるる」は現在時制なので、鳥羽天皇が主語である。

問二　——線①の直前の5行目「と（ぞ）」の手前までが堀河天皇が5行目「おぼしめし」した内容の終点。設問は「どこからか」なので起点を探すが、一般に「動作＋ば、動作＋に、」は人物が交代しやすく、「動作＋て、」は人物が交代しにくい。ここから4〜5行目「おりたりしに、／『御経したためて、↓持て参りて、↓笑はれん、』と（ぞ）」「おぼしめし」たとするのが適当である。

問三　②　——線②の末尾に「たまひ」と尊敬語があるので、**イ**「差し上げ」と**エ**「申し上げ」は不適。5行目「かしづか（かしづく）」は「大切に世話する・大切に育てる」という意味の語なので**ア**「最期を遂げ」、**オ**「大人びて」は不適。ここでは、堀河天皇が私を大切にしてくれた、（御）ことを思い出しているのである。⑧　——線⑧の「うつくしう（うつくし）」は「かわいらしい」という意味の語。これで**オ**が正解として濃厚になるが、19行目「あはれもさめぬるここちして」の「ここちして」は「気持ちがして」で、その気持ちが、——線⑧の直後の19〜20行目「ゑまるる＝笑まるる」という見える表情になった、ということで、19行目「あはれもさめぬるここちして」はマイナスの感情がプラスに向かったと解釈できればよい。

問四　**問一**の〜〜線Bに続く部分。作者が思い出に浸っていると、前に鳥羽天皇がいらっしゃって「われいだきて、障子の絵見せよ」とおっしゃるところで、——線③「よろづさむるここち」になった作者である「私」。7行目「さむる（冷める・覚める・醒める）」のは、堀河天皇の思い出からである。そして作者は鳥羽天皇を6〜7行目「いだき（だっこ）」して絵を見せに行く。

問五　④「あはれ」は「しみじみ思う」がもともとの意味。ここでは前後の状況から「しみじみ」の言い換えを答える問いとなっている。——線④の前では、**問一**の〜〜線Cにもポイントとなった10行目「あと」を見つけた作者の感情が11行目「あはれなる」で、——線④のあとで和歌を詠み、13行目「かなしくて」

と感情が動く。また和歌中にも12行目「夢とおぼゆる（夢だと思われる）」とあるので、堀河天皇のことをしみじみ思い出している作者の感情であることが読み取れる。⑦――線⑦の前後の会話をヒントにしたい。前では15行目「目に涙」に対して15行目「みな知りて」とあり、泣いていることに対してすべてわかっていると話し、あとでは16～17行目「いかにしらせたまへるぞ（どのようにご存じなのか）」と問うと17行目「ほ文字のりの文字～」と堀河天皇のことだと、鳥羽天皇は筆者の涙のわけを見抜いているが、この会話までそのことに触れないでいた鳥羽天皇の様子が――線⑦の16行目「あはれ」なのである。天皇は基本的に世襲制なので堀河天皇は鳥羽天皇の父になるのだから、本来ならば泣くべきは（まして幼い）鳥羽天皇のはずであろう。

問六 ――線⑤の直前で13行目「かなしくて」とあるので――線⑤「そでを顔に～」は泣いているということになる。「悲しくて泣いたから。」（10字）「涙をぬぐうため。」（8字）などと答える。

問七 ――線⑥「さりげなく」は「なんでもなく」という意味の語。**問六**の続きとして、作者は鳥羽天皇に自分が堀河天皇を思い出して泣いているのを見せたくなかった、鳥羽天皇に（泣いていることを）気づかれたくなかった、のである。「鳥羽天皇にばれないようにするため。」「鳥羽天皇に泣き顔をみせたくないから。」などの別解も正解となるだろう。

現代語訳

退屈な昼頃、くらべや（暗部屋）のほうを見やると、（故堀河天皇が私に）お経を教えなさるということで、「（私が）読んだ経を、きれいに清書して、与えよう」とおっしゃって、勤行のついでに、二間（の部屋）で、立っていらっしゃって、きちんと用意なさって、局に下がっていたところ、私がお経をきちんと持って参上しては人に笑われるだろうとお思いになって、身に余るほどまで大事にしてくださったことを、自然と思い出していると、（鳥羽天皇が）前にいらっしゃって、「ぼくを抱っこして、障子の絵を見せよ」とおっしゃるので、いろいろ（思い出も夢も何もかも）さめる気がするけれど、朝餉《あさがれい》の間の御障子の絵を、ご覧に入れながら歩くと、夜の御殿の壁に、（故堀河天皇が）朝晩見慣れて覚えようとお思いになった曲を書いて、貼っていらっしゃった笛の譜面が貼りつけられた跡が、壁にあるのを見つけたのが、しみじみと感無量だ。

笛の楽譜が貼られた壁の跡を見ると、過ぎてしまった昔のことは、夢だと思われる

悲しくて袖を顔に押し当てて涙を拭くのを、（鳥羽天皇が）不思議そうにご覧になるので、（私が故堀河天皇を）思い出して泣いているのだということを（鳥羽天皇に）わからせ申し上げまいと思って、何でもないように振る舞いながら、「あくびをついしてしまって、このように目に涙が浮かんだ」と申し上げると、（鳥羽天皇は、）「みな知っています」とおっしゃるので、いじらしくも恐れ多くも思われなさるので、「どのようにご存じなのか」と申し上げると、「『ほ』の字『り』の字のつく人のことを、思い出していたようだ」とおっしゃるのは、故堀河院の御こととご存じでいらっしゃる、と思うと、おかわいらしくて、悲しみもさめた気持ちがして、自然と微笑んでしまう。

30

問一 ①ア　③ウ

問二 始めに従～引かるる（から。）（4行目）

問三 始め（4行目）

問四 ウ

問五 エ

解説

問一 ①「さらに～打消（ここでは「ず」）で「まったく～ない」となり、直訳は「まったくも言わない」。まったく言わないでよいことだということなのでア「言うまでもないが」が言い換えとして適当である。③「え～打消（ここでは『で』）」で「～できない」という不可能を表す。選択肢の中で不可能の表現があるのはウだけである。8行目「ものせ（ものす）」は「物す」で「何かをする」という意味の動詞で「do」だけを表すので場合によっては何をするのかを考える必要が生じる。

問二 ――線②の「捨て難《がた》き」ものは、その前の6行目「年頃のならひ（長年の習慣）」である。ではどうして長年の習慣になってしまうのか。それはその前

の4行目「始めに従ひそめたるかた（最初に従い始めた方面）」に4行目「心は引かるる（心が引かれる）」からである。よって、この二か所を含めて二十五字に収まるように抜き出せばよい。

問三 aのあとの12行目「師をよくえらぶ」が本文冒頭の1行目「師をよくえらびて」に対応する。よってaには本文冒頭の「まづ」を入れたいが「まづより」は不自然なので、「まづ」＝「はじめに・最初に」に相当する語を本文中から探すと**問二**で見た部分に4行目「始め」が見つかる。

問四 各選択肢の中の言葉が本文中のどこに出てくるかを探してその前後と合わせて真偽を判断していく。**ア**「初めて学んだ師の説に心ひかれ」が——線①のあとの4行目「始めに従ひそめたるかたに、おのづから心は引かるるわざにて」があてはまり、そのあとに5行目「わろき事をえさとらず（悪い事を理解できない）」とあるので、**ア**は正しい。**イ**は「捨て切れずにいる」が——線②の「捨て難きわざなる」にあてはまり、——線②の前に5～6行目「さとりながらも」とあるのが**イ**の「わかっていても」に対応する。**ウ**は「我」と「世間の人」が——線②のあとの6～7行目「我とかいふ禍神」、aの前の11行目「世の人」にあてはまるが、11行目「世の人をさへまどはす（世間の人も惑わす）」としか述べられていない。**ウ**は「（世間の人を）自分の学問に引き込もうとする」が本文に書かれていない嘘《うそ》である。**エ**は「筋の通らないこと」が8行目「ひがこと」にあてはまり、8～9行目「世の限りひがことのみして、身をふる（生涯の限り間違った事ばかりして、生きていく）」とあるので正しい。**オ**は「迷う～迷わせて」がaの前の10～11行目「おのれまどへるのみならず、世の人をさへまどはすこと」にあてはまり、正しいことがわかる。

問五 随筆で知っておくべきは平安時代中期の『枕草子《まくらのそうし》』（清少納言《せいしょうなごん》）、鎌倉時代前期の『方丈記《ほうじょうき》』（鴨長明《かものちょうめい》）、鎌倉時代末期の『徒然草《つれづれぐさ》』（吉田兼好《よしだけんこう》）。

現代語訳

学問に志したなら、まず師匠をよく選んで、その学説の立て方や、教えの様子を、よく考えて、従い（学び）始めるべきである。理解の悪い人は、言うまでもなく、もとより、理解の早い人といっても、大体は最初に従い始めた方面に、自然と心が引かれるものであり、その学問の道の内容が悪くても、悪い事を理解できないものだ。また後に悟りながらも、長年の習慣は、なかなか捨てられないものであるので、我《が》という禍神が立ち添い、あれこれとこじつけて、やはりその間違った道筋を助けようとするので、ついによい仕事はできず、生涯の限り間違った事ばかりして、生きていく類は、世間に多い。このような類の人は、努力して深く学べば、学ぶほど、ますます悪い事ばかり盛んになり、自分が惑わされるばかりでなく、世間の人までも惑わすものである。つくづく最初から、師匠をよく選ぶべきものである。

31

問一 応報
問二 イ・エ（順不同）
問三 例 乗馬や早歌などをしないで、説経を習うべきだった。
問四 ア
問五 ウ
問六 ウ
問七 徒然草

解説

問一 設問の文言が難しそうに感じるかもしれないが1行目「因果」を含む四字熟語は「因果応報」である。

問二 ——線②の「この法師」は第一段落冒頭の1行目「子を法師になして」によって法師となった子である。やったことは3行目「馬」と6行目「早歌」の二つであり、それをおさえたら、各選択肢を検討する。**ア**は「苦手な」については本文の4行目「桃尻にて落ちなんは～」の部分が怪しいとしても、「克服した努力家」については5行目「心憂かるべしと思ひけり」と思っただけなので不適。**イ**は「酒の席で～」が5～6行目「酒など勧むる事あらんに～」にあてはまる。**ウ**は8行目「説経習ふべきひまなくて」とあり、馬・早歌はともかく、2行目「説経師」としての道は極めようとしていないので誤り。**エ**は「道に熟達する中で～」が7～9行目「二つのわざ、やうやう境に入りければ、いよいよよくしたく覚えて嗜《たしな》みける（二つのことが、だんだん熟練の境地に達したので、いよいようまくなりたく思われてしている）」にあてはまり、「のめりこんで」にも整合する。**オ**は**エ**とのかかわりで、馬と早歌《さうか》に興じた法師は第一段落末尾で8～9行目「説経習ふべきひまなくて、年よりにけり」と法師の本業がおろそかになったことがわかるので「人格者であった」が不適。

問三　——線③の「第一の事」が何に相当するかといえば、2～3行目に「説経師にならんために」とあることから、説経を習うことである。3行目「馬」、6行目「早歌」は、「その外」に相当する。要は、馬や早歌よりも説経を優先するべきだということである。

問四　**X**の前に23～24行目「小を捨て大につく」とあるので、選択肢に出てくる数字の差が大きいものが解答の候補となる。**ア**・**オ**が残ることになる。ところが**X**のあとに25～26行目「十にまで成りぬれば、惜しく覚えて～」とあるので、**X**のところでは十は越えていないはずである。

問五　——線④の「懈怠《けだい》」とは「怠けること・怠惰なこと」という意味である。その怠けた理由は——線④の直前の32行目「西山の事は帰りてまた～」と思ったこと、つまり西山へ行かなかったことが「懈怠」の具体的な内容である。あとは選択肢を検討して、本文から読み取れない嘘《うそ》の情報やつじつまが合わないことが書かれた選択肢を除外すればよい。**ア**は「遠距離の」、**イ**は「仕事を終えた満足感」、**エ**は「自分の家に戻る」、**オ**は「帰る手間を惜しみ」がそれぞれ不適。

問六　登蓮《とうれん》法師がとった行動を追う。ある者が37行目「わたのべの聖《ひじり》、この事を伝へ知りたり」と言ったのを聞いて、雨が降っているにもかかわらず39～40行目「わたのべの聖のがり尋ねまからん」と即座に出かけようとした。ほかの人は40行目「雨やみて～」と制したが登蓮法師は反論して走って出て行った、と拾うことができればよい。あとは**問五**と同様に各選択肢に出てくる言葉に注意して本文から読み取れない嘘の情報やつじつまが合わないことが書かれた選択肢を除外する。アは「多くの人に迷惑をかける」、**イ**は「恐怖感」、**エ**は「人々の愚かな言葉」、「大義のため」、**オ**は「『最大の』関心事」がそれぞれ不適。**ウ**と**オ**で迷うが、ある者の言葉の36行目「ますほの薄《すすき》～」の傍注には「関心の対象となっていた」とは書かれているがそれが「最大」であったかは読み取ることができない。

問七　設問の「兼好《けんこう》」、「随筆」だけで『徒然草』が出てきてほしい。

現代語訳

ある者が、子を法師にして、「学問して因果の道理をも知り、説経などして生活の手段ともせよ」と言ったので、教えのままに、説経師になるために、まず馬に乗ることを習った。輿《こし》や車を持たない身で、供養の中心を担う僧侶として呼ばれたとき、馬などを迎えによこしたら、乗るのが下手で落ちてしまったとしたら辛《つら》いはずだと思った。次に、仏事の後、酒などすすめることがあったら、法師がまったく芸が無いのは、檀家が興ざめに思うにちがいないということで、早歌ということを習った。二つのことが、だんだん熟練の境地に達したので、いよいようまくなりたく思われてしているうちに、説経を習うはずの暇がなくなり、年を取ってしまった。

この法師に限ったことではない。世間の人は、おしなべてこういう事がある。若いときは、あらゆるものごとについて、立身出世をし、大きなことを成し遂げ、技能も身につけ、学問もしようと、遠い将来の先までよくよく考えている諸事を心にはかけながら、人生をのんびり思って、怠っては、まず、さしあたって目の前のことだけに紛れて月日を送るので、何事も成し遂げることはなく、身は老いてしまう。遂に、一芸にすぐれた者にもなれず、思ったように立身出世もできず、悔いても取返しのつく年齢ではなくなっているので、走って坂を下る車輪のように衰えてゆく。

だから、一生のうち、主として望んでいることの中で、どれが勝っているかよく思い比べて、第一のことを心に決めて、その他は思いを捨てて、その一つのことだけを励むべきだ。一日の中、一時の中にも、たくさんのことが来てしまうような中に、少しでも有益である事を行って、その他のことを捨てて、大事を急ぐべきだ。あれもこれも捨てまいと心に執着していては、一つのことも成ることはないだろう。

たとえば、碁を打つ人が、一手も無駄にせず、人に先立って、少ない石を捨てて（利益の）大きな石を取るようなものだ。それに関して、三つの石を捨てて、十の石を取ることは簡単である。十を捨てて、十一を取ることは難しい。一つでさえも勝っている方につくべきであるのに、十まで成っているので、惜しく思われて、多く勝っている石には換えにくい。これをも捨てず、あれをも取ろうと思う心では、あれをも得ず、これをも失うのは当然だ。

京に住む人が、急いで東山に用があって、すでに行き着いたとしても、西山に行ってその利益が勝るに違いないことを思い得たなら、門から帰って西山へ行くべきだ。ここまで来たのだから、このことをまず言ってしまおう、何日と日を決めていないことであるから、西山のことは、帰ってまた思うのがよい、と思うせいで、一時の怠りが即座に一生の怠りとなる。これを恐れるべきだ。

一つのことを必ず成就させようと思うなら、他のことが失敗することを嘆いてはならない。人の嘲りをも恥じてはならない。他のあらゆることと引き換えにしなくては、一つの大事を成し得るはずがない。人が大勢いる中に、ある者が、「ますほの薄、まそほの薄などいうことがある。わたのべの聖《ひじり》が、このことを伝え知っている」と語ったのを、登蓮法師がその座におりましたが、聞いて、雨が降っているところを、「蓑笠《みのかさ》はあるか、お貸しください。その薄のことを習いに、わたなべの聖のところへ尋ねに出かけよう」と言ったのを、「あまりにもあわただしい。雨がやんでから（お行きなさい）」と人が言ったところ、「とんでもないことをおっしゃるなあ。人の命は、雨の晴れ間を待つものか（いや、待つものではない）。我も死に聖も死んでしまえば、尋ね聞くことができなくなる」といって、走り出して行って、習いましたと申し伝えておりますことは、大変素晴らしく感じられる。「すばやく行えば成功する」と論語という書物にもあるということです。（登蓮法師が）この薄のことを知りたいと思ったように、人生の大事（である仏道に入り悟りを開くこと）の機縁を、思うべきだったのだ。

32

問一 例 皿を割った使用人の女が殺されてしまうと思ったから。
問二 ア
問三 エ
問四 イ
問五 例 皿を自分が全て割ることで自らの命を犠牲にして他人の罪をかぶろうとしたから。（37字）

解説

問一 ――線①の「悲しむ」原因はその前の2〜3行目「一婢《いちひ》あやまちて一枚を破りしか（＝使用人の女が誤って（皿を）一枚割った）」ことである。この割った皿が本文冒頭の「秘蔵の皿」で、1〜2行目「破《わ》る者あらば一命を取るべし」というものだったからである。つまり皿を割った使用人の女は命を奪われる、皿を割った罪で殺されてしまうことになるから「悲しむ」のである。

問二 問一の続きで、3行目「悲しむ」ところに男が現れ4行目「破れたる陶《すゑ》器《もの》を継ぐ（＝くっつける）に跡も見えず」と言い出したので、悲しんでいた人たちは――線②「色を直し」た、顔色が元に戻って落ち着いたということになる。

問三 会話部分の終点には「と・とて・など」があることが多い。――線③の「いふ」の直後から始まる会話の終点と考えられる箇所は、11行目「秘薬ありと」の「と」の直前までか11行目「かくせんがためなりと」の「と」の直前までである。「秘薬ありと」のほうは選択肢にないので自動的に「かくせんがためなりと」の「と」しか解答の候補がなくなる。

問四 「秘薬あり」という言葉を誰かが前に言っていなかったか。――線①のあとに3〜4行目「裏に米を舂《うすづ》く男〜『わが家に秘薬ありて〜』」とあるのを見つけることができたか。「秘薬あり」と言っていたのはイの「裏に米を舂《うすづ》く男」である。

問五 ――線⑤の「その義勇を甚だ感じ」たのはその直前の12行目「主人」の12行目「この子細を聞きて」による心情の変化である。「この子細」とは、裏に米を舂く男が二十枚の皿を全部割って二十人分の罪を一人でかぶろうとしたことである。その自己犠牲の精神に主人は「義勇（＝正義の心から発する勇気）」を感じたのである。裏に米を舂く男の行動を理由として挙げればよい。四十字で収めなければならないので、その目的である「使用人の女の命を救う」などは書ききれないと思われる。

現代語訳

（現在の）群馬県のさむらいの家に秘蔵の皿が二十枚あった。もしこれを割る者がいたならば、一命を奪おうと、代々言い伝える。それなのに、使用人の女が誤って（皿を）一枚割ったので、家中の皆が驚き悲しんでいると、裏で棒で米をついて殻を取る使用人の男がこれを聞きつけて、「わが家に秘薬があって、割ってしまった陶器をくっつけると跡も見えない、まずその皿を見せなさい。」と言うのに、皆落ち着きを取り戻してその男を呼んで（皿を）見せたところ、（男は）二十枚を重ねてつくづくと見るふりをして、持っている杵《きね》（米をつくための木製の棒）で（皿を）粉々に砕いてしまった。人々はこれはどうしたことかと驚いたところ、（男は）笑って言うには、一枚割ってしまっても、二十枚割ってしまっても、同じように一命を召されるなら、皆私が割ったと主人におっしゃられよ。この皿は陶器なので一つ一つ割れるときがあるに違いない。それならば二十人の命にかかわるのを、私一人の命をもってつぐないましょう。（皿を）継ぐ秘薬があると言ったのは嘘《うそ》で、このようにするためであると、少しもたじろがず主人の帰りを待っていると、主人が帰ってこの事情を聞いてその正義の心から発する勇気に非常に感心して、城主に推薦して武士に取り立てなさったのだが、果たして心の清らかな役人だったということだ。

5 和歌・俳句

33

問一 ウ

問二 ア

問三 A 例 第三句の末が「て」になっている

B 例 間違っている

C 真青に成り（9行目）

解説

問一 俊頼《としより》が詠《よ》んだ2行目「明けぬとも～」の歌を「難（＝批判・非難）」したのは基俊《もととし》である。したがって2行目「明けぬとも～」の歌を詠んだのが俊頼だと3行目「心得（＝理解し）」たのは基俊であるとわかる。

問二 問一と同じく基俊は俊頼の歌を5行目「難（＝批判・非難）」しているのだから、攻撃的な人物であることがわかる。登場人物の心情や性格はイメージではなく、その登場人物の態度・行動や発言を根拠にするようにしよう。

問三 ＝＝線がいわゆる巨匠紀貫之《きのつらゆき》の歌の一部で、しかも鈴木さんの言葉に「貫之第一の秀歌」とあるので、歌人としてはこの歌を悪く言うことはできないはずである。本文中では8行目「寒からで」とあるが、実際には「さむからて」であることを高橋さんが言っている。なぜ琳賢《りんけん》はこの歌を言い出したのか。＝＝線の直後の9行目「末のて文字を長々とながめたる（＝末の「て」の文字を長く伸ばして歌った）」のは、貫之の歌と俊頼の歌との共通点を強調するためである。Aの内容は二つの歌の共通点、つまり、「第三句の末が『て』である」ことである。その点で俊頼を非難するならば紀貫之をも非難することになるので基俊の非難は「不当だ・間違っている・的外れだ」というのがBに入れる表現。その過ちに気づいた基俊が反応したときに俊頼は10行目「忍びに笑ひける（＝こっそりと笑った）」ので、Cの基俊の様子は9行目「真青に成り」である。

現代語訳

雲居寺《うんごじ》の聖《ひじり》のところで、秋の終わりの心を、俊頼が詠んだ歌、

　夜が明けて暦の上では冬になったとしてもやはり、秋風が吹いて、野辺の様子よ、変わらないでおくれ

(作者)名を隠してはいたが、(基俊は)この歌を『その人(俊頼)の歌だよ』と理解して、基俊は競争心の強い人なので、「和歌は、第三句の末に、『て』という文字を置いた歌に、きわだって目立つ歌はない。たいそう聞きにくいものだ」と、他人が口出しできないくらい批判されたので、俊頼はなんとも言わなかった。その座に琳賢がいたが、「風変わりな証歌を覚えています」と言い出したので、(基俊は)「さあさあ、うかがおう。まさかたいしたことのない歌ではあるまい」と言うので、

(琳賢は)「桜散る木の下風は寒からで」

と、末の「て」の文字を長く伸ばして歌ったところ、(基俊は)顔色が真っ青になって、物も言わずにうつむいたときに、俊頼はこっそりと笑ったのだった。

得点アップ

▼和歌の対策

和歌が出てきたときに、まずやるべきことは「五／七／五／七／七」に切れ目を入れておくことである。切り離したそれぞれから意味のわかりそうな表現を拾い出してつなぎなおせばおおよその歌の意味内容は拾うことができるだろう。できれば下の句(後半の「七／七」)にわかりそうな部分が多いと歌の主題や詠者の伝えたいことが理解しやすい。今回であれば俊頼の「訪れて」が真ん中の「五」になり、第三句のことを「腰の句」ということが知識的な収穫である。ちなみに「腰折れ」という語がある。もともとは「三句切れの(誰でも作ることができる)下手な歌」という意味だったが、後には「三句切れの(誰でも作ることができる)」の部分が取れて「下手な歌」を表すようになった。和歌は専用の用語や修辞(表現技法)などがあり奥が深いものではあるが、実際に触れてみることで知識を身につけていけばよいだろう。

34

問一　a うち群る　d いみじ

問二　春

問三　(1) エ　(2) こちなし(2行目)

問四　b ア　c イ

問五　ア

問六　ア

問七　犬

問八　ウ

問九　イ

問十　ウ

解説

問一　まずは現代語と同じように、動詞は「～u音」で終わり、形容詞は「～い」で終わる、としておく。aならば「うち群れる」、dならば「いみじい」。ただし古文では動詞の場合、送り仮名の末尾が「～e音・i音＋る」になると、「～e音・i音を～u音に変えて「る」を消す」という法則がある。ここでは「れ(re)＋る」なので「～る(ru)＋~~る~~」で「うち群る」が正解。形容詞の場合、末尾が「～し(じ)い」ならば「い」を消す。それ以外は末尾の「い」を「し」に変える。ここでは「～じい」なので「い」を消して「いみじ」が正解となる。

問二　Aの前の「梅」から季節は「春」となる。古文では春の花は「梅→桜→藤」の順で咲き、藤が咲き終わると夏へ季節は移るとされている。

問三　「ゆゑ」「ゆゑづく」は「わけがありそう・趣がある」という意味の語である。また「ゆゑ」には「理由・方法・趣」といった意味がある。反対の語は「趣がない」に相当するマイナスのニュアンスの語なので2行目「こちなし(＝不作法だ)」となる。

問四　b 男法師たちが入って来て2行目「こちなし」と思い「帰り出で」たのは元からいた女房である。帰る女房の薄衣が3行目「黄ばみ、すすけ」ていた

のを「笑」ったのは男法師たちである。

問五　女房が帰ったのは、男法師たちが入って来たことに2行目「こちなし」と思ったからだが、「こちなし」の意味がわからなくても、せっかく一人で梅の花を見ていたのに他人が入って来たので邪魔が入ったと思えたからと解釈するのが妥当である。

問六　══線を含む4行目「花を見捨てて帰る猿丸《さるまろ》」の「帰る」行動をしているのは女房である。

問七　Bを含む6行目「星まぼる［B］の吠《ほ》ゆるに驚きて」から吠えるものがBだが、この部分が**問六**の「花を見捨てて帰る猿丸」に対応、組み合わさっていることを踏まえて、「猿」に対して吠えるのは「犬」となる。「犬猿の仲」という表現の知識があればさらに解答しやすかったかもしれない。

問八　連歌は言いかけられた句にうまくかみ合うべく即興で答える高度な和歌であるので、4行目「花を見捨てて帰る猿丸」と問いかけられたところで「星まぼる～」と即答してきたことが「人々（＝男法師たち）」には意外な驚きで、返されたこと自体を「恥」と感じたのである。しかも**問七**で見たように「猿」と言いかけたら「犬」と言い返された、いわば悪口合戦である。

問九　設問にある「目立たぬように」がヒントとなる。そもそも女房は何をしていたのか。梅の花を見ていたのである。梅の花を見るのになぜ「目立たぬように」するのか、目立ちたくなかったのか。それは一人きりで（梅の花を見て）いたかったからである。せっかく一人で梅の花を見ていたのに男法師たちが入ってきたので女房は帰ることにした、ということである。

問十　**問九**にあるように女房が「わざとみすぼらしく姿を変え」ていたことが、本文の──線②の直後3行目「着たる薄衣の、ことのほかに黄ばみ、すすけたる」にあてはまり、それを男法師たちが〰〰線c「笑ひて」、「花を見捨て～」と言ったところ、女房に「星まぼる～」と即答されたというのだから、男法師たちはみすぼらしい姿の女房を見下していたのにやり返されたことになる。男法師たちは女房の姿（見かけ）だけで女房をなめていた、ということである。

現代語訳

このごろ、最勝光院で梅の花が盛りな春、上品な趣のある女房が一人、釣殿《つりどの》のあたりにたたずんで、花を見ていると、男法師などが集団で入って来たので、不作法だと思ったのだろうか、帰りかけたところ、（女房が）着ていた薄衣《うすぎぬ》が、格別に黄ばみ、すすけていたのを（男法師たちは）笑って、

　花を見捨てて帰るお猿さん

と連歌（の下の句）を詠んで呼びかけたところ、（女房は）すぐに

　星を見つめている犬が吠えるのに驚いて

と（上の句を）付けた。男法師たちは（この歌で）恥じて逃げ去った。

この女房は、（実は）藤原俊成《しゅんぜい》卿の娘で、すぐれた歌人だったが、目立たぬように（わざと）みすぼらしく姿を変えていたのだそうだ。

得点アップ

▼連歌

本冊の語注（＊5）にもあるように、上の句と下の句を別々の人が作る形式の和歌。相手が何を言ってくるのか予想できないことがあるので、かなりの技量と頭の回転が求められる。平安時代から始まり、鎌倉時代から室町時代にかけて大流行し、江戸時代の俳諧のもとになったと言われている。

35

問一　ウ
問二　ウ
問三　衣更（2行目）
問四　滝の裏より見れば（9行目）
問五　カ

解説　**問一**　曾良《そら》の句の2行目「剃《そ》り捨てて」は「出家」を表していることを読み取りたい。これは空欄の前に5〜6行目「髪を剃りて、墨染《すみぞめ》に様を変へ」とあり、「墨染」は僧衣を表している。そして「髪を剃りて、〜」の前に4〜5行目「松島・象潟《きさかた》の〜喜び、かつは羈旅《きりょ》の難をいたはらんと」と旅の楽しみと苦難に言及している。これらを合わせると曾良は旅立つ覚悟をして出家したということになる。

問二　——線①の「薪水《しんすゐ》」は「まきと水」から「炊事」を表す言葉である。また、——線①の前後で、曾良は芭蕉《ばしょう》の近所に住んで助けていたことが述べられていることから、芭蕉の日常生活の世話をしていたことが読み取れる。

問三　空欄の前後に6行目「よつて黒髪山の句あり。」、7行目「の二字、力ありて聞こゆ。」とあるので、本文冒頭の黒髪山の句から二字の語を探す。

問四　——線②の「滝にこもる」は、後半の段落の9行目「岩窟《がんくつ》に身をひそめ入り」にあてはまり、その目的は9行目「滝の裏より見」るためである。つまり、滝にこもる理由は滝の裏を見るためで、それにあてはまるのは9行目「滝の裏より見れば」が正解の「八字」となる。

問五　『おくのほそ道』は、江戸を出発して東北に向かい宮城県、岩手県を経て、秋田県、新潟県から日本海沿いに最終的に岐阜県大垣に至る旅の記録で、訪れた所々で俳句を詠《よ》んだ作品である。初めのAは江戸を出発する前、その次は江戸を出発するときに見送りの人たちとお別れをする場面のD、Bの「佐渡」とCの「最上川」を旅の順に合わせるとC→Bとなる。また、以上の旅程を知らなくてもBの「天河《あまのがは》（＝七夕ごろに見られる星々の集まり）」、Cの「五月雨（＝旧暦五月に降る長雨）」、Dの「春」など、季節が読み取れる表現に注目することで、D→C→Bの順番を導くことができる。

現代語訳　黒髪山（日光の男体山・なんたいさん）は、霞がかかっていて、残雪がまだ白く残っている。

髪を剃って僧衣に着替えて（死ぬ覚悟も定めて江戸から長旅に出発したが）

この黒髪山で衣替えをする夏の季節を迎えた

曾良は氏は河合氏であり、名を惣五郎と言った。私の住まいの近くに住んで、私の食事・家事の手伝いをしてくれていた。今回、松島・象潟の景色を共に見物することを喜び、その上私の旅中の苦労をなぐさめようと、旅に出発する日の朝、頭髪を剃って、墨染の衣（僧衣）に姿を変え、惣五の名を改めて宗悟とする。よって（曾良の）黒髪山の句があるのだ。「衣更《ころもがへ》」の二文字には（旅への覚悟・気力がにじみ出て）力がこもっているように思われる。

二十丁余りの山を登って行くと滝がある。（滝は）岩の洞穴の頂上から（流れ出て）、飛ぶように流れ落ちること百尺で、多くの岩で囲まれた、青々とした滝つぼに落ち込んでいる。岩の洞窟に身を縮めて入って、滝の裏側から滝を見るので、「裏見《うらみ》の滝」と申し伝えるそうだ。

しばらくこの洞窟に籠もって裏見の滝を見ていると（涼しい空気が感じられて）、（僧侶が行う）夏籠もりの初めのよう（に心身が引き締まる思い）だ

36

問一　例戸を叩《たた》いて悪さをしていた狸は明け方に里の人によって殺されたのでもうこの家に来ることはないから。

問二　例狸が寂しい一人寝を紛らわしに来てくれていたのではないかと宿縁を感じ、その狸が殺されてしまったことを哀れに感じたから。

問三　例秋の夕暮れの寂しさと、狸が殺されてしまってもうここには来なくなってしまったことの寂しさが重なって、ますます寂しさが増している心情。

解説

問一　——線①以降は、家のおとな（＝使用人の長）が言った言葉であることを踏まえよう。24～25行目「～このあかつき（＝今日の夜明け前）～里人、狸《たぬき》の老いたるをうち得たり。（＝里の人が、狸の老いたのを討つことができた。）～」と余（筆者）と翁《おきな》がやっつけようとしていた狸が殺されたことを告げて、最後に27行目「こよひは寝《い》をやすくおはせ（＝今夜は安心しておやすみなさい）」と言っているので、解答の核は「(戸を叩き眠りのじゃまをしていた)狸は殺されたから」となり、「今日の早朝」「里人に」「藪下《やぶした》という所で」などは解答欄の大きさ次第でつけ足せばよい。

問二　——線②の「念仏」や「菩提《ぼだい》をとぶらひ」から、葬儀を行ったことがわかる。この文章で亡くなったのは狸しかいないので狸の葬儀をしたことになるが、なぜ狸の葬儀をする気になったのか。——線②からさかのぼってみると、28～30行目「旅のわび寝のさびしきを訪《と》ひよりたる、かれが心のいとあはれに、かりそめならぬ契《ちぎ》りにやなど、うち嘆かる。（＝旅の一人寝の寂しいのを訪ねて来る、あのもの（狸）の心がたいそうしみじみと感じられ、軽々しくない宿縁だろうかなど、なんとなく自然と悲しい気持ちになる。）」と狸に30行目「契り（＝宿縁）」を感じ、狸が殺されてもうここに来ることがなくなったことを30行目「うち嘆」いているので、殺された狸の死を哀れんだ、悲しんだ、ということを核にして情報を足してゆけばよい。

問三　問二にかかわるがこの俳句の33行目「仏に化ける狸」は殺された狸をかわいそうに思う寂しい心情を述べている。そこに33行目「秋の暮（＝秋の夕暮れ）」という寂しさや切なさを増幅させるシチュエーションが加えられているので、「寂しい・切ない・物悲しい」という心情が秋の夕暮れと狸の死で二重に増幅しているということに言及できればよい。

現代語訳

結城《ゆうき》の丈羽が、別宅を作って、一人の年老いた男にいつも番をさせていた。市中でありながら木が覆いかぶさって草が茂り、わずかに俗事を避けるのに都合がよいので、私もしばらくその所に宿っていた。

老人は掃除のほかにする仕事もないので、一つの灯火のもとで数珠《じゅず》を爪で繰って秋の夜の長いのを嘆き、私は奥の一間にいて句について検討し詩を苦しんで作っていたが、すぐに疲れたので布団をひきかぶってとろとろと眠ろうとするうちに、広縁の方の雨戸をどんどんどんどんと叩く。およそ二三十ほど続けて打つ音がする。とても不思議で胸がどきどきしたが、勢いよく起き出して、そっと戸を開いて見るが、視界に入るものはない。また寝床に入って眠ろうとすると、最初のようにどんどんと叩く。また起き出して見るけれども、物の影さえない。とても気味悪かったので、老人に告げて、「どうしようか」と相談したところ、老人が言うことには「よし来た、狸の仕業だ。また来て叩くとき、あなたはすぐに戸を開けて追い立てなさい。私は裏口の方から回って、垣根の下の方に隠れ座って待とう」と、鞭《むち》を引き寄せ横から様子をうかがって座っている。私も狸寝入りをして待っているうちに、またどんどんと叩く。「あれまあ」と戸を開くと、老人も「これこれ」と声をかけて出て立ち向かったが、まったく何もいないので、老人はちょっと腹が立って、隅々を残るところなく狩り探すけれども影さえも見えない。

このようにすることが、連夜五日ほどに及んだので、心が疲れて、今となっては住んでいられないと思われたときに、丈羽の家の使用人の長である者が来て言うことには、「そのものは今晩は参らないでしょう。今日の夜明け前に藪下という所で、里の人が、狸の老いたのを討つことができた。思うに、最近悪く驚かし申し上げたのは、疑う余地もなくそいつの仕業だ。今夜は安心しておやすみなさい」などと語る。果たしてその夜から音はなくなった。憎いとは思ったけれども、近頃旅の一人寝の寂しいのを訪ねて来る、あのもの（狸）の心がたいそうしみじみと感じられ、軽々しくない宿縁だろうかなど、自然と悲しい気持ちになる。そういうわけで、善空坊といった僧侶に依頼して、僧への謝礼を与え、一晩念仏してあのものの供養を行った。

　寂しい秋の夕暮れに加えて、仏に化けた狸がもう訪ねて来ないのはますます寂しいことだなあ

得点アップ

▼記述問題の対処

記述問題の攻略法の原則は、解答の核を作ることである。今回の問題では、「狸の死」による「余（筆者）」の心情の変化とその心情に伴う行動である。**問二**のように葬儀を行うという行動は、「弔意」という心情に基づくということである。したがって「死んだ狸への弔意」が解答の核になり、狸が亡くなったいきさつなどは付加情報として解答欄の大きさに合わせて取捨すればよい。核が見つけられないときは、答えを書くとすれば使えるのではないかと疑わしく思える言葉やフレーズを（わかるわからないは別にして）余白に書き出しておいて、答える際にそこから使えそうなものをつなぎ合わせてみるという方法もある。記述問題の採点では、ここに触れていること、こういう語が書いてあること、という採点基準があり、基本的には書いてある答案の中身がその採点基準にかすれば加点となることはままあることなので、ひるまずに挑んでいこう。

37

問一 例たくさん降り積もれ（9字）

問二 Ⅰ 例夫の天皇と二人で見たかったと（14字）

Ⅱ 例何日も続く自分の恋心を重ねて（14字）

Ⅲ 例恋しい相手はここにはいない（13字）

解説 **問一** 「千重《ちへ》に」は「何重にも」という意味になる。ここでの解答例は「たくさん」としたが、量として多くのの意味になれば「幾重にも」などでも正解。

問二 Ⅰ 「…ませば～まし」は文法上の名を「反実仮想」といい「…だったら～だろうに」と現実にはありえないことを仮定して、だとすればこうなのにと希望的観測（あるいは妄想）を述べる表現。「二人見ませば」で「二人で見たら」となり、「嬉しからまし」で「嬉しいだろうに」となるが、現実には二人ではなく一人で見るので嬉しくない、ということになる。また、「背子《せこ》」の「背」は女性が親密な関係の男性に対してあなたと呼びかける語。Aの歌を詠んだのは光明皇后《こうみょうこうごう》ということは「背」は夫の天皇ということになる。

Ⅱ Bの歌の「偲《しの》（ぶ）」は「思い出す」と言う意味で用いる漢字で解説の現代語の「恋を偲ぼう」があてはまる。その前の部分の「それを見ながら」の「それ」は解説の現代語からでもBの歌からでも「沫雪」である。雪と恋については解説の現代語に「沫雪の乱れ飛ぶ姿がわが恋心に似ているのです」とあり、その直後に「乱れ振る雪模様がわが恋心と重なる」とあるのでこの部分を解答に利用すればよい。

Ⅲ A・B二つの歌の共通点は自分のパートナー、恋しい相手が雪の降るこの場にいないということである。Aの歌では反実仮想を用いて、Bの歌では「偲ぶ」ことで、それぞれ表現されている。

現代語訳

A あなた（聖武天皇）と（一緒に）二人で見るならば、どれだけこの降る雪が嬉しいだろうか

B 沫雪《あわゆき》よ、幾重《いくえ》にも降り積もれ。何日も長く恋し続けた私は、雪を見て（恋しい人のことを）思い出そう

6 融合問題

38

問一　イ

問二　例春が終われば桜は散ってしまう（のに、）来年の春にまた桜の花が咲くことに期待して（しまうこと。）

問三　A　桜
B　例力強く、人への優しさをもって生きてほしい
C　例桜の美しさを皆が感じられる
［別解］
A　柳
B　例しなやかに、忍耐力をもって生きてほしい
C　例柳の生命力と安らぎを感じられる

解説　問一　アとイは柳について、ウとエは桜について述べているので、柳については第一段落、桜については第二段落から検討する。アは本文の1～2行目「笠なうして休らふ人」とあるので「旅人」とはいえず、「柳の枝を手に持って歩く」も合致しない。イは2～3行目「冬はしぐれにおもしろく、雪にながめ深し」に合致する。ウは7行目「青葉がくれの遅ざくら、若葉の花…」と花に注目していて青葉をほめてはいないので合致しない。エは5～6行目「雨降るもうたてし」とあり、雨を嫌がっているので合致しない。

問二　設問の条件の「～のに、～しまうこと。」を利用すると、後半は「また来る春を期待してしまうこと。」であり、春が来ると何に期待するのかといえば「また桜（の花）が咲くこと」である。前半は「～のに、」の「のに」が本文——線の直前の「ど、」に相当することに気づくか、桜が咲くことに期待するための条件に発想を向けるかができれば、「桜が散ってしまう＋のに、」とすればよく、前半は6行目「春も末になりゆけば」を踏まえて「春が終わると」を追加し、後半は「来年の」または「次の」を追加してやれば完成した答案になる。

問三　Aに柳を入れるか桜を入れるかでBとCの解答が分かれるが、この問いはどちらでも正解となる。柳を選んだ場合は、豊岡市《とよおかし》の理由から「しなやか」「耐久力」「たくましい生命力」「しっかり根を張る」、桜を選んだ場合は小城市《おぎし》の理由から「力強さ」「生命力」「優しさ」「美しさ」、などの桜や柳のそれぞれの前向きな印象を表す語句を用いて、Bは直後に「メッセージ」とあるので「～（して）ほしい」などの訴えかけるような言い方に、Cは直後に「場所であってほしい」とあるので、柳または桜の木の下がどういう場所である（あってほしい）かを表すような言い方に、それぞれ加工すればよい。

現代語訳

柳は桜の花よりもやはり趣があって美しい。水面に垂れて水の流れにまかせ風に吹かれて、しかも音もなく、夏は笠《かさ》がなくて休む人を覆って（日陰を作り）、秋は一枚の葉が水に浮かんで風の吹くままに漂い、冬は小雨（のなか）でも趣があり、雪の積もった眺めも趣がある。

桜は初めて咲く花から人の心もうきうきして、昨日が暮れ今日が暮れ、あちこち花が満開のころには、花の咲かない木の梢《こずえ》なども美しく見せ、（日が）暮れればまた、明日も来ようと決めていたところが、雨が降るのも残念なことだ。このようにして春も終わりになってゆくと、（桜の花が）散りきってしまう様子を見てしまうのに、また（来年）来る春（に咲く桜の花）を期待してしまうけれどそれもむなしい。あるいは遠い山に咲く桜、青葉に隠れるように咲いている遅咲きの桜、若葉の季節の桜の花の趣はそれぞれ同じではないが、桜は多くの花にまさり、昔も今も多くの人が趣を感じるきっかけとなっている。

39

問一　例多くの養分を含む大量のフンを田畑に残してくれたので（25字）

問二　ア

問三　エ

解説 **問一** 設問に「あとの**【資料】**を根拠として～**【資料】**の言葉を使って」とあるので、**【資料】**から空欄の前後の「渡り鳥」と「作物がよく育った」の因果関係を探せばよい。解答のポイントは**【資料】**の*1*～*2*行目「大量のフンを田畑に残した」と*2*行目「渡り鳥のフンは多くの養分を含むため」。この二か所をまとめて設問の条件である「二十一字以上二十五字以内」にすればよい。

問二 **【B】**で何があったかといえば、餅を的にして弓を射たら餅が白い鳥となって飛び去り、その後衰えた、つまりは食べ物で遊んだらその罰が当たった、ということである。これにあてはまるのは**ア**の「因果応報」である。本文中の「田」や「餅」古文の時代は重要な財産であったことも知っておこう。

問三 **ア**と**イ**は**【A】**について、**ウ**と**エ**は**【B】**について検討する。**ア**の「偶然に目撃したこと」が「権力」に結びついたということは書かれていない。**イ**では「白い鳥は純粋な心の象徴」であることも「農業に励むことの大切さ」についても書かれていない。**ウ**では「白い鳥を捕獲して弓で射た」ことは書かれていない。よって**エ**が解答になるが、**エ**の「思慮もなく」は**【B】**の*2*行目「とりあへず（＝だしぬけに）」が該当する。「だしぬけに」は「不意に・その場ですぐ」という意味の現代語。

現代語訳

【A】

天皇が、豊国に住む直《あたい》という人達の祖先である莵名手にご命令なさって、豊の国を統治させなさったところ、莵名手は豊前の国、仲津の郡の中臣の村に到着した。その時は、日が暮れて宿泊した。次の日の夜明けに、突然白い鳥がいた。北から飛来して、この村に飛び集まった。莵名手はそこで部下に命じてその鳥を観察させたところ、鳥は、餅になる。あっという間に、さらに、数千株の里芋に変わって花や葉がそれぞれ（の季節ごとに）に栄えた。

【B】

広い野原がある所に、大分の郡に住む人が、その野原に来て、家を作り、田を作って住んだ。住み着いて家は富み、裕福な暮らしをした。酒を飲んで遊んでいたときに、だしぬけに弓を射たところ、的が無かったからだろうか、餅をくくりつけて、的にして射たところ、その餅は白い鳥になって飛び去った。それより後、次第に衰えて、途方に暮れて死んでしまった。

得点アップ

▼古文と現代文が併用されている文章題

現代文の部分（ここでは**【資料】**）を先に見るとキーポイントは「渡り鳥」であるので、古文の本文中で「渡り鳥」が出てくるところが重要な部分であることがつかめるだろう。読解のコツは「わかる部分から利用していくこと」である。古文と現代文が両方あるならば現代文のほうを優先するのが得策である。また、現代文の部分から解く問題か、古文の部分から解く問題かの見極めのためにも設問を先に見ておくことが望ましい。

40

問一 (1) イ　(2) ア　(3) エ　(4) ア　(5) ア　(6) イ　(7) オ

問二 鴨長明

解説 **問一** 空欄補充の基本は空欄の前後などからヒントを探し、本文中のあてはまる箇所を手掛かりに選択肢や抜き出す言葉を検討することである。

(1) 随筆というジャンルでは平安時代中期の「枕草子《まくらのそうし》―清少納言《せいしょうなごん》」、鎌倉時代前期の「方丈記《ほうじょうき》―鴨長明《かものちょうめい》」、鎌倉時代末期の「徒然草《つれづれぐさ》―吉田兼好《よしだけんこう》」をセットで覚えよう。

(2) 選択肢に「東・西・南・北」とあるので、**【資料Ⅱ】**の平安京平面図を手がかりに、「四万二千三百人」が平安京のどの部分に関する数字かを読み取る。本文末尾に近い部分の*32*～*33*行目「京のうち一条よりは南、九条より北、京極よりは西、朱雀よりは東、~すべて四万二千三百余りなんありける」から、【資料Ⅱ】の地図にあてはめれば、平安京の「東」半分であることがわかる。

(3) Cの前の「土塀沿いや鴨川の河原を馬や車が通れない理由は」にあてはまるのは、本文の（中略）の直前21~22行目「河原などには、馬、車の行き交ふ道だになし」、さらにその前の18~19行目「築地《ついじ》のつら、道のほとりに」もある。この間に19~20行目「飢ゑ死ぬる者のたぐひ、数も知らず、~くさき香世界に満ち満ちて~」とあることに気づくことができれば解答できるだろう。

(4) Dの前の「人々が~境を出て、~」とあとの「自分の家を捨てて~」は、本文第一段落中ほどの5行目「国々の民、~境を出で、~」にあてはまり、この部分の直前に5行目「これによりて」と前に理由を述べたことが示されている。その理由は2~3行目「或は春夏日照り、~五穀ことごとくならず」、つまり日照りや大風、洪水などのために収穫がないからということである。

(5) Eの前の「政治家」では探すことは難しいが、あとの「科学的根拠に欠ける」を手掛かりにしたい。古文で病気や天変地異などのよくないことが起こったときにすることで、現代では科学的根拠に欠けること、それは「お祈り」である。第一段落中ほどに6~7行目「~御祈りはじまりて~法ども行はるれど」とある。

(6) 「あはれ」は「しみじみ」感じるときに使われる語である。

(7) Gの前の「親子だったら必ず親の方が先に死んじゃう」をヒントにする。第三段落の26~27行目「されば、親子ある者は、~親ぞ先立ちける」があてはまる。そのわけは「されば」の前に24~26行目「その故は、わが身は次にして、人をいたはしく思ふあひだに、稀々得たる食ひ物をも、かれに譲るによりてなり。」と述べられており、親は子に優先的に食べ物を譲っているからだとわかる。

問二 **問一**(1)で見たように、『方丈記』の作者は鴨長明である。

現代語訳

また養和のころ（時代）であったか、長い年月がたったので（正確には）記憶していないが、二年の間、世の中では食糧が乏しくて、驚きあきれるようなことがありました。あるいは春と夏に日が強く照り、あるいは秋に大風や洪水などがあり、よくないことが続いて、穀物がまったく実らない。無駄に春に田畑を耕し、夏に田植えの仕事があっても、秋に刈り取り、冬に貯蔵をするにぎわいはない。このために、諸国の人々は、あるいは土地を捨てて国境を越え、あるいは家を捨てて山に住む（ようになった）。さまざまな祈りがはじまり、並み並みならぬ（特別な）お祈りも行われるが、まったくその効果がない。京の街のならわしで、何事につけても、すべて（の物資）を、地方に頼っているのだけれども、（地方の物資が）絶えて京に入ってくるものがないので、（京の人たちは）そういつまでも世間体ばかりとりつくろっていられようか（いや、いられない）。我慢できなくなって、様々な財物を片っ端から捨てるように売ろうとしても、誰も振り向いてくれない。たまに交換する人は、金（の価値）を軽く、穀物（の価値）を重く考える。乞食が道のほとりには多く、憂い悲しむ声が耳に満ちている。

前年は、このように、ようやく暮れた。次の年は（飢饉から）立ち直るだろうかと思っていると、そのうえ、流行病まで加わって、惨状はまさっていくばかりで、よくなる形跡はまったくない。世の中の人は皆、飢えきってしまったので、日が経つにつれて切迫してゆく様子は、わずかしかない水の中の魚のたとえにあてはまる。ついにはきちんと笠をかぶり、足をおおうものをつけた、相当な身なりをしている者が、いちずに家々を乞い歩く。このように困り果ててぼけたようになった人たちが、歩いているかと見れば、すぐに倒れて伏してしまう。土塀沿いに、道のほとりに、飢え死ぬ者の類は、数えきれない。（死体を）片付ける方法もわからないので、死臭が辺り一面に満ちて、（腐敗して）変わっていく様子は、目もあてられないことが多い。まして、（鴨川の）河原などには、（死体があふれて）馬や牛車の往来する道さえない。（中略）

また、とてもしみじみとすることもございました。離れられない妻や夫を持った者は、その愛情が強くて深い者の方が、必ず、先に死ぬ。その理由は、自分の身は二の次にして、相手のことをかわいそうに思うので、たまに手に入った食べ物をも、相手に譲るためである。それなので、親子の場合は決まって、親が先に死んでしまう。また、母親の命が尽きているのを知らずに、幼い子がなおも（母親の）お乳を吸いながら横になっている（様子）などもあった。

仁和寺《にんなじ》にいる隆暁法印という人が、このように数がわからないほど（人が）死ぬことを悲しんで、その（死んだ人の）首が見えるごとに、額に阿字を書いて、仏縁を結んで成仏させることをなさった。人数を知ろうとして、四月から五月にかけて数えたところ、京のうち一条よりは南、九条よりは北、京極よりは西、朱雀よりは東の道のほとりにある（死体の）頭は、全部で四万二千三百余りあった。

まして、この二か月の前やあとに死んだ者も多く、また、河原、白河、西の京、もろもろのへんぴな土地などを加えると、際限もないにちがいない。ましてや、日本全土ではなおさらである。

得点アップ

▼新傾向のスタイル

今後増えるであろう新傾向のいわゆる思考力問題のうち、今回は本文の記載に従って資料を活用する情報処理を取り扱った。設問から答えるべきことを読み取って、該当する部分を本文中から探し、その部分を資料にあてはめて空欄を埋めていくというものである。地図の見方やグラフの見方といった国語とは一見かかわりのない幅広い視点と技術が求められている。今後はこのような分析をもとに予想を問う問題が出てくることも考えられる。

41

問一　オ
問二　イ・ウ（順不同）
問三　イ
問四　ウ
問五　オ

解説

問一　設問に「適当でないもの」とあることに注意。明らかにあてはまらない不適当なものは、**オ**の「下の僧」の行動で、下の僧は横笛には11～12行目「この寺へは～帰り給へ」と話しているが、滝口には話しかけていない。

問二　横笛は出家した滝口に一目会いたくて訪れたのだから、**ア**「見てもらいたい」、**エ**「謝罪してほしい」は不適。一目会ってどうしたいのかは、横笛の言葉から17～19行目「～みづからもともにさまを変へ、同じ庵室に住居して～一つ蓮の縁とならばやと思ひ～」と、自身も出家して極楽浄土に生まれ変わる縁となりたいことを述べているので**イ**は適当。同じく横笛の言葉に21～22行目「～みづからを深く怨みさせ給ふも理なり。」と、滝口が勘当され出家したことで自分を恨むのは道理だと述べているので**ウ**も適当。本文の前書きにも注意してほしい。また、横笛は22～23行目「～みづからは、御身故に、深き思ひに沈み～」などと述べてはいるが、23行目「たがひに思ひ深かるべし」と自分が情けないとは言っていないし、横笛の言葉の最後は26行目「～うたての滝口や」で終わっており、滝口へ要求を述べてはいない。ここからも**ア**と**オ**は不適となる。

問三　各選択肢の後半はすべて同じ表現なのでポイントは26行目「うたての」の解釈である。**問二**で検討したように横笛は滝口に一目会いたくて訪れたものの追い返されてしまい、滝口に嘆き悲しむ言葉を述べている。この状況から「うたての」は会ってくれない滝口への嘆きを表す表現の**イ**「薄情な」が適当。「うたて（の）」は「うたてし」という「ひどい・いやだ」という意味の語がもとである。

問四　——線④の前の滝口の言葉に理由が述べられているが、うまく読み取ることが難しければ、選択肢中の言葉が本文中のどこに書かれているかを探してみてもよい。**ア**は「横笛は執念深い性格」、**イ**と**エ**は「自ら横笛を説得して」が【文章Ⅱ】*3*〜*4*行目「人を出して、〜あはでぞかへしける（人を出して、〜会わずに帰した）」と矛盾する。**オ**は「横笛の美しい容姿に心を奪われた」が【文章Ⅱ】にない内容である。

問五 〰〰線**X**と〰〰線**Y**を含む歌がそれぞれどういう状況で詠まれた歌なのかを比較してみる。**X**の歌は追い返された横笛を不憫《ふびん》に思った滝口が「自分」は「まことの道に入るぞ嬉しき」と詠んだ歌で、**Y**は横笛が出家したことを知った滝口が横笛に「あなたが」【文章Ⅱ】*11*〜*12*行目「まことの道にいるぞうれしき」とメッセージを送ったものである。この状況に適合するのは**オ**ということになる。

現代語訳

【文章Ⅰ】

中から、下級の僧を出し、「どこから（来たの）か」と問うたところ、「横笛と申す者です。滝口殿にお話申し上げたいこと（がある）」と申し上げる。（滝口は）横笛と聞くとすぐに、胸騒ぎがして、障子の隙間から見なさると、（横笛は）裾は露に、袖は涙に濡《ぬ》れてしおれながら、本当に探しあぐねたと見えて、柴の戸に寄りかかり立って、静かにしている様子である。昔の姿よりいっそうすばらしく思われた。見ると目もくらみ、心も消え入るくらいだ。どちらが夢ともわからず、また思うには、このうえは（こうなった以上は）走り出て、変わった（出家した）姿を一目見せたいと思うけれども、心に心を引きとどめて、会わない恨みはかえって、再び（会って）物思いをさせる（よりはまし）だろう。いたわしく横笛が、三年ばかりの心情を隠して（胸に秘めて）、訪ねて来る気持ちは、何にもたとえようがなく、（滝口は）袂《たもと》に顔を押し当てて、泣くよりほかにない。下級の僧が申し上げるには、「この寺へは、女性はお参りしない所だ。そのうえ、滝口とやらは、聞いたこともない人だよ。早く早く帰りなさい」と言って、柴の編み戸を閉めて、その後は音もしなかった。横笛は、これを見なさって、「薄情な様子だなあ、昔と変わらずに、今も契りを結ぼうと言うならば（ともかく）変わった（出家した）姿をただ一目お見せください」と、「色が変わらない松でさえも、また色が変わることもあり、火の中水の底までも、変わるまいと思っていたけれども、早くも変わる心だなあ。以前の情けをかけよと言うならば（ともかく）、自分も共に姿を変え（出家して）、同じ庵室に住んで、あなたが花を摘むならば、私は水を手ですくって、ともに極楽浄土に生まれ変わる縁となりたいと思い、ここまで尋ねて参り、夫婦の契りは現世と来世の二世にわたると聞いたけれども、この世の対面までもかなわないのだろうか、驚きあきれることだなあ、親の勘当を受けて、このようになりなさった（出家なさった）ので、私を深く恨みなさるのも道理（当然）だ。思うにまた、私は、あなたのせいで、深く思いに沈み、互いに思いは深いにちがいない」と涙を流して申し上げるには、「それにしても、昔は、雷のような人知を超えた力が作用しても、決して二人の仲を裂くことは出来ないだろうと、約束したことばは、今のように忘れず、寝室で愛し合い、ことばを交わした際に移った香は、今も変わらず匂うけれども、いつの間にか変わり果てて、薄情な滝口様ですねえ」と言って、声も惜しまず（横笛は）泣くので、滝口は、これを見て、あまりに嘆くのも気の毒で、せめて声だけでも聞かせたいと思って、このように（詠んだ）

髪を剃る（出家する）のを恨みに思わないでくれ。（出家して）本当の（悟りの）道（仏道）に入るのがうれしいので

【文章Ⅱ】

滝口入道は胸騒ぎがして、障子の隙間からのぞいて見ると、ほんとうにやっと尋ねあてた様子がいたわしく思われて、どんなに仏道に強い気持ちを持つ人でも心が折れそうだ。間もなく中から人を出して、「全くここにそんな人はいない。お門違いだろう」と言って、ついに会わずに帰した。横笛は情けなく恨めしく思ったが、力なく涙を抑えて帰った。滝口入道が同宿の僧に会って申し上げるには、「ここもたいそう静かで念仏の妨げとなるものはありませんが、満足しないで（嫌になったのではなく）別れた女にこの住まいを見られましたので、たとえ一度は気強く（追い返し）ても、また慕ってくることがあれば、気持ちも動くにちがいないでしょう。暇を申し上げて（退出する）」と言って、嵯峨を出て高野山へ上り、清浄心院に身を置いた。横笛も出家したということを聞いたので、滝口入道は一首の歌を送った。

あなたが尼になるまでは私の事を恨んでいたが、そのあなたも本当の（悟りの）道（仏道）に入るのがうれしいことだ

得点アップ

▼二つ以上の文章があるときの注意点

二つ以上の文章があると、読むのに手間がかかるが、その際に注意する点は、共通点と相違点に気をつけて読むことである。この問題の場合、共通点は、横笛が滝口のいる寺を探し当ててやっとのことで訪れたが、滝口に会えず追い返されてしまい、横笛が悲しみ嘆くことであり、相違点は、**【文章Ⅰ】**では、悲しむ横笛に滝口が慰めの歌を贈るが、**【文章Ⅱ】**では、滝口は高野山へ移り、横笛が出家したことを知った滝口が横笛に喜びの歌を贈った、ということである。また、**【文章Ⅰ】**では横笛の悲しみ嘆く言葉が長いのに対して、**【文章Ⅱ】**では横笛は語らずに追い返されてしまっていることである。

このように二つ以上の文章がある際には、一方の文章に明らかでない箇所が点在していてももう片方の文章で流れをつかめることがある。まずは大まかに内容をとらえて、設問にかかわるところを詳しく見ていくようにすることで時間と労力を軽減していってほしい。

42

問一　b
問二　ア
問三　例（烏からの、）蝸牛の殻を高い所から落として砕いて取る（という教え）（19字）
問四　(1) 烏（2行目など）
(2) 技を殊にする
(3) 例優れた人に聞く（7字）

解説

問一　鷲《わし》が蝸牛《かたつむり》を食べたいと思うが〰線a「思ひ煩ふ」しているので〰線aの主語は「鷲」。そこに烏《からす》が現れて*4*行目「～教へ奉《たてまつ》らん」と話しかけるので〰線bの主語は「烏」。その直後に鷲が*5*行目「故（＝方法）を問ふ」ので〰線cの主語は「鷲」。この時点で解答は〰線bとなる。念のため〰線dを含む*6*～*7*行目「案の如く（＝烏の提案通りに）、たやすく取つて」と烏の提案に従った、〰線dの主語は「鷲」となる。

問二　烏が教えた内容は「蝸牛を高い所から落とすこと」だった。そうすると*6*行目「その殻、忽《たちま》ちに砕け（＝その殻は、たちまち砕け）」となり、その結果、鷲は蝸牛を「食ふ」ことができたのである。烏は鷲に蝸牛の殻の取り方を教えたのである。

問三　問二の考えを、設問の条件である「烏からの、～という教え。」に合わせて書き換えればよい。「蝸牛を高い所から落とす」、「殻を取る（砕く）」の二点があればよい。

問四　(1)　ここでの「本文」は古文の伊《い》曾《そ》保《ほ》物語《ものがたり》のことである。「智者」なので教える側の登場人物（キャラクター）と考えてもよいし、Bの会話の「能力では劣るようにみえる」から、鷲と烏を比較している本文後半の「烏、最もこれを得たる。」に注目してもよい。蝸牛の殻の処理について優れていた「智者」は「烏」である。

(2)　Cの発言の「お互いに違った技能をもっている」から、**【書き下し文】**の「技を殊にする」があてはまる箇所として見つけられるだろう。

(3)　Bの発言の「自分の力で何でもできると思わずに」が本文後半の段落の*8*行目「我が心を恣《ほしいまま》にせず」にあてはまることを見つけたい。もう一度Bの発言に戻り、「それぞれの分野の［Ⅲ］ことが大切」の「それぞれの分野」が本文末尾の*11*行目「事毎《ことごと》に」にあてはまり、だから*11*行目「人に問ふべし（＝人に問うのがよい）」ということなので、［Ⅲ］に必要な表現は「人に問う（人に聞く・尋ねる）」で「人」とは「智者」なので「優れた」を「人」に修飾させれば完成となる。

現代語訳

ある時、鷲が「蝸牛を食べたい」と思っていたけれども、どうともしよう（どうすれば蝸牛を食べられるかという）事をわからない。思い悩むところに、烏が、近くから進み出て申し上げたことには、「この蝸牛（の殻）を、なくすことは、とても簡単なことです。私が申し上げるようになさったあと、私にその半分を与えなさるならば、教え申し上げよう」と言う。鷲は、同意して、その方法を問うと、烏が申し上げるには、「蝸牛を高い所から落としなされば、その殻は、きっとたちまち砕けるだろう」と言う。そこで、教えのようにしたら、烏《からす》の提案通りに、簡単に（蝸牛の殻を）取って、これ（蝸牛）を食べる（ことができた）。

　このように、たとえ権力があり身分が高い家柄の人であっても、自分の心を思うがままにせず、知恵がある者の教えに従うのがよい。その理由は、鷲と烏を比べると、備えた能力は、どうしても（鷲が烏に）勝っているはずだけれども、蝸牛の（殻を取る）技術においては、烏が、最も技術を持っている。物事に応じて、その都度（優れた）人に問うのがよい。

授業で学習した漢文

　足の速い名馬は一日に千里の道を走破するが、鼠《ねずみ》を捕らえることでは猫やイタチには及ばないとは、それぞれに違った技能があることを言っているのだ。

第1回 実力テスト

1

問一 例 賭博でもうける絶好の機会ということ。

問二 例 娯楽の賭博で負けて困窮した者は救済するのですぐに訴え出なさいという内容。

問三 A 例 賭博に勝った者が木工殿に（答えた言葉。）

B 例 木工殿に商売としての賭博は幕府の禁制で処罰されると言われたから。

問四 例 娯楽で他人の財産を奪うことはあってはならないから。

問五 ウ

問六 例 娯楽の賭博ならば許容したうえで、賭博に勝っても得しない裁定を下したことで、結局領内から一切の賭博を一掃したこと。

解説 **問一** ——線①の「旗を揚げ（る）」は、戦を始める、新しいことを起こす、という意味の言葉。ここでは——線①のあとに3行目「博奕繁昌《ばくえきはんじやう》せしかば」とあるので、始まったことは「博奕」＝賭博とわかる。ここで2〜3行目「旗の揚げ時と心得」たのは、2行目「常々商売に致す者ども」であり、彼らは娯楽としての賭博が認められたことをよい機会ととらえたのである。

問二 ——線②の直後の4〜5行目「慰みの博奕に負け、〜訴へ出づべし」の部分をまとめればよい。賭博に負けて「難儀」（＝困窮）する者は「御救ひ」（＝救済）くださる、だから正直に訴え出よ、ということである。

問三 A ——線③から会話部分をさかのぼっていくと、9〜10行目「木工殿《もくどの》承り、勝ち候ふ者どもへ申し渡され候ふは」が見つかる。よって、ここからの会話は木工殿と賭博に勝った者のやり取りで10行目「何月何日までに〜」は木工殿から勝った者へ、11〜12行目「その儀は迷惑至極に〜」は勝った者から木工殿へ（ここで「皆々」の正体が「勝った者」のことだとわかる）、12〜13行目「しからば〜」は木工殿から勝った者へ、——線③の会話は勝った者から木工殿への会話となる。

B ——線③で「なるほど」と言っているので、その前の木工殿の会話がヒントになる。14〜15行目「〜商売に致す博奕は天下の御法度《ごはつと》（＝商売でする賭博は幕府の禁制）〜きっと曲事《くせごと》申しつく（＝必ず処罰を申しつける）」と言われたのだから、答える勝った者としては賭博は16行目「慰み（＝娯楽）」としか答えられなかったのである。

問四 問三を踏まえると、賭博が娯楽である以上は勝った者がもうけた金を持ち去ることは出来ないという道理で、返してあげなければ賭博を商売だとみなされて処罰の対象になってしまう。17〜18行目「慰みにして人の身代を潰させるといふはあるまじきこと」から木工殿が娯楽としての賭博で他人の財産を害してはならないと考えていたことがわかる。言い換えれば、金銭のやり取りをなかったことにすることで自分たちの賭博は娯楽だったと証明しなければならなかったのである。

問五 娯楽とはいえ賭博に勝った者が木工殿からの返済の指示をどう受け取ったのか。——線⑤で「かしこまり」と言っているので**オ**「拒否しよう」は不適。会話をさかのぼってみると、木工殿が11行目「〜返済致すべし」と言ったのに対して、11行目「その儀は迷惑至極〜」と難色を示していることがわかる。よって——線⑤の「かしこまり」は、消極的な受け入れだと判断できる。これに適するのは**ウ**の「受け入れざるをえない」である。

問六 木工殿がどんな法令を布告し、それに合わせてどんな行動をし、どんなことを言ったのか、またその木工殿の言動により、人々や社会がどのように影響を受け変化したかをまとめればよい。1行目「慰みに致す分は博奕にても苦しからず」と木工殿は娯楽の賭博を許可する。すると3行目「博奕繁昌」、つまり賭博が流行する。木工殿が4〜5行目「慰みの博奕に負け、難儀に及び候ふ者は〜訴へ出づべし」と賭博による困窮者の救済を発表する。そして賭博に勝った者を呼びつけて10〜11行目「勝金きつと返済致すべし」と勝った金を返すよう指示する。勝った者は11行目「その儀は迷惑至極」と嫌がるが、木工殿は14行目「商売に致す博奕は天下の御法度」と商売の賭博は違法だと指摘したうえで勝った者たちにこの賭博が娯楽だったことを認めさせて勝ち金の返済を約束させる。そのために22行目「負け候ふ者は一文《いちもん》も損失なし」になったが、24〜25行目「勝ち候ふ者の方が却《かへ》つて損金に相成り」となってしまう。最終的に26〜27行目「おのづから御領分博奕止めに相成り候ふ」と領内の賭博を一掃できたことが木工殿のお触れの優れた点だったということである。

現代語訳

先日、「娯楽としてするぶんには賭博でも悪くはない」と御領内の人々へお触れを申し上げなさるので、いつもは商売に（賭博を）する者たちが、賭博を始めるのにちょうどよいときと理解して、あちこちで盛んに賭博が（行われて）繁盛したため、ひどく財産を失う者がいたので、再びお触れには「娯楽の賭博に負けて、困窮に及んでいます者は、御救いくださいますので、遠慮なく正直に訴え出なさい」と、御領内に触れまわったところ、あちこちから困窮した者どもが願い出ますのについて、ご調査のうえ、「誰を相手にして娯楽（の賭博）をしましたか。」とお尋ねがあるせいで、元々（娯楽の賭博は）お許しのあったことなので、ごまかしを言うことなく、その相手を、負けました者から勝ちました者どもを、いちいち申し立てたので、木工殿がお聞きして、勝ちました者どもへ申し渡しなさいますには、「何月何日までに、右（に書いた）の勝ち金を必ず返しなさい。」と申し渡しなさるので、（勝った者の）皆が「そのことはこの上なく迷惑に思い申し上げますので、お許しください。」と（そろって）お願いしますと、「それならば、お前たちは賭博を商売にしていますのか。先日申し渡しておきましたとおり、商売にする賭博は幕府の禁制なので、背きます者がここにいる場合は、必ず処罰を申しつけます。これでお前たちはきっと（賭博は）娯楽でするはずだ。」「たしかに（賭博は）娯楽でします。」「それならば商売でしたことならば別だが、娯楽でして人の財産を潰させるということはありえないことだ。これで右（に書いた）の勝ちます者どもから、必ず返済するに違いないでしょう。もし（返済に）遅滞に及びますならば、必ず処罰を申しつけます。」と申し渡しますと、「お受け申し上げます。」とお受け申し上げ、右に（書いてあった）金銭を、負けました者の方に渡しましたせいで、負けました者は一文も損失なしに受け取り、勝ちました者どもは、その場で使い捨てました分は不足になり、やむをえず借金をし、負けました者に払いますので、勝ちました者の方がかえって損失になりましたので、その後は、娯楽でも賭博をします者はもちろん、紙一枚でも賭けの勝負をします者は一人もなく、規制せずに自然に御領内の賭博はなくなりますとかいうことだ。

2

問一　a だいり　［別解］うち　　b ほほゑ

問二　(1) ウ

(2) 例 帝を呪う言葉を読むのは恐れ多い（から）

問三　オ

問四　A さが　　B ししのここじし　　C ぬ

問五　例 小野篁は罰せられることなく許されたという（こと）

問六　ア

問七　共通点 例 帝の損ねた機嫌を直すほどの知恵が小野篁にあったということ。

相違点 例 【甲】では小野篁は帝に配慮を見せていたが、【乙】では帝に遠慮することをしていなかったということ。

解説 問一　a「内裏」は「だいり」と読むのが一般的だが、古文では「うち」という読み方もある。ここではどちらでも正解となる。

b 〰〰線bの直後の送り仮名に注目。11行目「微笑ませ」とあるので読みの発音は「ほほえ」だが、設問の「歴史的仮名遣い」に注意して「え」を「ゑ」にする。

問二　(1) ——線①の「え〜じ」は「え〜打消」で「〜できない」となる表現。「できない」の表現が含まれているのはウだけである。

(2) ——線①の直前に3行目「恐れにて候へば」とあるので、「できない」理由は「恐れ」である。ではどうして恐れ多いのか。5〜6行目に「されば君を呪い参らせて候ふなり」とあることから、帝が篁《たかむら》に「読め」と命令した2行目「無悪善」は、帝を呪う言葉であり、命令に従って読んでしまうと帝を呪うことになってしまうために恐れ多いのだとわかる。

問三　文末が設問になったときは「係り結び」に注意する。ここでは7行目「さればこそ」と「こそ」があるので、係り結びの法則により、已然形となる。古文の活用に自信がない場合はざっくりではあるが、已然形は「〜e音で終わる」、連体形は「〜u音で終わる」としておこう。ここでは**オ**「つれ（「れ」は〜e音で終わっている）」となる。

問四　**A**　三か所ある**A**は、**【甲】**では「A なくて〜」、**【乙】**の前の**A**も「A なくて〜」となっており、この読みを言ったあとに**【乙】**では3行目「帝の御気色悪しく」と帝の機嫌が悪くなっている。**【乙】**のあとの**A**は2〜3行目「『悪』は『A』といふよみのある」とあるので、帝の機嫌を損ねるような「悪」の読みを推測する。また、**【甲】**では5〜6行目「〜君を呪い参らせて」という表現もあるのでヒントにしたい。極めて稀に「悪」は「さが」と読むが、ご存じの方はまずいないだろうし覚えておく必要はない。

B「子」には子供の「こ」・子年の「ね」・子音の「し」といった読みがあり、これを組み合わせて「子子子子子子」を**B**の直前の10行目「ねこの子こねこ」に対応させて読みを作るパズルかとんちか、いわばダジャレのような問題である。「し」の読みが使われていないこと、また古文では濁点はあってもなくてもよいことも思い出せただろうか。

C　**C**の前後が「来 C 人待たる」となっているので、その前の漢文の部分の6行目「不来待」の部分が対応する。**C**には「不」（現代語の「ない」）にあたる読みが入る。「不」は終止形で「ず」と読むが、ここでは「人」に続くので、連体形の「ぬ」を入れればよい。

問五　――線③の「事なくて」は「無事に」、「やみ」は「終わる」という意味。「無事に終わった」ということだが、――線③の直前に11行目「御門微笑ませ給ひて」とあるので、帝が笑顔になって、つまり帝の機嫌がよくなって「無事」だったのは前半で帝の機嫌を損ねた篁。篁が帝に怒られなかったということが書けていれば正解。

問六　――線④に「これより始まる」とあり、――線④以前の出来事が何であったかがカギとなる。篁が帝に1行目「無悪善」という落書を読んだ出来事が書かれているので選択肢は**ア・ウ・オ**に絞られる。**【乙】**の3行目「帝の御気色悪しくて」とあるので、**ウ**の「厚遇」と**オ**の「称賛」は除外される。

問七　共通点は篁が「無悪善」を読んだことで帝の機嫌を損ねたがそのあとに別のものの読みを答えたことで帝の機嫌を直した出来事から篁の賢さがわかるということである。相違点は**【甲】**では「無悪善」の読みを答える前に一度辞退（遠慮）しようとする気遣いを見せているが、**【乙】**では見せられてすぐに遠慮なく読みを答えてしまっているところである。

現代語訳

【甲】

今となっては昔のことだが、小野篁という人がいらっしゃった。嵯峨帝のご治世に、内裏に札が立っていて、「無悪善」と書いてあった。帝が、篁に、「読め」とおっしゃったところ、「読むことは読みましょう。けれども恐れ多いことですので、申し上げることはできません」と申しあげると、「ただ（いいから）申せ」と何回もおっしゃったので、「さがなくてよからん（嵯峨無くてよからん）と申しておりますぞ。だから、君（＝帝）を呪い申し上げています」と申し上げたところ、「これ（札の文字）はお前以外には誰が書くというのか（誰も書けまい）」とおっしゃったので、「だからこそ、申し上げますまいと申しました」と申し上げると、帝が、「それでは何でも書いてあるものは読めるだろうか」とおっしゃったので、（篁が）「何でもお読みしましょう」と申し上げると、（帝は）片仮名の子（という）文字を十二書きなさって、「読め」とおっしゃったので、（篁が）「猫の子の子猫、獅子の子の子獅子」と読んだので、帝はほほ笑みなさって、何のおとがめもなくて（この件は）終わりになった。

【乙】

嵯峨帝のご治世に、「無悪善」と書いてあった落書があった。（帝が）野相公（＝小野篁）にお見せになると、（篁は）「さがなくてよし」と読んだ。「悪」は「さが」という読みがあるせいで、帝は機嫌を悪くして「さてはお前の仕業か」とおっしゃったところ、（篁は）「このようなお疑いがございますならば、優れた臣下は朝廷に出てきにくいのでは」と申し上げたところ、帝は、

一伏三仰不来待

書暗降雨恋筒寝

と書きなさって、「これを読め」と（篁に）お与えになった。

月夜には来ない人（あなた）を待っている　空が曇って雨も降ってほしい、
（そしてあなたを）恋しく思いながら寝よう

と（篁は）読んだので、帝の機嫌は直ったということだ。

「落とし文は読むところ（読める人）に罪がある」ということはこのことから始まるという。子供たちが遊ぶむきさいというものに、「一つ伏して、三つ仰げる（一つが裏で、三つが表）」（のこと）を、「月夜」というそうだ。

2 漢文の読解

1 漢文

43

問一　ざらん（2行目）
問二　イ
問三　エ
問四　例（私は）華歆のほうが優れていると思います。なぜなら助けると決まった人を見捨てなかった（からです。）
［別解］例（私は）王朗のほうが優れていると思います。なぜなら目の前で助けを求める人を見捨てようとしなかった（からです。）

解説　**問一**　漢文の会話部分は、普通「曰（は）く」の直後から始まり「と」の直前までとなる。日本語の「言う」が会話部分のあとになるのとは逆になる。
問二　書き下し文が示された設問ならば、設問の書き下し文の漢字に数字を振ってみよう。ここでは「王[1] 携[2] 所[3] 人[4] 捨[5] 欲[6]」となる。この順になるように返り点がついているものを選べばよい。
問三　「組み合わせ」の設問であることに注意する。ここでは「一緒に乗せてほしいと頼む人」に対してⅠとⅡが対立し、賊に追いつかれそうになると「乗せた人」への対応でⅢとⅣが対立する。つまり、ⅠかⅡ、ⅢかⅣのどちらかがそれぞれ確定できればよいということになる。本文では第一段落末尾に*1*行目「歆すなはち之を難《はば》む（断る）。」とあり、華歆《かきん》は「一緒に乗せてほしいと頼む人」を乗せようとしなかった、ということがわかるので解答は**イ・エ**に絞られる。第二段落の──線②で*2*～*3*行目「王携へし所の人を捨てんと欲す」とあるので、王朗《おうろう》は「乗せた人」を降ろそうとしたことがわかる。よって解答は**エ**となる。
問四　条件が細かく指定されているので、枠組みは「私は（華歆が・王朗が）優れていると思います。なぜなら～からです。」となり、問三を利用して、一緒に乗せてほしいと頼む人を乗せてあげた王朗の優しさを理由とするか、賊に追いつかれそうになったときに乗せた人を捨てようとしなかった華歆の責任感を理由にするかのいずれかにすればよい。どちらでも書くことができれば正解となるが、二文目が「からです。」で終わるように指示されているので一文目の文末も「です。ます。」にするように気をつけたい。

現代語訳
華歆と王朗は共に船に乗って戦乱から逃れた。一人連れて行ってほしいと頼む者がいた。華歆はひたすらこれを断った。
王朗が言うには、「幸いまだ（船は）広く、どうして（乗せてあげることが）できないのか（いや、できるだろう）」と。後に、賊が追って来ると王朗は乗せていた人を捨てようとした。華歆が言うには、「もともと（乗せてあげるのを）ためらった理由は、まさにこのためだ。既に頼みは引き受けている。どうして急ぐからといって捨てることができるだろうか（いやできない）」。そのまま初めのように連れて行って助けた。世間はこのことで華歆と王朗との優劣を決めた。

得点アップ
▼漢文の基礎知識
漢文の文法は日本語よりも英語の語順に近い。よって「主語＋述語＋目的語」が基本となり、述語の前に助動詞が挿入されることが多い。ただし、ここでの「目的語」は便宜的に扱えればよいので英語ほど厳格にとらえる必要はない。たとえば**問二**なら、主語は「王」述語は「欲す」、目的語に相当するのは「携へし所の人を捨てんと」となり、この中でも「捨てん」が述語で

「人」が目的語となる。「人」を修飾しているのが「携へし所の」ということである。また、動詞の直前の「所」は英語の不定詞の「to」になることが多く、ここでも「to 携」が「人」の修飾語の役割となっている。

また、漢文の単語＝漢字には「同じ読み、意味」のものが非常に多いが、同じ漢字なのに読み、意味が違うことがある。たとえば「すなはち」と読む漢字は「乃・即・則・輒」など、「ただ」と読む漢字は「唯・只・惟・但」などがある。本文でも第二段落前半に「何《なん》為れぞ」、後半に「寧《な》んぞ」と「なん」（＝なに？　なぜ？　どうして？）という同じ意味の表現なのに文字や送り仮名が違っているものがあることがわかるだろう。

逆に「同じ文字なのに読み、意味が違う」文字の例としては「得」などがある。「得」は「〜できる」という意味になるときと「手に入れる」という意味になるときがある。また「若」という文字は「ごとし」と読んで「〜のような・〜におよぶ」という意味になるときと、「なんじ」と読んで「あなた」という意味になるときがある。これらは経験的に慣れていくのが一番の方法だろう。

44

問一　興レ兵　伐レ之

問二　①　例民衆は疲れている

②　例民衆は王を恨んでいる

問三　エ

解説

問一　漢文の語順は「主語＋述語＋目的語」になるがここでは主語は省略されている。よって「兵→興、之→伐」の順になるように返り点を打てばよい。一文字返りたいときは「レ点」、二字以上返りたいときは「一二点」を用いる。

問二　——線は使者の発言で、荘王の返答の中に使者の言ったことが含まれているかを探すと、本文2行目の「王曰はく」の後に3行目「蓄積《ちくし》多ければ〜」と4行目「城郭高く、溝壑《こうがく》深ければ〜」があるので、それぞれその後の発言部分に注目すればよい。3行目「蓄積（＝備蓄）多ければ〜」については3行目「賦斂《ふれん》（＝租税）重く」と②の直前とも合致する。つまり、備蓄が多い＝租税が重い、だから「民上《かみ》を怨《うら》む」＝民衆（国民）は陳の王を怨んでいる、ということであり、4行目「城郭高く、溝壑深ければ〜」については4行目「民力罷《つか》（＝疲）れん」＝民衆（国民）の力（体力）は疲れて（疲弊して）いる、ということである。

問三　アは、使者が1行目「伐《う》つべからざるなり」と言った理由は2行目の使者の発言からわかるように、国力が高く、穏やかであるからであり、「平和を維持するため」ではないので不適。イは、使者の報告のうそについての言及はないので不適。ウは、使者が荘王の決定にどう反応したかは述べられていないし、攻撃に参加したかについても述べられていないので不適。エは、問二にあるように、荘王は使者の報告を分析し、民衆（国民）の状況を推察しているので正しい。

現代語訳

使者が言うには、「陳は伐つべきではありません。」と。荘王が言うには、「なぜか。」と。（使者が）答えて言うには、「その（陳の）城壁は高く、城の堀は深く、備蓄は多く、その（陳の）国は穏やかである（からです）。」と。王が言うには「陳は伐つべきだ。そもそも陳は小国だ。けれども備蓄が多い。備蓄が多いときには、租税が重く、租税が重いときには民衆は陳の王を恨んでいる。城壁が高く、城の堀が深いときには民衆の力は（労役によって）疲れている。」と。挙兵して陳を伐ち、その結果陳（の国）を取った。

45

問一　イ
問二　エ
問三　ア
問四　ウ

解説

問一　選択肢のすべてに「周の民」とあるので、虞《ぐ》と芮《ぜい》の人が周の民と接触した部分を探すと、*2*行目「界《さかひ》に入るに」以降で周の民の様子として、*2*～*3*行目「耕す者皆畔《あぜ》を譲り、民の俗は皆長に譲る」と「皆」が「譲る」という動作をしていることがわかる。これが**イ**の「誰もが」「相手を重んじ優先する」に適合する。

問二　――線②の「のみ」は「～だけ」という現代語と同じ意味の語なので、**イ**は除外される。――線②には打ち消しの表現は入っていないので**ア**は除外される。また、受け身の表現は入っていないので、**ウ**も除外される。古文同様に漢文でも単語の知識と文法上の決まった訳し方はおさえておきたい。

問三　**問一**にかかわるが、虞と芮の人は*2*行目「獄（＝訴訟）」のために周の国を訪れたが、周の民の「譲る」姿を見て、*5*～*6*行目「還《かへ》り～去る」ことにしたのである。③に入るのは、相手に譲歩して訴訟をやめることである。

問四　周の民が*3*行目「皆」「譲る」行動をしていたのは、その長である西伯《せいはく》が本文冒頭にあるように*1*行目「陰《ひそか》に善を行」っていたことが理由だと考えられ、西伯が周辺の国の君主に信用されていたことの証でもある。これは長の姿勢は民の姿勢につながり治安が維持されるということなので、このことに適合するのは**ウ**である。

現代語訳

西伯は人知れず善を行う。周辺の国の君主が皆やって来て公平な解決をつけてもらった。このとき虞と芮の人に訴訟が起きて裁決がつかなかった。そこで周へ行った。国境に入ると、耕す者（農民）は皆畔（道）を譲り、人々の風習は年長者を尊重するものであった。虞と芮の人はまだ西伯に会っていなかったが、皆（二人とも）恥じてお互いに言うことには、「私（たち）が争うことは、周の人が恥じる（恥ずかしいと思う）ことだ。どうして西伯のところへ行く必要があろうか（いや、行く必要はない）、ただ恥をかくだけであろう。」と。そのまま引き返しお互いに（訴訟の訴えを）譲って去った。周辺の国の君主がこれを聞いて言うには、「西伯は思うに天から使命を受けた君主である。」と。

得点アップ

▼皇帝（王）はこうして決まる

古代中国では皇帝（王）は天の神から任命されると思われていた。天の神から任命された者は挙兵して戦いに臨むと神が味方をしてくれるので戦に勝ちやがて皇帝（王）になる。ところが皇帝（王）になってから政治に失敗すると天の神はその者を見限って次の皇帝（王）になる者を任命する。こうして政権は移行していくものだと思われていた。

46

問一　夫治レ国
問二　ウ
問三　(1)　例 君主が心清らかである（10字）
(2)　イ

解説

問一　これも述語と目的語の語順を入れ替えるレ点の問題。「夫」は「それ」と読み、「そもそも・いったい」と訳す文の初めに使うことがある語。

問二　――線②の直前の【**漢文**】の*1*行目に「治国、猶如栽樹」とあり、【**書き下し文**】の*4*行目に「国を治《をさ》むるは、～樹を栽《う》うるがごとし」とある。「ごとし」は「～のようだ・～と同じだ」という比喩や例示を表す語で、国を治めることを木の栽培にたとえている。これを前提に――線②を見ると、*1*～*2*行目「本根不揺、～枝葉茂盛」は木の栽培について、*6*行目「君能清静、百姓何得不安楽乎」が国を治めることについての部分である。送り仮名の「ば」を手がかりにした位置関係から、「本根《ほんこん》」と「君」、「枝葉《しえふ》」と「百姓」が対応するとわかる。

問三 (1) 本文は、「百姓」の「安楽」の条件として、「君能清静」を挙げている。**A**は「君」が「清静《せいせい》」なこと、書き下し文にある「心清らかであれば」を「こと」につながるように利用すればよい。

(2) **【漢文】**の*1*行目の「如」は「～の如し（ごとし）」と読み、上の内容を下の内容にたとえるときに用いる。ここでは木の栽培の話を例にして国を治める話をしようとしているので、**イ**の「たとえ話」が適合する。訴えたいことを比喩やたとえ話によって伝えようとするのは漢文では基本的な方法である。

得点アップ

▼疑問と反語

漢文に限らず疑問文と反語文の区別は見分けにくい。大きな違いは疑問文ならば後ろにその疑問に対する回答が出てくるが、反語文の場合は「～か、いや～ない」と否定されてしまっているので回答のしようがないことである。漢文の場合、原則は文末が「～か・～や」であれば疑問文、文末が「～んや」になっていれば反語文としたが、後に「～んや」の「や」が省略されるようになった。やや難しいが、後ろに回答がある場合は疑問文、疑問文に似ているが文脈上「NO」としか答えられない場合は反語文と判断しておこう。ここでは「得不安楽乎」で「安楽ならざるを得んや」と文末が「～んや」となっており、「NO」（この場合は「絶対安楽だ」）としか答えられないので、反語文だとわかる。また、絶対ではないが、疑問文と思われる文の中に「豈（あに）」があると反語文になることが多いことも参考にされたい。

47

問一 例両隣の銅職人と鉄職人が作業をする騒音

問二 例どこへ引っ越すのか

問三 例自分が引っ越して誰にとっても不満のない状態にする（24字）

解説

問一 ――線①を含む「之を苦しみ」の前に*1*～*2*行目「聒《かまびす》しく（＝うるさくて）」とあるので、苦しんでいるのは「騒音」である。この騒音のもとはさらにその前の*1*行目「銅鉄匠の間に介す（＝銅職人と鉄職人の間にはさまれている）」から、銅職人と鉄職人が仕事をするときの音だということになる。

問二 「何処」は「Where」に相当する「どこ」と場所を問うときの疑問の言葉。「遷」は「遷都・左遷」のように「他の場所に移る」と言う意味になる言葉。ここでは家なので「引っ越す」くらいの表現が妥当だろう。つなげて「どこへ引っ越すのか」でよい。

問三 ――線③の「何ぞ」は「どうして？」と言う疑問を表す言葉。――線③の前半部分は「どうして自ら引っ越して」と解釈できるので、「自分が引っ越す」ことは解答に入れたい。自分が引っ越せばどのような利点があるのか。本文冒頭の「聒しく（＝うるさくて）」から解放され、それだけでなく両隣の銅職人と鉄職人にとっても騒音の配慮が不要となると考えられる。それが――線③の後半部分の「他の好ましき」にあてはまる。つまり自分が引っ越して、自分も他人もよい環境になる」という内容になっていれば正解となる。

現代語訳

ある人はとても静かであること（静かな環境）を好むものの、住む所（家）は銅職人と鉄職人の間にはさまれている。朝夕（一日中）耳にうるさくて、ひどくこれに苦しんで、常に言うには「この両（隣の）家にもし引っ越しの日があるならば、私はできるならばご馳走をして感謝を述べよう。」と。ある日、二人の職人が突然並んでやって来て言うには、「我々はすぐにでも引っ越そうと思う。あなたが前から我々にご馳走すると言っておられたので、特別にやって来てお受けします。」と。その（引っ越しの）期日を問うと言う（答える）には、「もう明日だ。」と。その人は、大いに喜んで、その結果盛大にこれをもてなす。酒宴の（もてなした）後に問うて言うには、「あなたたち二家はどこへ引っ越すのか。」と。二人の職人が言うには、「自分は引っ越して彼の家に住み、彼は引っ越して自分の家に住む。」と。

どうして（ある人は）自ら引っ越して、他人に良好な環境を成そうとできないのか。

2 漢詩

〈48〉

問一　ウ
問二　不レ及汪倫送レ我情
問三　A　例岸のほとり（5字）
　　　B　例深さをもしのぐ（7字）

解説 **問一**　漢詩の形式は、一句が五文字ならば「五言」、七文字ならば「七言」。四句ならば「絶句」、八句ならば「律詩」。これを組み合わせる。ここでは一句が七文字で四句なので「七言絶句」となる。

問二　書き下し文は日本語の古文に相当するので、古文の助動詞と助詞になる語はひらがなで書くことになることに気をつけたい。ここでは初めの「及ばず」の「ず」が「不」にあたる。語順が日本語の反対になり「不レ及」となるが、打ち消しの語が動詞の前につくのは英語と同じ感覚である。あとは「汪倫《おうりん》」が主語、「送」が述語、「我」が目的語で「汪倫送レ我」となり、この部分がその下の「情」を修飾しているのである。

問三　A　設問の枠内の文章のAのあとに「～別れを惜しんで歌う姿」とある。これは漢詩の「踏歌声」、書き下し文の「踏歌の声」にあたり、歌っていた場所は「岸上」、現代語訳では「岸のほとり」である。

B　同じく設問の枠内の文章のBの前に「汪倫の友情の深さは、村を流れる桃花《とうか》潭《たん》の」とある。これは漢文の「桃花潭水深千尺　不及汪倫送我情」、書き下し文の「桃花潭水深さ千尺　及ばず汪倫我を送るの情に」にあたる。桃花潭という川の千尺という深さが友情の深さに「及ばず」で「汪倫に感謝している」のだから、友情の深さが川の深さに勝っている。

現代語訳

汪倫に贈る

李白は船に乗って出発しようとした
ふと岸のほとりから足を踏み鳴らし、拍子をとって歌う声を聞いた
桃花潭の水はとても深い（が）
（その深さは）汪倫が私（李白）を送別する友情の深さには及ばない

得点アップ

▼漢詩の注意点

形式は**問一**の通りだが、漢詩では最低限注意してほしいことがあと二つある。一つは「押韻」といい、原則として、偶数句末の文字の読みを似た発音にすること。このときの読みはいわゆる「音読み」でよい。ここでは「声（せい）・情（せい／ぜい）」である。また、律詩の一句目（「初句」という）と最終句以外の中の部分では「対句」という似た形の句や節にする、というルールがある。ただし、本問の詩は絶句なので、対句は用いられていない。特に「押韻」は漢詩の空欄補充ではよく手掛かりになるので忘れないようにしておこう。

〈49〉

問一　絶句
問二　えんしょにとまる
問三　(1)　日暮
　　　(2)　第三句
　　　(3)　例川の水面に映る月（8字）
　　　(4)　ウ

解説 **問一**　四句の漢詩は「絶句」、八句の漢詩は「律詩」である。ここでは一句が五文字の「五言」、七文字の「七言」は問われていないので答え方に注意すること。

問二　漢詩であっても文法を含めた文の構造は散文の漢文と基本的には同じと

すればよい。述語が「泊まる」で目的語が「煙渚《えんしょ》」である。読み仮名と返り点に従って書く。

問三 (1) 漢詩の中で時間が経過してあたりが暗くなることがわかる表現は「日暮」である。

(2) 漢詩の絶句では第一句、第二句、第三句、第四句の四つのパートに分かれて「起承転結」という組み立てになることが比較的多いという特徴がある。ここではAの直後に「内容が変化して」とあるので「転」に相当する第三句が解答となる。一見内容理解を求めているような設問だが、漢詩の組み立ての特徴を知っていると答えやすい設問である。

(3) Bの前に「最後の句は作者の視点が近くに移っているので、空にある月ではなくて」とあることに注目したい。最後の句は漢詩の「江清月近人」で後半の「月近人」の部分が「作者の視点が近くに移っている」ところにあたるので、「江清」の**【現代語訳】**「川は澄み切って」をヒントに月がどうして人に近いのかを考察すればよい。その答えは「月が澄み切った川の水面に映っている」からである。それがCの前の「目の前の情景描写を工夫すること」になっているということである。

(4) **問三**の会話の冒頭で「作者は故郷を離れて孤独を感じているようです」と述べているのに漢詩の第四句では「月近人（月は人に近し）」となっている。つまり旅の途中で孤独を感じながらも月は自分の近くにいてくれていると孤独をなぐさめていることが読み取れる。このことに該当するのは**ウ**となる。

得点アップ

▼起承転結

問三にもあったが、絶句の組み立ての特徴の一つ。最初の導入にあたるのが第一句で「起句」と呼ばれ、起句を受けて話を進める第二句の「承句」、話題や視点を変えて変化をつける第三句の「転句」、そして作品の締め、いわゆるオチに相当する第四句の「結句」という組み立てである。絶句を読むときにはこの組み立てを思い出すとより理解しやすくなるだろう。

50

問一 思ひ群ならず

問二 イ

問三 (1) 対句　(2) ウ

解説 **問一** 書き下し文にするときの注意点は、歴史的仮名遣いを使うこと、古文の助動詞や助詞になる部分はひらがなで書くことである。古代中国語の漢文を古代日本語である古文に変換したものが書き下し文なので、古文の文法と表記に従うということである。その他に、置き字という読まないが文字数には数える字は書き下し文では無視してよいというルールもある。

問二 一句が五文字で八句でできているので五言律詩となる。

問三 (1) Aの直前に「形の似ている二つの句を並べた」とあり、漢詩の第三句と第四句は「○○なるは●●●」となっているのでこの表現方法は「対句」である。対句は漢詩の表現方法としてはポピュラーなものである。

(2) **【現代語訳】**第一句「李白よ　君の詩にかなうものはない」、第三句「その詩の」、第四句「その才能の」と合わせるとこの詩は李白の詩を絶賛する詩であることがわかる。李白の詩をほめている**ウ**が**B**に最も適当なものとなる。

得点アップ

▼対句

対句とは対応する語句を同じような組み立てで並べて、印象を強める表現技法のことである。「対」という字の感覚から反対の表現と誤解されそうだが反対ではなくペアになる表現であればよい。語の意味が不安なときは、よく似た形（返り点の位置とつき方が同じで送り仮名もほぼ同じ）のフレーズが並んでいる部分ととらえておけばよいだろう。

51

問一 ア
問二 海日生㆓残夜㆒
問三 イ
問四 ア
問五 ウ

解説

問一 一句が五文字で八句の構成なので「五言律詩」である。漢詩の形式の設問は定番である。

問二 書き下し文と照らし合わせて「海[1]日[2]残[3]夜[4]生[5]」の順になるように返り点を振ればよい。あるいは漢文の文法に従って「生」が述語で「残夜」が目的語と判断できれば、「生」と「残夜」を入れ替えればよいことがわかる。

問三 設問が「組み合わせ」で、**A**も**B**も選択肢の語がすべて違うことから、**A**または**B**のいずれかが確定できれば自動的に解答が決まることになる。このように設問から解法を誘導してくれる設問もあるということを知るのも戦略である。一見すると意味内容を問うているように見えるが、第一句と第二句、第三句と第四句がそれぞれ対句になっていることに気づいただろうか。第二句の**A**は、第一句「青山」と対比されている。「青」が色であることから、**A**にあてはまるのは**ア**「紅山」、**イ**「緑水」のいずれかである。第一句の「路—山」の対応関係から、**A**は「舟」に対応すると考えられるため、「水」を含む**イ**がふさわしい。また、第四句の**B**は、第三句の「潮」と対比されているが、**B**の少しあとの「一帆」との関連から「風」を導くことができる。したがって、解答は**イ**となる。漢文に限らず、見てわかる、知っている情報をまずは手掛かりにしていくことは非常に大事なことである。

問四 **問三**にもかかわるが、第五句と第六句も対句となっている。第五句の「残夜」が第六句の「旧年」に対応し、「旧年」とは「新年」の反対で「年が明けていない、前の年」のことで、**ア**の「年が改まらないうち」があてはまる。

問五 第七句の「何処」は「what place」＝「where?」に相当する「どこ」と場所を問う疑問詞。「達」は「到達」の「達」でこれが述語。主語は「郷書」で直訳すると「郷書はどこに達した（到達した）か？」となる。「郷書」がよくわからないが、全ての選択肢に「手紙」とあるので、「書」は「手紙」のことだとわかる。残念ながら「郷」が「故郷から」か「故郷に宛てた」かがはっきりしないのでそのままにしておく。第八句は「帰雁」が「洛陽の辺」と、手紙と同じように雁の位置を気にしていることが読み取れる。ここまでわかった情報をもとに選択肢を検討すると、**ウ**の「雁が〜洛陽のあたりを飛んでいるだろう」、「手紙の行方が気がかりである」があてはまることになる。

現代語訳

北固山のふもとに宿泊する　王湾
旅路は青い山の向こう
乗る船は緑の水の前
水面は穏やかで両岸は広がり
風は順風で一隻の船が帆を上げて進む
海上の太陽は夜が終わる前に上り
長江の春は年が明けないうちに入る
故郷への手紙はどこまで届いているのだろうか
（北へ）帰る雁は洛陽の辺（を飛んでいる）だろうか

3 融合問題

52

問一 a いちどう　b わざわい
問二 ア
問三 人に勝れりと（思っている心）（7行目）
問四 人としては（6行目）
問五 功被二天下一、守レ之以レ譲
問六 エ
問七 オ

解説

問一 a「〜a音＋う」は「〜o音＋う」になる。b 語頭以外の「は・ひ・ふ・へ・ほ」は「わ・い・う・え・お」になる。仮名遣いで見覚えがないときや記憶があいまいになったときは実際に発音しているのを想像してみよう。できるだけ口の動きを少なくして発音しやすくしていき、発音と仮名文字を一致させたものが現代仮名遣いである。

問二 設問にある「専門外の場」は【文章Ⅰ】の1行目「あらぬ道」に対応する。――線①の「わろく」は「よくない」という意味なので、専門外の場で何がよくないのか。それは1〜2行目「『あはれ、わが道ならましかば、かくよそに見侍《はべ》らじものを（＝ああ、自分の専門の道であったなら、こんなに傍観しますまいのに）』と言ひ、心にも思へる事」である。つまり、専門外の場で自分が前に出たいと言ったり思ったりして悔しがることが、「わろき」ことなのである。

問三 「慢心」とは「おごり高ぶった心」でよくないものである。【文章Ⅰ】の中でよくないと述べられている部分は、――線①「わろく覚ゆる」、6行目「大きなる失なり」、8行目「咎《とが》あり」である。それぞれの前によくないとされることが述べられていて、――線①の前ならば1〜2行目「『あはれ、わが道ならましかば、かくよそに見侍らじものを（＝ああ、自分の専門の道であったなら、こんなに傍観しますまいのに）』と言ひ、心にも思へる事」、「大きなる失なり」ならば6行目「他《た》に勝《まさ》ることのある」、「咎あり」ならば7行目「人に勝れりと思へる」となる。設問の条件に「『思っている心』につながるように〜六字で抜出し」とあるので、7行目「人に勝れりと」が該当する。

問四 問三とは反対に「理想的」なよいありようを述べられている部分を探す。これも設問の条件にある「その考えを含む一文」と合わせると、6行目「人としては〜徳とす。」（23字）が該当する。

問五 ――線④の書き下し文に出てくる漢字の読みの順を漢文にあてはめると「功被天下、守之以譲」となるので、この順になるように返り点をつける。一字戻るときは「レ点」で二字以上戻るときは「一二点」を用いる。ここでは「天下」から「被」に戻るのに一二点を用いる。

問六 ――線⑤では「〇〇に（を）〜ば、之を守るに●を以てす」というよく似た形のフレーズが繰り返されていることがわかる。このようなよく似た形のフレーズを並べた表現を「対句」という。漢文の読解ではよくある表現なので忘れないようにしたい。

問七 【文章Ⅰ】の――線③「一道にも誠《まこと》に長じぬる人は（＝本当にすぐれた人は）〜伐《ほこ》る事なし（＝自慢する事はない）」、【文章Ⅱ】の――線④「功（＝功績）〜譲《じやう》を以てし（＝謙譲を行い）」、――線⑤「勇力《ゆうりよく》（＝強い力）〜怯《けふ》を以てし（＝臆病なふりをし）」、「富《とみ》（＝豊かな財産）〜謙を以てす（＝謙虚を心がける）」とあるが、これらの共通点は「優れていてもひけらかさないこと」である。

現代語訳

【文章Ⅰ】

一つの専門の道に携わる人が、専門外の場に出席して、「ああ、自分の専門の道であったら、こんなに傍観しますまいのに」と言い、心にも思う事は常のことであるが、まことによくないことに思われるのだ。知らない道がうらやましく思われるなら、「ああうらやましい。なぜ習わなかったのだろうか」と言っていればいいのだ。

自分が賢いことを取り出して人と争うのは、角のあるもの（動物）が角を傾け（てつっかかり）、牙のあるもの（動物）が牙をむき出して噛《か》みつくような類である。

人としては善行を自慢せず、人と争わないのを美点とする。他人より優れていることがあるのは、大きな短所だ。家柄や身分の高さにおいても、才能がすぐれていることも、先祖の名誉も、人より優れていると思っている人は、たとえ言葉に出してこそ言わずとも、内心に多くの欠点がある。慎んでこれ（自分が人より優れていること）を忘れるのがよい。ばかげたことにも見え、人にも非難され、災いをも招くのは、この慢心（おごりたかぶる心）である。一つの道にも本当にすぐれた人は、自ら明らかにその欠点を知っているが故に、向上心が常に満たされることがなく、最後まで人に自慢することはない。

【文章Ⅱ】
子路《しろ》が進み出て言うには、敢《あ》えて尋ねます、満ちた状態を保つ方法はありましょうか、と。孔子が言うには、賢く知恵がすぐれていると、これ（知恵）を守るのに愚かなふりをし、功績が天下を覆い尽くすほどならば、これ（功績）を守るために謙譲を行い、強い力が世の中を揺り動かすほどならば、これ（強い力）を守るために臆病な振りをし、豊かな財産が天下を保持するほどならば、これ（財産）を守るために謙虚を心がける。これはいうなれば（いわゆる）満ちた状態を保つにはそれを抑えて、更に抑えるという方法だ、と。

53

問一 ウ
問二 エ
問三 ウ
問四 有㆓失㆑実之声㆒
問五 Ⅰ 例外見で判断（5字）　Ⅱ 例話す言葉で判断（7字）
問六 ウ

解説
問一 ――線①の「これを」の「を」が目的語を表しているので、――線①の直前の、古文**A**の*1*行目「鼎殿《かなへどの》（＝鼎殿の役人）」が主語になり、選択肢は**ウ**と**エ**に絞られる。「これ」を見た鼎殿は、――線①のあとの*2*行目で「いかなる者ぞ、〜」と言っており、鼎殿が見たのは人であることから、正解は**ウ**となる。関白殿が鼎殿（＝食物や水を煮炊きする釜がある場所）にやって来たのを鼎殿（＝鼎殿の役人）が見て*2*行目「いかなる者ぞ、〜」と言ったのである。

問二 鼎殿（＝鼎殿の役人）が――線②の直前の*3*行目で「恐れ入」ったのは、自分が先ほど追い出した相手が関白殿だとわかったからである。鼎殿は見ぐるしい衣服を着ていたのが関白殿だと気づけなかったが、公服を着た関白殿を見て気づいた。鼎殿は服装の外見でしか相手を見ていなかったということである。

問三 子羽《しう》については漢文**B**の*1*行目「行《かう》」と「貌《ばう》」、宰予《さいよ》については*2*行目「智《ち》」と「弁」の対比に気づくことができただろうか。いずれも「称《かな》はず」「充《あた》らず」と、見合わない・釣り合わない・似つかわしくない、と否定されている。子羽の君子らしい容貌に対して見合わない「行」とは、子羽の態度・姿勢という「行動」である。行動の「行」と一致するのは**ウ**の「行為」となる。

問四 これも書き下し文に即して漢文に読み順を振ればよい。「有《5》失《2》実《1》之《3》声《4》」となるが、気をつけたいことが二つある。一つは書き下し文では古文の助詞と助動詞になる語は平仮名で書くということで、ここでは――線④の「之」が**【書き下し文】**の*4*行目「失ふの」の「の」となっている。もう一つは一二点はレ点をまたぐことができるが読み順はレ点が優先されるということである。ここでは「実を失ふ」の「失㆑実」が*4*行目「声有り」の「有㆓…声㆒」よりも先に読まれるということである。

問五 古文**A**の鼎殿と漢文**B**の子羽。この二人についての話の共通点は服装や容貌という見た目・外見での判断による失敗である。漢文**B**ではもう一人、宰予という登場人物がいるが、こちらは「辞」または「弁」、いわゆる言葉や発言による見立ての誤りによる失敗談である。それぞれⅠでは「外見・見た目・姿・容姿による判断」、Ⅱでは「言葉・発言・弁舌・物言いによる判断」などと書けていれば正解でよい。

問六 行書、楷書など書道や字体に関する問いは高校入試（特に公立高校）の特徴的な問いである。この**問六**の選択肢は全て一般的な行書の特徴としては正しいものであるが、「取」の文字のパーツとなる「画」については**ウ**の「変化」はされていないことが見てとれる。

現代語訳

A　宇治《うぢ》の関白殿が、あるとき、宮中で食物や水を煮炊きする釜がある場所（鼎殿）に行き、火を焚く所をご覧になると、鼎殿の役人がこれを見て言うには、「何者だ、案内なく、宮中（御所）の鼎殿に入っているのは」と言って、（関白殿を）追い出した後、関白殿は、先ほどの見ぐるしい衣服などを脱ぎかえて、暖かみのある関白の公服を着てお出でになるそのときに、鼎殿の役人が、（関白殿を）遠くに見て、恐れ入って、逃げてしまった。そのときに、関白殿は、着ていた公服を竿の先に掛けて、頭を下げて礼をなさった。人が、そのわけを問う。（関白殿が）答えて言うには、「私が、人に敬われることは、私の徳ではない。ただ、この装束が理由なのだ」と言った。

B　孔子の弟子の子羽は、君子らしく見えた。孔子は彼に期待していたが、長く一緒に居るうちに、行いがその容貌に見合っていなかった。孔子の弟子の宰予の言葉は、優雅で美しかった。孔子は彼に期待していたが、一緒に居るうちに知恵がその弁舌に届いていなかった。だから孔子が言うには、容貌によって人に期待すると、これを子羽で失敗した。言葉によって人に期待すると、これを宰予で失敗したと。したがって孔子の知恵をもってしても、人物の真実を見誤ったのだという世間の評判は立ってしまうのである。

54

問一　いっきゅうおしょういとけなきときだんなとたわむれもんどうのこと
問二　イ
問三　ウ
問四　Ⅰ　最初　この寺（2行目）　最後　るべし（4行目）
［別解］最初　もし皮（3行目）　最後　るべし（4行目）
Ⅱ　例 皮の袴を着ている旦那にばちを当てよう（18字）
問五　(1) エ　(2) 一場春夢不㆓分明㆒

解説

問一　本文の前書きの冒頭に「一休和尚《いっきゅうおしょう》」とあることを見逃さないようにしよう。「いつきうをしやう」の「を」は「一休をしよう」ではなく「一休和尚」のことである。また前書き3行目の「問答などをしていた」から「もんだう」は「問答」になるので、これを踏まえて仮名遣いのルールに従って直せばよい。

問二　——線①の前後で「きんぜい」にあたるものは2～3行目「皮の類」であり、3～4行目で「皮の物入る時は、～必ずばちあたる」と皮の物を認めないことを表しているので、この「きんぜい」はイ「禁制」となる。

問三　一つの言葉に二つの意味を持たせる言葉の使い方を「掛詞《かけことば》」という。主に和歌で用いられる表現技法である。

問四　Ⅰ　設問のⅠの直後に「という書付《かきつけ》の内容」とあるので、古文の本文から「書付」を探すと、2行目「へぎに書付立てられけるは」とある。その書付の内容は、「立てられけるは」のあとの2～4行目「この寺の内へ～ばちあたるべし」までである。注意したいのが抜き出し箇所の末尾に4行目「と書きて」の「と」は入れてはいけないということである。会話部分を抜き出すときにも注意するべきことなので、「と言・思・見・書」などがあるときは「ⓣ」のように書き込んで気をつけるようにしよう。

Ⅱ　問三にかかわる設問だが——線②の「ばち」が平仮名であること、また「あたる」ものであることから、この「ばち」は「桴《ばち》」（太鼓を鳴らす棒）と「罰《ばち》」がかけられていることになる。Ⅱの直後に「と『一休』がおどけた」とあるので、一休は皮の袴《はかま》を身に着けた旦那に「罰」として「桴」を当てると冗談を言ったのである。

問五　(1)　一句が七文字で「七言」、四句で構成されているので「絶句」である。
(2)　書き下し文から「一場春夢不分明」と読み順を振ることができる。「一場春夢」の読み順はそのままで、「分明」と「不」が入れ替わる。書き下し文は漢文を古文に変換したものなので、古文の助詞、助動詞にあたる語は平仮名で書くことを忘れないようにしよう。

現代語訳

ある時あの旦那が、皮で作った袴を着てやって来たのを、一休が門の外でちらと見て、内へ走り入って、薄い板に書付を立てられたのには、この寺の内に皮の類（を持ち込むの）はかたく禁止である。もし皮の物を持ち入れる時は、その身に必ずばちがあたるだろうと書いて置かれた。

あの旦那がこれを見て、「皮の類にばちが当たるならば、このお寺の太鼓はどうなさるのか」と申し上げた。一休がお聞きになり、「だからですよ、夜昼三度ずつ（太鼓に）桴《ばち》が当たるので、あなたへも太鼓の桴を（罰として）当て申し上げよう、皮の袴を着られているので」とおどけられた。

その後あの旦那は、養叟《ようそう》和尚を法要の食事に呼ぶとして、「一休もお供に」と申し上げ、あの仕返しをしたいものだとたくらんだ。

55

問一 夜（*5*行目）
問二 木石（*8*行目）
問三 ア
問四 ウ
問五 之を求むるを知る
問六 仁（*1*行目）
問七 ア
問八 エ

解説

問一 「掛詞《かけことば》」は和歌の表現技法の中でも最もメジャーで、一つの言葉に二つの意味を持たせるものである。多くは上からの言葉のつながりと下への言葉のつながりに違和感を覚えるところが発見の目安だが、よく出るもの（[例]「ふみ」…「文（＝手紙）」・「踏み（＝行く）」など）は覚えておくとよい。また、掛詞になる言葉は和歌中の他の言葉とのかかわりを持つことがあり、この和歌では「玉手箱」を「あけて」のほかに「あけ」るものがないかを探してみると「夜」も「あけ」るものである。このように和歌中にかかわりがある言葉が出てくることを「縁語」といい、掛詞と縁語はお互いに補完しあう関係になっていることが多い。

問二 ——線①の「情を知らぬといふことなし」とは、情を知らないということはない＝知っている、ということなので、「生あるものは情を知っている」ということである。設問の「『情』がない」ものとは、生のないもの、ということなので、——線①のあとの*8*行目「木石」が該当する。

問三 ——線②の前を見ると*9*行目「情深き夫婦は〜申すが、」とある。この「夫婦は」の「は」は主語を表し、「申すが」の「が」は逆接の助詞。——線②の「ありがたきこと」の「ありがたき」が訳せなくても、——線②を含む*9*〜*10*行目「ありがたきことどもかな。」が述語だとわかれば、主語は「情深き夫婦は」となり、「ありがたきこと」なのは「情深き夫婦」のこととなるので正解は**ア**となる。

問四 Ⅱを含む前後の*1*〜*2*行目「其《そ》の［Ⅱ］を舎《す》てて」と「其の心を放ちて」が対句になっていることに気がついただろうか。また本文冒頭近くの*1*行目「仁は人の心なり」と「義は人の路なり」も対句となっている。「仁—心／義—路」の対応が見出《みいだ》せれば、Ⅱと「心」は対となっているのでⅡには**ウ**「路」が入るとわかる。

問五 漢字の読み順を並べ直して送り仮名をそれぞれの漢字につければよい。送り仮名がない場合は古文の文法に従ってつけていくが、そのような問題は高校入試ではまず出題されない。ここでは「之→求→知」の順になり「之を求むるを知る」と送り仮名をつける。

問六 問四にもかかわるが、——線④の*4*行目「心」の語に気がつけば*1*行目「仁」が相当することがわかるだろう。漢文読解において対句は非常に重要なものである。

問七 選択肢がすべて「人が学問をするのは」で始まるので、本文中で「学問」について述べているところを探してみると、——線④の前の*4*行目に「学問の道は」とあるので、これよりあとを参考にする。「学問の道は他無し。其の放心を求むるのみ」とあるので「（放）心を求める」が抽出できれば**ア**「本来の心を取り戻す」が選べるだろう。

問八　【文章1】の「情」は――線②の前の9行目に「情深き夫婦」とあるように「情＝情愛」として述べられているのでアとイは該当しない。【文章2】の「仁」は「人の本来の心」と示されているのでエの「元々持っている」が適合する。

現代語訳

【文章1】

そして浦島は鶴《つる》になって大空へ飛び上がった。そもそも、この浦島の年齢を、亀の取り扱いによって、箱の中にたたみ入れてあったのだ。だからこそ、七百年の寿命を保ったのだ。開けて見るなとあったのに、開けてしまったのはかいのないことであった。

あなたに会う夜は、浦島太郎が玉手箱を開けたかのようにあっという間に時間が過ぎてしまい、夜が明けるのが悔しくて流れる私の涙であることよ

と、歌にも詠まれている。命あるものは、どれも情けを知らないということはない。まして人間の身として恩を受けて恩をわからないような輩は、木石にたとえているのだ。情愛が深い夫婦は二世の契りと申すが、ほんとうにめったにないことだなあ。浦島は鶴になって蓬莱の山で遊んでいる。亀は甲にこの世のあらゆる祝い事を刻み、長生きできるようになったという。だからこそすばらしいことのたとえにも、鶴亀を申すのである。ひとえに人には情けがあり、情けのある人は、将来もすばらしいというように、申し伝えている。

【文章2】

孟子《もうし》が言うには、「仁は人の本来の心である。義は人の従うべき正しい道である。ところが人々はその路を捨ててしまっても従わず、その心を失っても、探し求めることを知らない。嘆かわしいことだ。人は鶏や犬が逃げ出すと、すぐにこれを探すことを知っている。心を失うことがあっても探すことを知らない。学問の方法は他にはない。ただその失った心を探すだけである。」と。

第2回　実力テスト

1

問一　此を知らば

問二　例成功すること（6字）

［別解］例高い地位になること（9字）

問三　(1) 例すぐに結果が出なくてもあせらず耐えることで心は落ち着く（27字）

(2) 例中学の三年間で思うような結果が出なくても、練習してきたことは無駄にはならないはずなので、高校生になっても陸上競技を続けるのがよいだろう（67字）

解説

問一　空欄の前後の「～早し。」と「以て～」から、空欄にあてはまるのは1行目「知此」の部分である。述語動詞が「知」で目的語が「此」であるうえに「知レ此」と返り点がついているので送り仮名に注意して「此を知らば」とすればよい。漢文では送り仮名はカタカナの部分だけでよい。

問二　鳥が高く飛ぶことを、人間にたとえるならどのような言い方をすればよいかを想像する。高く飛ぶのだから、自分より上の位置に行く、つまり見上げられる存在になるということである。たとえ（比喩）を言い換える問題は想像力を要するので似た問題があれば積極的に取り組んで慣れを養っておきたい。

問三　漢文の内容を踏まえて、現代文の「一つの部活を続けるか否か」というお悩みを考察する問題。**【漢文】**では、力を養った鳥は高く飛ぶ、先に咲いた花は散るのが早い、と述べられている。これは、すぐに結果が出なくても耐えて努力すれば高みに到達できる、先に成果を出して目立っても消えていくのは早い、ということのたとえで、このことを知っていれば、他人が成功を収めても自分が慌てることもなく、いらいらすることもない、ということを伝えている。このたとえを読み取ったうえでⅡとⅢを埋めていく。

(1)　Ⅱの直前に「**【漢文】**の筆者が伝えたいことは、」とあるので**【漢文】**のたとえを解いて要点を絞って書けばよい。1行目「伏《スコト》久《シキ》」＝長く伏せる（＝耐える）なので、1行目「伏《スコト》久《シキ》者《ハ》飛《ブコト》必《ズ》高《ク》」とは、力を養うと高く飛ぶことができる（＝成功する・うまくいく）という意味である。また、1行目「開《クコト》先《ナル》者《ハ》、謝《スルコト》独《リ》早《シ》」とは、早く咲く（＝成功する・目立つ・人目を引く）と早く散る（＝消え去るのも早い）、つまり、早く結果が出ればよいというものではないということ。1～2行目「知《ラバ》レ此《ヲ》、～躁急之念《ヲ》一」とは、これを知っていればよろめくことを免れ、いらだつことを消すことができる、つまり不安や焦りがなくなるということ。これらをつなぎ合わせればよい。「現在自分より上位の人がいても自分が否定されているのではない」などの解答も正解になる。

(2)　結論としては、あきらめずに続けていけば希望はあるはずだ（だから陸上競技を続けるのがよい）、というものにしたい。今思うようにいかないからといってあきらめることなどないと応援する形で答える内容にできればよい。お悩み相談の回答としての表現や言い回しにも気をつけよう。

現代語訳

長く地上に伏せて力を養っていた鳥は、必ず高く飛び、他よりも先に咲いた花は、一つだけ散ってしまうのが早い。このことを知ったら、足場を失ってよろめくことのつらさを避けることができるし、焦って、（気持ちが）いらだつ思いを消すことができる。

2

問一　ア

問二　エ

問三　例恥ずかしいので作りたくない（13字）

問四　イ

解説

問一　本文の内容と図を適合させる問題。ここでは「棹《かう》」という道具について本文中に述べられている特徴や仕様を探して図と適合させる。子貢《しこう》が水をくむために教えた道具については、「木を穿《うが》ちて（＝木を細工して）～後は重く前は軽し。～」とあることから、材料が木で、前後に軽重がある道具だとわかる。これに適合する図は**ア**のもの。**エ**は「ししおどし」と呼ばれるもので、本来は水をくむ道具ではなく田畑に侵入する動物を追い払うための道具であり、一般に材料は竹である。また、この細さでは水をくむ道具にはなりえない。

問二　――線②からあとの4～6行目の文章には「対句」という表現技法が用いられている。「対句」とは、よく似た形の句や節を並べて表す表現技法である。ここでは「～者は～有り。」の繰り返しと、「～ば、則（即）ち～ず。」の繰り返しになっている。対句の部分を見つけることができると読解の速さと正確さが上がるので、見つけることができたら「〈機械～有り。〉〈機事～有り。〉・〈機心～ず。〉〈純白～ず。〉」のように印をつけるなどしてマークしておくとよいだろう。ここでは4行目「機械（＝機械的な道具）」→5行目「機事（＝道具による仕事）」→5行目「機心（＝道具に頼る心）」→6行目「純白（＝すみきった心の状態）」→6行目「神生《しんせい》（＝精神）が安定」→7行目「道（＝自然な生き方）」という順で「機械」から「機心」までは前者があれば後者になり、「純白」から「道」までは前者がなければ後者はない、と連携していることが述べられている。要するに「機械があると自然な生き方ができない」ということである。これを踏まえて選択肢を検討する。**ア**は「他人の言うことをうのみにする」話題ではなく道具を作る話題なのでそもそも合致しない。また「主体的な生き方」は本文の――線③の前の文の「自然な生き方」に合致しない。**イ**は「頼っていると」のあとに「人をすぐ頼るようになり」とある点が、5行目「機心」→6行目「純白」と合致しない。**ウ**の「機械的な道具」は本文の――線②のあとの4行目「機械」のあとと合うが、「自分ひとりで生きていく力」については述べられていない。

問三　「槹」について老人はその発言の最後の――線③の直前で7行目「吾《われ》知らざるに非ず（＝私はその道具（＝槹）を知っているが）」とあるので、老人は子貢の言うことは既に知っていた。ではなぜ「槹」を作らない・使わないのか。それが――線③「恥ぢて」いるからである。なぜ恥じるのかはそれより前に対句を使って述べている。ここでは設問に「十五字以内」とありコンパクトに答えなければならないので、シンプルに「恥ずかしくて作らない・使わない」とする。

問四　本文末尾に「顔を真っ赤にして」「うつむいて」とあることから**イ**または**エ**に絞られる。**問三**にもかかわるが、子貢が教えたことを老人は既に知っていたことがポイントになる。**イ**の「物知り顔で～説明した」が最も適当である。

現代語訳

畑を作る老人が顔を上げて子貢を見て言うには、「どうするのかね。」と。（子貢が答えて）言うには、「木を細工して道具を作る。後ろは重く前は軽い（道具を作れば）、軽いものを引き出すように水をくめるし、速やかに（水をくむことができて）水が勢いよくあふれ出るようである。その（道具の）名を槹という。」と。田を作る老人はむっとして顔色を変えたが笑って言うには、「私はこれを私の師匠に聞いた。機械的な道具がある者は、必ず道具による仕事がある。道具による仕事がある者は、必ず道具に頼る心がある。道具に頼る心が胸中にあれば、すみきった心の状態が備わらない。すみきった心の状態が備わらなければ、精神が安定しない。精神が安定しない者は自然な生き方ができなくなる。私はその道具のことを知っているが、恥ずかしくて作らないのだ。」と。子貢は顔を真っ赤にして恥じ入り、うつむいて（何も）答えなかった。

3

問一　逐ㇾ鹿入㆓草中㆒。
問二　ウ
問三　オ
問四　エ
問五　ア
問六　イ
問七　ア
問八　エ

解説

問一　返り点のつけ方は書き下し文の漢字の順に文字に数字を振れば読

み順が決まるので、あとは返り点のルールに従えばよい。ここでは「逐[2]鹿[1]入[5]草[3]中[4]」となり、一字戻るときはレ点、二字以上戻るときは一二点を用いる。書き下し文がない場合は、漢文の文法の基本が「主語＋述語動詞＋目的語」であることを思い出してほしい。もし書き下し文がなければ「『鹿』を『逐』する『草中』に『入』る」となり、日本語の語順は「主語＋目的語＋述語」となるのでこれを入れ替えればよい。

問二　——線①はいわゆる受身の構文で「S＋AのV所と為る」で「SはAにVされた」となる。ここでは「父が郷人に殺された」となるので解答は**ウ**となる。

問三　組み合わせの問いなので前から順に解かなければならないわけではない。〰〰線aは父を郷人に殺された姚牛は復讐しようとして〰〰線aを含む部分の3行目「之《これ》を〜刃《き》る」となり、姚牛は郷人に復讐を果たしたのである。よって〰〰線aの「之」は「郷人《きやうじん》＝同郷の人」となる。〰〰線bは直前がヒントとなる。6行目「古き深穽《しんせい》数処有り（＝古く深い落とし穴が数か所あった）」ところに〰〰線bを含む部分7行目「馬将《まさ》に之に趣《おもむ》かんとす（＝馬はまさにこれにさしかかろうとした）」があるので、〰〰線bの「之」は「落とし穴」となる。〰〰線cは〰〰線bで落とし穴にさしかかろうとした馬を「一公（＝一人の老人）」が杖《つゑ》で馬を「撃つ（＝たたく）」したところ（7行目）、馬が驚いて避けてしまい「鹿に及ぶを得ず（＝鹿に追いつくことができなかった）」（8行目）。そこで8行目「令《れい》（＝長官）」が怒って弓を引いて射《い》ようとした相手は当然狩りのじゃまをした「一公《いつこう》（＝老人）」。よって〰〰線cの「之」は「一公＝老人」。これら三つのうち二つが読み取れれば正解の**オ**を導ける。

問四　設問の「孝節（親孝行）」の内容がわかればよい。**問三**で〰〰線aを解けていれば楽にわかるが、親孝行の内容は姚牛が殺された父の復讐を果たしたことである。ここから**エ**「親の敵討ち」が正解。

問五　——線②の直前の3行目「吏は捕へ（＝役人は捕らえ）」たのは親孝行とはいえ人を「刃る（＝切った）」姚牛。捕えられた姚牛を3行目「官長」は4行目「矜《あはれ》み（＝あわれみ）」、4行目「赦《しや》（＝恩赦）に会ひて」とある。その結果——線③「遂《つひ》に他《た》無き」になったが、この——線③の主語は「姚牛」であり、捕らえられたが恩赦にあって「他無き」、つまり許されたので**ア**「何のおとがめも受けなかった」が正解。

問六　設問の「老人の意図」と「長官がどのように感じているか」を分割して考えたい。長官については——線④のあとに8行目「令怒り」とあるので、長官は怒った、腹を立てたなどの記述が合う。が、これは**ウ**以外の全ての選択肢にある記述なのでこれだけでは解答を絞ることができない。では老人はどうして7行目「馬を撃つ（＝馬をたたく）」したのか。——線④のあとの老人の言葉の「〜君の堕つるを恐るるのみ（＝あなたが落ちるのを恐れただけだ）」から、**イ**「落とし穴に落ちるのを助けようとした」が正解。

問七　**X**の直前の10〜11行目「民は姚牛の父なり。君の牛を活かすに感じ（＝私は姚牛の父だ。あなたが姚牛を助けたことに感じて）」とあるのでこの老人は子を助けてくれた長官にお礼をするために現れた。よって**ア**「恩を謝す」が正解。

問八　設問の「冥事《めいじ》（あの世のこと）」に注目する。ここで思い出したいのが老人の存在である。この老人は姚牛の父ではあるが、本文の1行目の——線①で殺されている。つまり、この老人はこの世の存在ではない。この老人が落とし穴にさしかかろうとした馬をたたいて長官を救ったことから「冥事（あの世のこと）」とは**エ**「長官を〜救ってくれたのは、姚牛の亡くなった父」が正解。

現代語訳

項県の民、姚牛は、年は十歳あまりで、父が同郷の人に殺された。姚牛は衣類を売って刀やほこなどの武器を買い、（父の）復讐をしたいと考えた。後に（仇である相手が）県の役所の前にいたのに出会い、自身の手で（相手を）多くの人の前で切り殺した。役人は姚牛を捕らえたが、県の長官は親孝行であることを深くあわれんで、そのためにそのこと（姚牛の起こした事件）の審理を延長し、恩赦を受けて（姚牛に刑罰を科すことを）免れることができた。また、州都が（姚牛を）救う判決を下したために、（姚牛は）遂におとがめを受けずにすんだ。

長官が後に猟に行った際、鹿を追って草むらに入った。古く深い野獣を捕獲するために掘られた落とし穴が数か所あり、馬はまさに落とし穴にさしかかろうとした。そのとき一人の老人が忽然と現れ、杖を挙げて馬をたたいたのを（長官は）見た。馬は驚いて避け、鹿に追いつくことができなかった。長官は怒って、弓を引いてこの老人を射ようとした。老人が言うには、「この（茂みの）中に落とし穴がある。あなたが落とし穴に落ちるのを恐れただけだ」。長官が言うには、「あなたは何者なのか。」と。老人が跪《ひざまず》いて言うには、「わたくしは姚牛の父だ。

あなたが牛を助けたことに感じて（生かしてくださったのに感謝して）、そのために（冥界から）来て恩返ししたのだ。」と。そして消えてしまい姿が見えなくなった。長官はあの世のことを身に染みて感じて、在官した数年にわたって、多くの恵みを民に施した。